津田守・田巻松雄 編著

自然災害と国際協力

フィリピン・ピナトゥボ大噴火と日本

新評論

まえがき

自然災害は、長年にわたって多大な人的・経済的被害をもたらしてきた。国連資料によると、一九〇〇年から一九八七年までの自然災害による死者は四〇八万人に及んでいる。死者数四〇八万人の内訳は、種類別では地震がもっとも多く五〇・九％、以下、洪水二九・七％、暴風雨一六・八％、火山噴火一・九％、津波〇・五％、地すべり〇・一％と続いている。地域別の状況では、総死者数の八五・五％をアジア、南・西太平洋が占めていることが注目される。また、自然災害による死者数（一九六五年から一九九二年まで）の所得水準別状況からは、死者数の八八％が低所得国に集中してきたことが知れる（いずれも、広告特集「国連防災世界会議開催に向けて」〈朝日新聞〉一九九四年五月二一日付より）。したがって、自然災害による人的被害は、アジア、南・西太平洋の低所得国いわゆる開発途上国において圧倒的に多いと把握することができよう。

一九九〇年代の全世界の主な自然災害の状況については、国連災害調整官事務所（ＵＮＤＲＯ）が出している災害報告および国連人道事務局（ＵＮＤＨＡ－ＧＥＮＥＶＡ）からの災害情報が参考になる。同情報は被災国からＵＮＤＲＯおよびＵＮＤＨＡに報告された情報に基づいており、当然すべての災害ではないが大規模な災害の大半は網羅されていると考えられる。それによると、一九九〇年から一九九六年までの七年間に全世界で起きた主な自然災害は四三九件であり、年平均にすると六三件ということになる（〈JICA JDR NEWS〉No.17および〈国際緊急援助〉No.20など参照）。国別に見ると、多いのがフィリピン、インドネシア、中国などで、アジア地域に集中していることが分かる。

国連は一九九〇年代を「国際防災の一〇年（International Decade for Natural Disaster Reduction）」と定め、さまざまな取り組みを行ってきた。一九九四年五月には、横浜で「国連防災世界会議」が開催された。「国際防災の十年」は、とくに開発途上国の自然災害による被害の軽減を重要な目標と掲げた。開発途上国の自然災害を中心に防災に対する国際的取り組みが進められてきている。日本は、単なる経済大国であるにとどまらず、火山・地震研究、防災技術などにおいても先進的な水準に達しているといわれている。災害関連の援助は、防災先進国として、また経済大国としての日本の国際協力の質がまさに問われるものであると捉えられよう。

しかしながら、自然災害に対する日本の国際協力についての既存の研究はきわめて少ない。災害関連の政府援助については、その緊急性ないしは人道性の特質もあってか、これまではほとんど検討の対象とすらなってこなかった。その意味では、元外務省経済協力局の政策課国際援助室長であった和田章男の『国際緊急援助最前線――国どうしの助け合い災害援助協力』（国際協力出版会、一九九八年）は特筆すべきであろう。災害関連の援助の実態を分析することの意義は今後ますます大きくなると思われる。その理由は、災害関連の援助がさまざまな形態の協力を包含していると同時に、医療、教育、都市・農村開発、農業などさまざまな分野の問題にかかわり、さらに組織・制度づくり、ＮＧＯ支援の活動など、多くの課題に及ぶものだからである。一方、ＮＧＯを中心に災害関連の援助事業を行う民間レベルの活動も増えてきているが、その役割や意義、民間レベルの活動と政府部門との関係、およびNGO間の連携・ネットワークなどについての研究もまだまだ足りないのが現状である。

さて、フィリピンはとりわけ自然災害の多い国である。一九七〇年から一九九一年までの二二年間で死者数一〇〇人以上（行方不明者は除く）の大規模な災害は二〇回も発生しており、その内訳は台風一四、洪水三、地震二、火山噴火一である。また、一九八〇年から一九九〇年までの間、自然災害による年平均の死者・行方不明者は一〇二六人であった。そのうち台風による被害が全体の七割以上を占め、その被害は漸増《ぜんぞう》傾向を示してきた（『開発途上国における防災体制の整備促進調査』国土庁防災局、一九九二年、三四頁および三五頁）。一九九〇年から九六年までの動向だけについて見ても、フリピンは三五の災害に見舞われている。これらの中には、一九九〇年七月のルソン島地震（死者約一七〇〇人、被災者約一六〇万人）、一九九一年一一月のビサヤ地域の台風（死者約四〇〇〇人、被災者約六〇万人）、一九九四年一〇月のルソン島の台風（死者約一〇〇人、被災者約一九〇万人）などの大規模な災害も含まれている（UNDRO災害報告およびUNDHA－GENEVA災害情報）。フィリピンこそが、自然災害による被害を断続的に受けてきた災害大国であるといえよう。

本書は、二〇世紀最大の災害の一つであるフィリピン・ピナトゥボ災害に対して行われてきた日本の政府開発援助（ODA）案件と民間レベルの活動を具体的かつ網羅的に取り上げ、その総体としての実態を明らかにするとともに、日本の国際協力がトータルな意味でどのような貢献性や問題性を有してきたかについて検討することを主な課題としている。このため、ODA事業と民間レベルの活動の現実的理解に努めながら国際協力の在り方を検討し、問題提起していくための視点や論点をつくり上げていくことを目指した。

本書の土台となる研究は、津田と田巻が一九九三年末に外務省経済協力局評価室より、フィリピンにおける日本政府の経済協力についての「有識者評価」を委嘱されたことに端を発している。さまざまな分野や案件の中でも、ピナトゥボ災害に対する災害関連ODAを評価対象として取り上げたことには、以下の三つの問題意識が関係していた。

第一に、フィリピンはこれまで数多くの災害に見舞われ、日本からもたびたび災害関連ODAが供与されてきた。しかし、対比ODAに関する従来の研究でも、災害関連のものはまったくといっていいほど検討されていなかった。

第二に、従来のODA研究は、大半が援助案件を個別に取り上げ検討・評価するというものであった。これに対し災害関連ODAは、多面的な協力形態を包含するがゆえに、案件相互の有機的な関連性が把握されて初めて総体が浮かび上がってくる性格のものと考えられる。災害関連ODAの検討は、ODA研究の手法に新たな端緒を開くためにも必要と思われた。

第三に、ピナトゥボ災害は、一九九一年の噴火時だけではなく、その後も毎年の雨季の泥流によって被害が継続してきたため、日本はこれまで、災害緊急援助、復興援助、地域開発などに関するさまざまな協力を行ってきた。それは、有償、無償（「小規模無償」を含む）、技術協力から専門家・青年海外協力隊派遣やNGO支援に至るさまざまな方面での協力を含んでいる。このため、ピナトゥボ災害関連ODAは、日本の政府開発援助の貢献性や問題性がトータルに評価され得る好例と考えられた。

この調査活動では、ピナトゥボ災害関連ODAの幾つかの主要案件を個別に取り上げるとともに、それらを通して、ピナトゥボ災害に対する日本のODAの取り組みを全体的に明らかにすることに努

大噴火直前のピナトゥボ火山

火口湖とラハール（1999年７月）

噴煙を上げるピナトゥボ火山
（1991年５月）

めた（『経済協力評価報告書』外務省経済協力局、一九九五年七月。また、この英語版は一九九六年一〇月に刊行された）。この調査活動を通じて得た知見の一つは、ODAだけではなく、NGOを中心に日本の民間団体もまた幅広くピナトゥボ災害にかかわってきたという事実であった。

このような事実を知るに従い、日本のODAとNGOはそれぞれどのような分野での援助を中心にピナトゥボ災害にかかわってきたのか、そしてまた、ODAとNGOの協力関係はどのようなものであったのかといった点などをはじめとして、日本の国際協力の実態を総体として明らかにし、その貢献性や問題性をより多角的な観点から検討していくことの重要性を強く感じたのである。

その後、以上のような問題関心を軸にして研究グループを新たにつくり、共同研究を進め報告書を刊行した。（『自然災害と日本の国際協力に関する国際共同研究――フィリピン・ピナトゥボ災害に対するODAおよびNGOによる援助を主たる事例として――』トヨタ財団一九九六年度研究助成最終報告書、一九九九年一月）。本書は、こうした一連の試みの一つの成果と位置づけられるものである。

ピナトゥボ火山の噴火からすでに一〇年が過ぎようとしている。しかし、ピナトゥボ災害は終わってはいない。ピナトゥボ火山噴火関連災害（以下本書では、これを「ピナトゥボ災害」と呼ぶことにする）は、一九九一年六月当初の噴火時はもとより、引き続く台風と豪雨、洪水、泥流の発生など、さまざまな自然現象が繰り返し起こることが原因となってもたらされてきたものである。しかも、歳月を経て繰り返し「二次災害」（むしろ「複次災害」と呼ぶ方が正確である）が発生する。その結果、物理的被害が非常に大きくなり、河川、道路から通信網、農地、学校や教会を含む居住・商業地区などにわたる広い地域と周辺全体の経済的、社会的機能をしばしば停止させるほどの打撃を与えてきている。

総数一五〇万人ともいわれる人々が、噴火後一〇年を経た二〇〇一年現在でも「被災者」としての生活を継続していることを私たちは忘れてはならない。


本書の構成を大まかに述べておく。

第一章は、まず、フィリピンに対する日本のODA事業とNGO活動の動向を概観した。日本政府はフィリピンを最重要国の一つと位置づけており、フィリピンは日本のODAの主要な受け入れ国である。また、日本のNGOでフィリピンを事業対象地としているものは非常に多い。次に、ピナトゥボ災害の特徴とフィリピン社会の対応について基本的な事実を整理した。そして、日本の国際協力に関する各章を貫く本書の基本的な視点に言及した。

第二章は、ピナトゥボ災害に対して行われてきた日本政府の協力を取り上げた。日本政府は、有償、無償、技術協力、NGO支援に至る多方面での事業を行ってきた。ODAの総額は四六〇億円を超えている。内容的にはインフラ関連のものが主であり、形態別では有償資金協力（円借款）が全体の約八割を占めている。本章では、ピナトゥボ災害関連ODAの全体的な動向とともに主な案件の概要を示した。

第三章では、NGOを中心に民間レベルの活動を取り上げた。ピナトゥボ災害にかかわってきた日本の民間団体の全体的な動向を示すとともに、関係者からの聞き取りや資料の収集を通して、活動内容が一定程度把握できた一九の団体の活動内容に個別に言及している。カバーし切れていない民間団体も少なくないと思われるが、この点は今後の課題としたい。ピナトゥボ災害は、日本の民間団体の相互の出会いを促進するとともに、国際協力分野での日本の市民社会の活動を広範囲に活発化させたといえる。

第四章と第五章は、日本のNGO活動に関する二つの事例検討である。

第四章は、ピナトゥボ火山が噴火した当時、マニラ首都圏に在住していた日本人によってつくられた「ピナトゥボ救援の会」を、ODAの中の青年海外協力隊との協力の在り方に着目しつつ取り上げたものである。西村まりは、ピナトゥボ救援の会の初代の事務局長を務め、帰国後は同会日本支部の活動を通してピナトゥボ災害にかかわってきた。青年海外協力隊の活動に対する民間側からの資金援助という関係を中心に、いわば官民間の接点としての現場の視点から、ODAの硬直した仕組みといった諸問題が提示されている。

第五章は、「国際葛《クズ》グリーン作戦山南《さんなん》」と「アエタ開発協会」によるクズを利用したラハール被災地の緑化活動を取り上げている。津川兵衛は、一九七〇年以来クズの生態学的研究に従事しており、クズによるピナトゥボ緑化に理論的根拠を与え、植栽活動を指導している。トーマス・W・サセックは、一九八五年以来、津川の共同研究者であり、緑化活動の助言者でもある。本章では、クズを利用した緑化活動という地道な作業に共同で取り組んできた両国のNGOの活動の軌跡とともに、この共同作業が両国間のいわゆる草の根交流の大きな架け橋となってきたことが描かれている。この二つの章は、とくにNGO活動の独自な貢献性やODAとNGOの関連性を具体的に考える上で、示唆する点が少なくないであろう。

第六章と第七章は、国際比較を視野に入れて、フィリピンNGOの活動とアメリカ政府の援助を取り上げている。

第六章では、フィリピンにおける最大規模のNGOであり、ピナトゥボ災害でもNGO間のネットワークで中心的な役割を果たしてきた「社会進歩のためのフィリピン・ビジネス」（PBSP）に焦点を当てた。ルイシト・S・ヘルモはPBSPの元職員で、豊富なフィールド・ワークの経験をもつ。PBSPの活動の歩みとともに、そこから見えてくるピナトゥボ災害の甚大さが描かれている。

第七章では、ピナトゥボ災害に対するアメリカ政府の援助を取り上げた。マリオ・ホヨ・アグハは、フィリピンに対する国際援助の問題について多面的に研究を進めている。アメリカの場合、ピナトゥボ災害をはじめとする自然災害への援助を一括して管理・運営する機関があり、援助の目的や方針は比較的明確である。アメリカ政府の援助の特徴として、災害への対応を長期的な開発の文脈に位置づけていること、社会基盤の復興と被災者の再定住および生計確保のプログラムに重点を置いたこと、そして内外のNGOとの直接的連携を重視していることなどが明らかにされている。

第八章は、各章での展開を踏まえ、ピナトゥボ災害に対する日本の国際協力の特徴や貢献性、問題性を幾つかの視点から検討したものである。ピナトゥボ関連ODAの全体的な特徴を見た上で、災害緊急援助の国際比較、ODA案件の構築過程――発掘案件と実施案件との関連、有償資金協力（商品借款）の内容、ODAとNGOの協力・連携などに主に着目した。ODAに関しては、インフラ分野中心の援助が供与されたことと生計向上に関する案件がわずかであったことの背景、商品借款の内容については不透明なところが多いことなどが述べられる。ODAとNGOの関係に関しては、ピナトゥボ災害に関して見られた先駆的あるいは独自な動きを追いながら、両者の関係の在り方について検討を加えた。第一章から第三章および第八章は、津田と田巻が担当した。

我々はこの本を自然災害と国際協力についてのグローバルな、ないしはユニバーサルな問題提起と考えたい。本研究を進める上で、政府レベルか民間レベルかを問わず、日本の国際協力の中で、防災分野にかかわるものこそがもっとも拡大・強化されるべき分野の一つであるとの思いを私たち編著者一同は強くした。本書が、自然災害にかかわる国際協力についての社会的関心を高め、幅広い議論を喚起していくための契機となることを願ってやまない。

津田　守・田巻松雄

もくじ

コラムもくじ

自然災害と国際協力——フィリピン・ピナトゥボ大噴火と日本

第1章

国際協力から見た日比関係とピナトゥボ災害

噴火から4年後に起きたラハール被害の状況（1995年）

1 フィリピンに対する日本の政府開発援助（ODA）

フィリピンに対する日本のODAは、一九六八年に始まっている。ここでは、戦時賠償として一九五六年から一九七六年までに供与された経済協力を除いている。一九九七年度までの有償資金協力（円借款）の累計額は、一兆六一五五億六一〇〇万円に達している。さらに、合わせてもその一割にも満たないのだが、無償資金協力と技術協力の累計額は、それぞれ二〇五四億八四〇〇万円と一二一八億六二〇〇万円となっている。日本の開発途上国への二国間援助実績（やはり一九九七年度までの累計）で見ると、有償資金協力の場合、フィリピンはインドネシア、中国、インドに次いで第四位を占めている。無償資金協力では、バングラデシュに次いで世界各国の中で第二位である。文字通り、フィリピンは日本の主要なODA受け入れ国の一つである。

一方、フィリピンにとっても、日本はアメリカ、ドイツ、オーストラリア、イタリア、スペインなどを離して最大の援助供与国である。たとえば、一九九二年（ピナトゥボ火山噴火の翌年）には支出純額ベースで一〇三〇・六七万ドルで全体の六七・〇％、一九九六年でも四一四・五万ドルで全体の五五・四％であった（『我が国の政府開発援助の実施状況に関する年次報告〈一九九七年度〉』一九九八年、二〇二頁）。

日本政府は、フィリピンを「最重要国」の一つと位置づけ、同国における開発の現状と課題、開発計画などに関する調査・研究、および適宜行われているフィリピン側との政策対話をもとに「援助の重点分野」を毎年打ち出している。それは、①経済基盤、②産業の再編成と農業開発に対する支援、③貧困対策および基礎的生活環境の改善、④環境保全、の四分野である。

他の主要諸国に対する「援助の重点分野」にはほとんど見られないことだが、フィリピンにおいてのみ④の環境保全において「災害対策」が明記されている。[1]これは、フィリピンがルソン島中部大地震（一九九〇年）やピナトゥボ火山噴火（一九九一年）など次から次へと大規模な自然災害に見舞われ続けており、それらに対して日本から支援実績が重ねられているとの認識からくるものであろう。

以下は、日本のフィリピンに対するODAの実績と在り方について、一九九七年版の『我が国の政府開発援助　ODA白書下巻（国別援助）』（外務省経済協力局編）の「我が国の政府開発援助の実績とあり方」からの引用である。

「フィリピンは、近隣国として長年にわたりわが国と緊密な関係を持ち、両国関係は良好に推移しており、特に貿易・投資等の面でわが国と密接な相互依存関係を有している。また、ピナトゥボ火山の噴火や台風災害等の自然災害等により低速していた経済を立て直すために、様々な経済改革努力を行うことによって、経営運営［ママ］において一定の成果を上げつつあるが、同国の経済的自立を促すためには更なる支援が必要である。更に、依然として多くの貧困層を抱える国

（1）　外務省経済協力局調査計画課、一九九八年の中の「主要国への国別援助方針」三二頁を参照。ちなみに、毎年のように洪水に悩まされるバングラデシュにおいてだけ、重点分野の中に「洪水対策」が明記されている。同、四八頁参照。

であり（九三年現在貧困層約四〇％）援助需要は大きい。このような理由からフィリピンは、我が国援助の重点国の一つとなっている」（一一〇ページ）

一九九一年から六年ほどの年月が経っているにもかかわらず、「ピナトゥボ火山の噴火」に言及していることに注目したい。なぜなら、ピナトゥボ災害が、いかにフィリピンの経済発展のために長期的な課題を残しているかがうかがえるからである。

災害緊急援助（国際緊急援助）

災害緊急援助に分類される日本の２国間 ODA の贈与には３種類あり、被災国または国際機関からの要請や被害の規模などを考慮し、供与内容や送付方法が決定される。第一は、外務省による経済開発等援助の一形態としての「緊急無償」である。これは災害の被災者への救援活動を促すため、一般無償援助の通常の手続きとは違って一定の金額が JICA を通さずに直接、被災国政府に供与される。第二は、外務省が JICA を通じて行う技術協力の一形態、つまり「災害援助等協力」としての緊急援助物資（医薬品、生活必需品など）の供与である。大規模な災害への迅速な対応のため、千葉県成田市内にある国内備蓄倉庫の他、シンガポール、メキシコ・シティー、ロンドン、ワシントン D.C.の４ヵ所にも日本政府の備蓄倉庫が設置されている。第三に、同じく「災害援助等協力」としての JICA 国際緊急援助隊の派遣による人的援助があり、救援活動、医療活動、災害応急対策・災害復旧活動などの諸活動を行う救助チーム、医療チームおよび専門家チームを送り込む。被災国からの要請が伝えられたら、救助チームは24時間以内、医療チームは48時間以内に派遣できる体制が整備されている。本書では、緊急資金供与、緊急援助物質供与、および国際緊急援助隊派遣の３種類を一括して「災害緊急援助」と呼ぶ。これらの災害緊急援助は、諸外国における自然災害および内戦などの人為的災害の被災者を救済する目的で1973年より開始された。

さて、災害関連ODAは、自然災害の被災者救済のために緊急に供与される**災害緊急援助**と、復旧・復興・再開発に関するものに大別される。後者に関する援助は多様な形態を包含する。ここでは、災害緊急援助に焦点を当てて、日本の対比協力の推移を概観する。

フィリピンに対する日本の災害緊急援助は、一九八四年度に資金援助として行われたのが最初である。それ以降一九九五年度までに、合計一九回の災害緊急援助が供与されている。一九九六年度以降は、一九九九年度まで災害緊急援助の供与は行われていない。**表1－1**は、一九九五年度までの一九回の援助の内訳を示している。それは、資金援助一四回、物質供与一〇回、国際緊急援助隊の派遣二回である。たとえば、一九九〇年七月に発生した中部ルソン大地震に際しては、日本は二六人の救助隊員を派遣し、ファイバースコープなどの資機材を使用して被災者の救出活動を行った[2]。また、一九九五年一一月には、ルソン島中南部を過去一二年間で最大勢力の台風が通過し、周辺は暴風雨に見舞われ死者四九〇人、行方不明者一九〇人、被災者一一〇〇万人、被害総額約七億ペソ（約二八億円）の被害が出た。それに対し日本は、成田の倉庫備蓄分からテント（六人用）二〇張、毛布一五〇〇枚、スリーピング・マット八〇〇枚、浄水器一〇台、懐中電灯（電池一五〇〇個を含む）五〇〇台、合計二〇六三万円相当の物資を供与した。

フィリピンに対する災害緊急援助の特色として指摘できるのは、何よりもその回数の多さである。〈JICA JDR NEWS〉（No.17、一九九六年三月）によると、一九八四年のエチオピヤの干ばつ災害に始

（2）「フィリピン地震・ドキュメント特集」〈JICA JDR NEWS〉No.5、一九九〇年一〇月号を参照。

表１－１　フィリピンに対する日本の災害緊急援助の動向（1984～1995年度）

	災害概要	援助の内容
1984年度	台風被害	現金50万ドル
1986年７月	台風「カーディング」	現金10万ドル
1986年8～9月	台風「ミディング」	医薬品、医療用使用機材500万相当
1987年１月	台風「シサン」	現金30万ドル
1987年８月	台風「ヘルミング」	現金10万ドル
1988年10月	台風「ウンサン」	現金30万ドル
1989年10月	台風「ルビン」「サリン」	現金30万ドル
1990年７月	地震（バキオ市を中心）	現金30万ドルおよび国際緊急援助隊派遣
1990年11月	台風「ルビン」	現金40万ドル
1991年６月	ピナトゥボ火山噴火	現金20万ドルおよびJICAより緊急援助物資2,908万円
1991年11月	台風	現金80万ドルおよびJICAより緊急援助物資2,600万円並びに国際緊急援助隊派遣
1992年９月	泥流および大洪水（ピナトゥボ火山周辺）	現金20万ドルおよびJICAより緊急援助物資1,885万円
1992年11月	火山、泥流災害	＊民間物資援助輸送（毛布、タオルケット、石鹸で約40トン）
1993年２月	マヨン火山噴火	現金10万ドルおよびJICAより緊急援助物資1,100万円
1993年10月	台風「カディアン」	現金20万ドルおよびJICAより緊急援助物資2,400万円
1994年11月	地震	現金2,700万ドル
1994年11月	地震（ミンドロ島中心）	物資2,000万円相当
1995年９月	豪雨、泥流災害	物資約1,611万円
1995年11月	台風	物資約2,063万円

JICA「フィリピンに対する我が国の災害緊急援助の実績」および＜JICA J D R NEWS＞No：11（1993年３月）、No：15（1995年３月）、No：17（1996年３月）より作成。
＊JICAの輸送ルートを通して行われた民間物資の輸送。

まり一九九六年二月の中国の地震災害に至るまで、物資供与および国際緊急援助隊の派遣は合計一三七回行われている。そのうちフィリピンに対するものは一一回で、他のどの国よりも多い。また、一九八四年から九四年まで、資金援助もほぼ毎年一回のペースで行われてきた。なお、参考までにいえば、物資供与および国際緊急援助隊の派遣の実績は、一九九九年一月までで合計二〇八件に上っている。

2 日本の民間レベルの活動とフィリピン

国際協力を行う民間レベルの活動の担い手として、本書では大きく三つのものに着目する。第一に、NGOが挙げられる。第二に、通常NGOとは呼ばれないが、国際協力に携わっている民間団体がある。マスコミ関連団体、宗教法人、労働組合・協同組合、社会教育団体・青少年団体など多様なものがこれに含まれる。これらの団体は、国際協力活動を事業の一部として実施している点で、国際協力を主目的とするNGOとは区別される。便宜的にこれらの団体を、NGOとは異なる「その他の民間団体」と一括する。第三に、自治体との関係が深い民間レベルの活動がある。岩倉市国際交流協会や国際葛グリーン作戦山南など、財政的な援助など、自治体から何らかのバックアップを受けて活動を行ってきた団体によるものである。

以上の中で、中心的な位置を占めているのはNGOの活動である。NGO活動推進センター（JA

NGO

NGOは「Non-Governmental Organization」の略で、開発、貧困、福祉、環境、災害など、様々な分野で活動するボランタリーな民間団体のことを指す。一般に、国際協力の分野における民間団体の呼称として使われる。したがって、NGOの特徴を表すキーワードとして、非政府、非営利、ボランタリズム、国際協力が挙げられる。直訳すれば「非政府団体」であるが、この「非」を伴う用語は、「NPO」（Non-Profit Organization）を「非営利団体」と訳す場合と同様に、受動的および否定的な印象が感じられることもあり、「国際協力市民団体」、「開発協力団体」、「民間海外協力団体」といった用語も使われている。本書では、以上のことを踏まえた上で、NGOという用語を用いる。

『NGOダイレクトリー』

JANICは、国際協力活動を一部事業とする団体およびその他の関連団体についても取り上げている。2000年版では、238団体が16のカテゴリーに分類され、概要が示されている。16のカテゴリーは、以下の通りである。
①資料情報センター、②ネットワーク型NGO、③草の根貿易／フェア・トレードを行う団体、④市民主体の国際交流団体、⑤学生関連団体、⑥環境団体、⑦各地のNPOセンター、⑧社会教育団体・青少年団体、⑨労働組合・共同組合、⑩助成財団・公益信託・民間基金、⑪調査研究機関・研修機関、⑫学会・研究所、⑬マスコミ系団体、⑭宗教法人など、⑮国連機関関連民間団体、⑯その他の団体。

また、2000年度版よりタイトルが『国際協力NGOダイレクトリー2000』に変更されている。本書でのNGOと「その他の団体の分類」は、以上のJANICの分類に拠っている。

NIC）は、一九八八年より隔年で『**NGOダイレクトリー**』を発行し、日本のNGOの活動内容を紹介してきている。二〇〇〇年版では、国際協力に携わる三八七団体が、自己資金の程度や活動実績年数などの「掲載基準」[3]によって三つに分類され、掲載および紹介されている。三八七団体のうち、JANICの掲載基準をすべて満たす第一部のNGO、すなわち比較的規模が大きく安定していると捉えられるNGOは二三八団体であった。

ここで、日本のNGO活動の推移について簡単に触れておきたい。**表1－2**は、『NGOダイレクトリー'92』に掲載された二〇三の団体の設立年を表したものである。これを見ると、日本のNGOが一九八〇年代以降に急増してきたことが分かる。また、**表1－3**では、日本のNGOの大まかな流れが示されている。一九七九年のインドシナ難民の大量流出が日本のNGO活動本格化の大きな契機となったこと、一九八〇年代にはアジア各国のNGOとのつながりが強まったことなどが理解される。二〇三団体の活動対象地域と主な国別では、アジア一四九（タイ五〇、フィリピン四八、ネパール二四、カンボジア二二）、アフリカ五〇（ケニヤ一〇、エチオピア八、南アフリカ八）、中南米三二（グアテマラ四）、太平洋一二（ミクロネシア四）で、アジアの占める比重が高い。

政府レベルでも、NGO活動についての状況把握が行われている。たとえば、国際協力推進協会は「日本のNGOによる開発援助の実績調査」を行っている。この調査は、日本のNGO活動の動向を、

（3）二会計年度以上の活動実績、国際協力事業費が開発協力型：三〇〇万円以上、教育・啓発型：一〇〇万円以上、提言型：一〇〇万円以上、ネットワーク型：五〇万円以上、年間財源の二五％以上、または一〇〇万円が自己資金。

表1−2　日本のNGO史

日本のNGOの歴史は、欧米のNGOに比べるとかなり短いと言えます。NGO活動推進センターが発行した『NGOダイレクトリー'92』に掲載されている203団体の設立年をグラフにするとこのようになります。グラフから分かるように、日本のNGOは、1960年〜1970年頃から少しずつ増え始め、1980年以降、急激に増加しています。

日本のNGOの設立の経緯は、団体によって様々ですが、日本の国際社会の中での位置付けや世界の情勢などと深く関連していると言えます。特に、世界的に注目された1979年のインドシナ難民の大量流出（ボート・ピープル）を機に、1979年、1980年には難民救援活動を行うNGOが多く設立されました。

また、アフリカやフィリピン・ネグロス島の飢餓状況、ピナトゥボ火山の噴火などの自然災害を機に設立されたNGOもあります。

最近では、急増する出稼ぎ労働者など在日外国人の人権擁護活動や地球環境問題に取り組むNGOが設立されています。

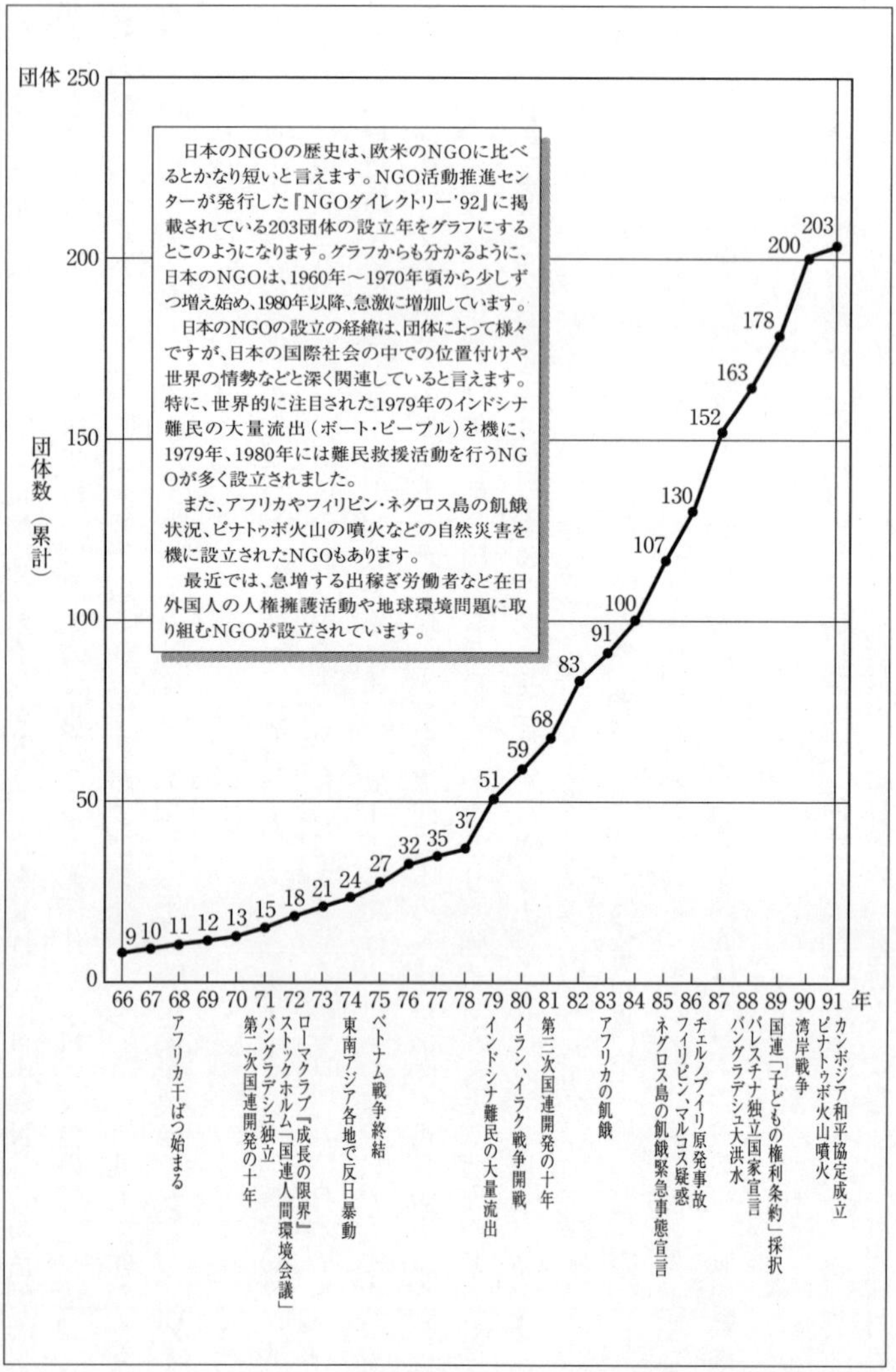

出典：JANIC『NGOって何だ！？　PART Ⅱ. DATAでみるNGO』

表１－３　国際協力ＮＧＯの流れ

戦前	日中戦争の難民を救おうとキリスト教関係者が大陸で治療活動。
1960年代	日本キリスト教海外医療協力会など宗教関係団体が医療活動、のちのアジア学院などがアジアで農村指導者養成に乗り出す。
1970年代	アムネスティ・インターナショナルと世界自然保護基金の日本支部が発足。国際的な人権、環境NGOが日本に拠点。バングラデシュの独立を機にシャプラニール＝市民による海外協力の会が発足。提言型NGOであるアジア太平洋資料センター設立。
1979年	インドシナ難民が大量流出。曹洞宗国際ボランティア会、1980年には日本国際ボランティアセンターなどが相次いで発足。日本のNGO活動が本格化。
1980年代	フイリピンの飢餓を機に日本ネグロス・キャンペーン委員会が誕生するなど、アジア各地のNGOと手を結ぶ動きが活発に。 アフリカ飢餓などを機に欧米のNGOの日本支部が相次いで誕生。
1987年	環境への関心が高まり熱帯林行動ネットワークなど誕生。東京のNGO活動推進センターや大阪の関西NGO協議会、さらに名古屋などにもNGOのネットワークができた。 外国人労働者問題の深刻化を機に外国人支援団体が誕生。
1989年	外務省のNGO事業補助金制度が発足。
1991年	郵政省の国際ボランティア貯金制度が発足。
1992年	ブラジルで開催された地球サミットにNGOが参加。
1993年	カンボジア市民フォーラムなど地域別にNGOのネットワーク化が進む。
1994年	内戦の旧ユーゴスラビアの支援を目指して日本緊急救援NGOグループが結成される。
1995年	阪神大震災を機にボランティア意識が盛り上がる。国際協力NGOも被災者の救援活動。

出典：朝日新聞、1996年５月４日

団体数および援助額、団体の規模別援助、形態別援助、団体の所在地域などについて把握しようとしたものである。一九九五年の調査結果から、団体数および形態別援助の動向について見ておく。

回答団体数は二五二、そのうち援助実績のあった団体は二一一であった。ちなみに、この調査による年度別の援助実績のある団体数は、一九八五～八七年の平均が八九、一九九二年二一五、一九九三年二一八、一九九四年二二一と推移している。一九九五年の二一一団体の形態別援助の内訳は、資金援助六五・一%、技術援助一一・五%、物資援助七・八%、開発教育六・二%、その他の協力九・四%である。このうち、資金援助のみを実施した団体は四〇団体(援助実績のあった団体の一九・〇%)であるが、一一六団体(五五%)が二種類以上の援助を並行して実施している。

また、『国際協力NGOダイレクトリー2000』に掲載されている第一部の二三八の団体の事業対象地域を見ておくと、アジア一七八、中南米三四、アフリカ四八、オセアニア二一、旧ソ連・東欧二四となっている。

以上の調査結果などから、国際協力に携わる日本のNGOが一九八〇年代から一九九〇年代にかけて顕著に増大したこと、援助の形態では資金援助を中心としつつ二つ以上の援助の並行が多いこと、主な活動対象地はアジアであることがとりあえず理解される。

次に、日本のNGO活動の動向を、フィリピンと災害という点から整理しておこう。

日本のNGOでフィリピンを対象としているものは非常に多い。『国際協力ダイレクトリー2000』から先に示した二三八団体のNGOのうち、フィリピンを事業対象国としているものは六〇で、ほぼ全体の四分の一に相当する。また、郵政省(現・総務省)の国際ボランティア貯金の助成対象事業の中でフィリピンを対象とする事業数は、一九九五年度二三（二三五）、一九九六年度二二（二二三）、一九九七年度一六（二〇九）、一九九八年度一七（二三四）と推移している（括弧内数字は全事業数）。漸減《ぜんげん》傾向にあるとはいえ、主要な事業対象国であり続けていることに変わりはない。

フィリピンを対象とするNGO活動が活発な理由は幾つかあろうが、フィリピン自身、NGOの活動が非常に活発な国であることも関係していよう。フィリピンの開発活動に従事するNGOの数については、たとえば、国家・経済開発庁（NEDA）発行のNGOダイレクトリーに、二〇〇〇以上の団体が社会経済開発に携わる非営利のボランティア団体として登録されている(4)。

いずれにせよ、フィリピンが、NGOの数・種類ともに多く、NGO先進国といわれるほど、その活動が盛んであることは広く認められている。

一方、自然災害にかかわるNGOについては、国際ボランティア貯金の対象別配分状況を参照しておこう。そこでは、援助対象が「女性」「子ども」「農民」「都市の生活困窮者居住区の住民」「難民」「災害による被災者」「住民一般」に分類されている。災害に関する事業数は、一九九一年度九（一四八）、一九九二年度九（二五〇）、一九九三年度一一（二四〇）、一九九四年度一二（二六五）、一九九五年度一二（二六五）、一九九六年度七（二六四）、一九九七年度一一（二〇九）、一九九八年度一（二三四）と推移している（括弧内数字は全事業数）。

（4）この点も含め、フィリピンにおけるNGO活動の概況については、国際協力推進協会『途上国におけるNGOの開発協力受け入れの現状』（一九九六年三月）を参照。

注目されるのは、災害関連の事業の中で、ピナトゥボ災害を対象とするものが大きな比重を占めてきたことである。すなわち、ピナトゥボ関連事業は、一九九二年度五、一九九三年度五、一九九四年度四、一九九五年度五、一九九六年度二、一九九七年度三で、各年度の災害関連事業の三分の一から半分程度を占めてきた。一九九八年度の一件もピナトゥボ災害に対するものである。また、他の項目に分類されているが、実質的にピナトゥボ被災地域を対象とした事業もある。以上のことは、ピナトゥボ災害に対する日本人の関心の大きさを物語っているといえよう。

なお、『国際協力ダイレクトリー２０００』から二三八団体の事業対象分野別・形態別索引を参照すると、災害に直接該当すると思われる「被災者」にかかわっているのは三二団体である。ただし、災害関連事業は、農村開発、保健医療、環境保全、緊急救援など、ほかのさまざまな分野にもかかわるものであることは留意されておくべきである。

3 ピナトゥボ災害の特徴

ピナトゥボ火山は、ルソン島のサンバレス州とパンパンガ州とタルラック州にまたがった山麓に位置している。最後の噴火が六〇〇年前だとされているので、休火山であると断定されていた。火山周辺地域の土地は肥えており、広大な農業地帯であった。フィリピンの土着の民であるアエタ族にとって、ピナトゥボ火山は生活の基盤であるだけではなく、「聖なる山」として人々の信仰の拠り所であった。

一九九一年の初めに火山は活動の兆候を見せ、周辺に居住している世帯に避難勧告が出された。六月九日から激しい噴火活動を始めていたピナトゥボ火山は、一五日には六〇〇年ぶりに「二〇世紀最大の火山爆発」といわれる大噴火を引き起こした。火山の斜面には、七〇億立方メートルの灰が降り積もった。ピナトゥボ火山の大爆発は、半径六〇キロメートル以内の自然環境を一瞬のうちに変容させた。また、雨がこれらの灰を侵食して**ラハール**となり、火山から流れ出る八つの主流沿いにある村は埋没した。これが、いまだに続いている災害の始まりであった。火山灰とラハールによってとくに大きな被害を被ったのは、パンパンガ、サンバレス、タルラックの三州である。この三州はフィリピン有数の穀倉地帯であり、国内総生産の約八％を占めていた（**図１－１**参照）。

噴火による人的および社会経済的被害は大きく、

ラハール（Lahar）

ピナトゥボ災害の大きな特徴は、20世紀最大といわれる噴火の規模とそれによる直接的な被害が甚大であったことに加えて、70億立方メートルといわれる膨大な量の火山灰が大雨の度に流れ出し、ラハール（火山灰混じりの泥流）となって被害を継続させてきたことである。1994年６月までに、ラハールによる被災者は約300万人に上った。また、1995年の大規模なラハールなどによって、パンパンガ州のポーラックやバコローなど、町や集落自体が埋め尽くされる事態も起きた。当初、ラハールによる被害は10年程度は続くと予想されていた。ここ１、２年は大規模なラハールは発生していないが、フィリピン火山・地震研究所（PHILVOCS）や日本の専門家などによると、ラハールによる被害は今後も継続し、ラハール被害が軽減するにはまだ少なくとも数年はかかるだろうと予測されている。

図1－1　ルソン島中部ピナトゥボ山周辺地図

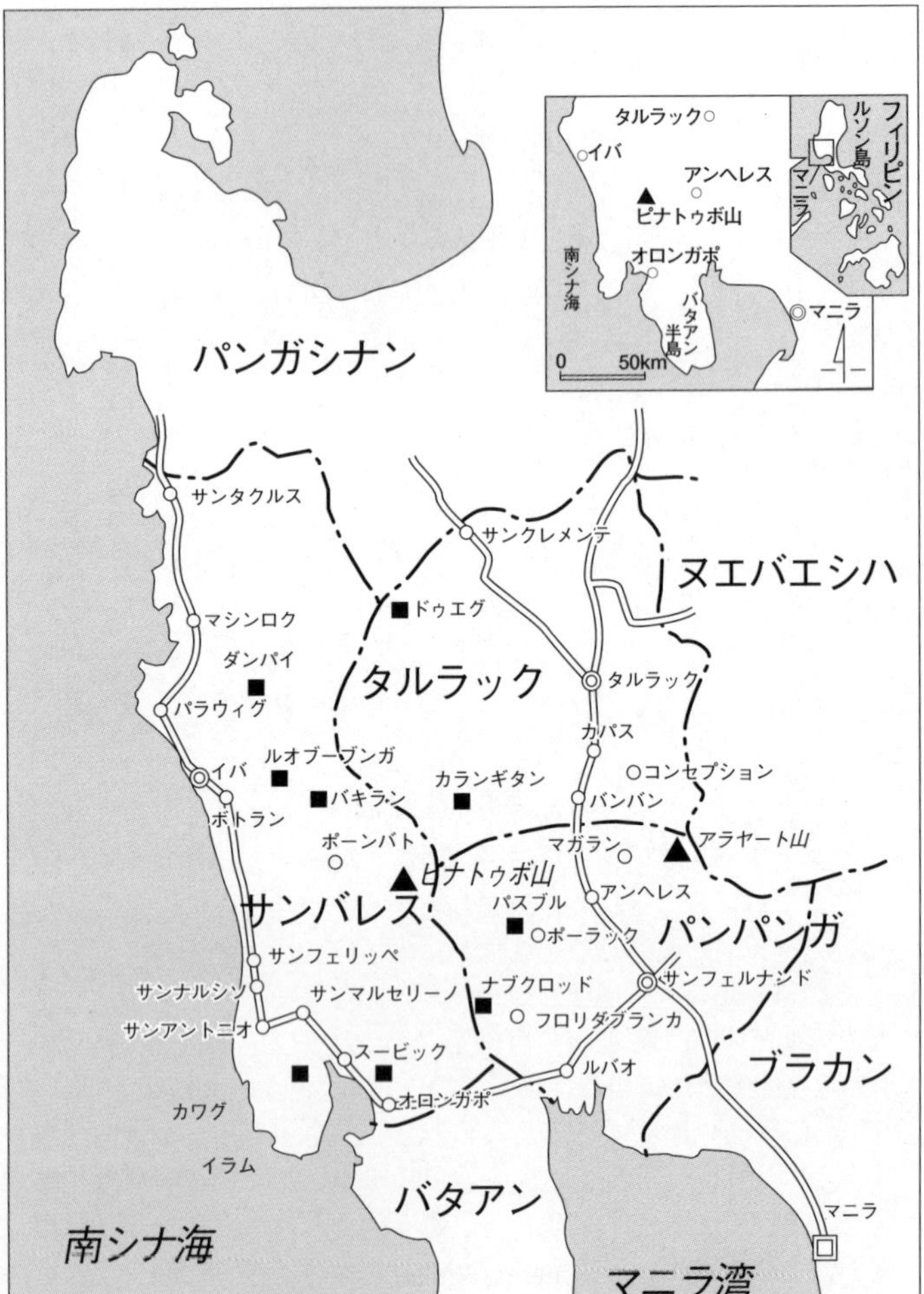

Map by Y. Nasu © 91. 12. FHRA

ラハールに埋まっている建物、ポーラック近く

ラハールの上に造られた小屋、パンパンガ州

ラハールに埋もれた教会

噴火直後のテント村の様子（サンバレス州イバ）

その後の影響は広範囲にわたるものであった。約五万世帯、およそ二五万人の人々が、一時的、または永久に住居を失うことになり、何万ヘクタールもの森林や農地や放牧地が火山灰に覆われた。土壌荒廃を引き起こしている土地へ火山灰が降り積もり、ラハールが押し寄せた。家畜は餌となる草を失い死んでいった。ラハールが流れ込んだ水田は稲作が不可能になった。高地の先住民**アエタ族**は家を失い、大半の人たちは避難民センターや政府の設けた再定住地へ身を寄せた。少なくとも一〇年の間、ラハールの影響で、より多くの人々が住居を失うことになるであろうと科学者は予測した。

噴火前のフィリピン経済は、中東にいた数十万人の出稼ぎ労働者からの本国送金が湾岸危機で途絶えていたのに加え、原油の高騰が国民生活を直撃していた。インフレ

アエタ族

アエタ族は、ルソン島のピナトゥボ火山近辺に住む低身長・縮毛・暗褐色の肌などを身体的な特徴とする、ネグリート種族に属する少数民族である。約２万年ほど前にフィリピンに来た、フィリピン最初の居住者といわれている。もともとは狩猟民族であったが、近年は焼畑移動耕作を主な生業とし、聖霊の長が住むピナトゥボ火山を「聖なる山」とあがめながら生活を行っていた。フィリピン全土のアエタ族は約５万人、そのうち約35,000人が被災し避難を余儀なくされた。噴火とラハールによる被害のほか、避難民センターでの被害もアエタ族に集中した。食生活をはじめとする生活環境の激変や文化的伝統の違いにより、注射や医薬品を拒絶したことなどがその原因となった。フィリピン政府はアエタ族に優先的に再定住地を用意したが、生活様式の違いなどにより、再定住地を離れたアエタ族は少なくなかった。現在、アエタ族は、政府の再定住地で暮らす人、山に戻り暮らす人、独自に再定住地を組織する人に大別されるが、いずれも仕事の確保など厳しい状況に直面しているといえる。

率は毎月一六～一八％台を推移し、失業者も四〇〇万人（約一五％）を超えていた。そういう状況に、ピナトゥボ噴火で住居や田畑を失った六〇万人を超える失業者が加わったわけでる。噴火からほぼ一ヵ月後のフィリピン政府の試算によると、ピナトゥボ噴火による損失は八〇億ペソ（当時一ペソ約五円）に達したが、これは一九九一年度の国家予算の約三％に相当した。

ピナトゥボ災害の最大の特徴は、大規模な噴火によって甚大な被害が出たこと、および降り積もった灰が雨季のたびにラハールとなって流れ出し、被害が継続してきたことである。噴火後三ヵ月が経った一九九一年九月現在の社会福祉・開発省（ＤＳＷＤ）の報告では、死者数七七三人（このうち、二八一人が噴火による死者、八三人がラハールによる死者、残りの四〇九人が避難民センターでの死者）、被災者一二〇万人であった。中でも、ピナトゥボ火山麓そのものを生活空間として、長年独自の伝統と文化、生活様式を維持発展させてきたアエタ族がもっとも深刻な被害を受けた。

再定住地（Resettlement Area）

ピナトゥボ災害では、ラハールによって家屋を失うなど、避難や移住を余儀なくされる人が続出した。フィリピン政府はこれら避難民のために避難民センターや再定住地の建設を行ってきた。ピナトゥボ火山災害対策本部（MPC）の発表では、1996年現在、サンバレス、タルラック、パンパンガの３州にフィリピン政府が建設した22の再定住地があり、34,877世帯、総人口139,853人が入植していた。このうち、アエタ族を主な居住者とする再定住地は10であった。社会福祉・開発省（DSWD）の発表では、1997年現在、フィリピン全土で39の再定住地があり、46,700世帯、総人口217,155人が暮らしている。このうち、29の再定住地が政府の建設によるもので、ほかの10はフィリピンのNGOによって建設されたものである。

しかも、二次、三次災害の結果、一九九四年までに死者数は約一〇〇〇人に、被災者は約三〇〇万人までに増加した。家を失った二万世帯のうち、約五〇〇〇世帯が政府が建設した二一ヵ所の再定住地に住んでいるが、残りの世帯は九五ヵ所の避難民センターで暮らす状況が続いていた（〈朝日新聞〉一九九四年六月二六日、朝刊）。とりわけ、一九九五年一一月のラハールの被害は大きかった。死者四八人、負傷者七人、行方不明者三八二人、被災者一九万五八八六人に及んだ（『国際協力事業団年報』一九九六年度版）。

表1－4は、一九九六年現在のフィリピン政府が建設した**再定住地**の状況を示したものである。三つの州に二二の再定住地があり、そのうち一〇がアエタ族を主な居住者とする再定住地である。総世帯は三万四八七七、総人口一三万九八五三人がこの再定住地に住んでいる。アエタ族を主な居住者とする再定住地の世帯数は四四五一、人口は一万七六六三人である。失業率を見ると、一番低い所で一〇・四％、もっとも高い所は三六・五％であり、二〇％を超えている所は一七（二二のうち不明二）で、仕事の面での厳しい状況がうかがえる。このほかに、避難民センターでの生活を余儀なくされている人が想起されねばならない。**図1－2**は、一九九五年段階での政府建設の再定住地の所在地を示している。

ピナトゥボ災害は終わってはいない。今後もラハールによる被害は数年続くと予想されていることに加えて、何よりも、ラハールによって仕事や住居を奪われた人たちの生活再建、生計向上、および経済の復興という大きな課題が存続し続けている。

表１－４　フィリピン政府が建設した再定住地のリスト（1996年現在）

州	再定住地名	総面積	農地面積	世帯数	総人口	失業率（%）	貯水タンク（ガロン）	深井土戸数	診療所数（ベッド数）	教室数	デイケアセンター数
サンバレス（Zambales）	バキラン（Baquilan*）	393.0	350.0	753	3,704	27.9	N.A.	12	1	16	3
	バランバイ（Balaybay）	736.3	616.3	928	3,353	29.0	N.A.	14	1（10）	32	1
	カワッグ（Cawag*）	803.0	779.0	430	1,539	29.6	N.A.	118	1（10）	50	1
	ダンパイ・サラサ（Dampay Salaza*）	308.0	248.0	246	1,046	19.9	N.A.	6	1	10	3
	イラム（Iram*）	100.0	N.A.	424	2,190	23.1	水道	水道	1（10）	41	1
	ローブ・ブンガ（Loob Bunga*）	328.0	N.A.	1,420	4,465	N.A.	N.A.	19	1	38	1
	タウグトッグ（Taugtog）	81.0	N.A.	1,175	4,282	26.5	N.A.	3	1（10）	22	1
タルラック（Tarlac）	ドゥエグ（Dueg*）	1,234.0	N.A.	246	1,099	26.9	湧き水	湧き水	2	8	1
	ダパッグ（Dapag）	150.0	N.A.	3,544	16,356	29.5	N.A.	109	1（10）	81	N.A.
	カランギタン（Kalangitan*）	750.0	675.0	370	1,743	48.4	18,000	47	1	18	1
	オドンネル（O'Donell）	348.3	N.A.	3,834	16,393	29.2	N.A.	70	1（10）	75	1
パンパンガ（Pampanga）	ヴィラ・マリア（Villa Maria*）	10.4	N.A.	202	568	12.5	N.A.	7	1（5）	4	1
	ブラオン（Bulaon）	79.9	N.A.	3,393	16,808	27.0	N.A.	N.A.	1（10）	120	1
	カマチリ（Camachile）	26.8	N.A.	1,431	7,097	23.1	60,000	219	1（10）	46	2
	カミアス（Camias*）	567.0	N.A.	124	533	10.4	湧き水	湧き水	1	6	1
	EPZA（輸出加工区）	34.8	N.A.	1,771	11,004	28.0	N.A.	129	1（10）	58	1
	フロリダブランカ（Floridablanca）	85.2	N.A.	3,807	13,321	31.4	N.A.	N.A.	1（10）	40	1
	マダプダプ（Madapdap）	126.0	22.0	3,152	N.A.	N.A.	N.A.	N.A.	N.A.	50	N.A.
	マウアーケ（Mauaque）	50.2	N.A.	3,050	13,855	23.8	30,000	118	1（10）	50	1
	ナブクロッド（Nubklod*）	409.0	N.A.	236	776	22.9	N.A.	26	1	6	1
	パンダカキ（Pandacaqui）	63.2	N.A.	2,944	11,290	28.3		48	1（10）	40	1
	ピアオ（Piao）	50.0	N.A.	2,127	8,431	36.5	N.A.	N.A.	N.A.	41	1

注）＊はアエタ族を中心とする再定住地

出所）Mt. Pinatubo Commission, *Respond and Share a Vision of Progress for New Pinatubo Settlements,* 1996.

図1－2　フィリピン政府によるピナトゥボ被災者再定住地の所在地

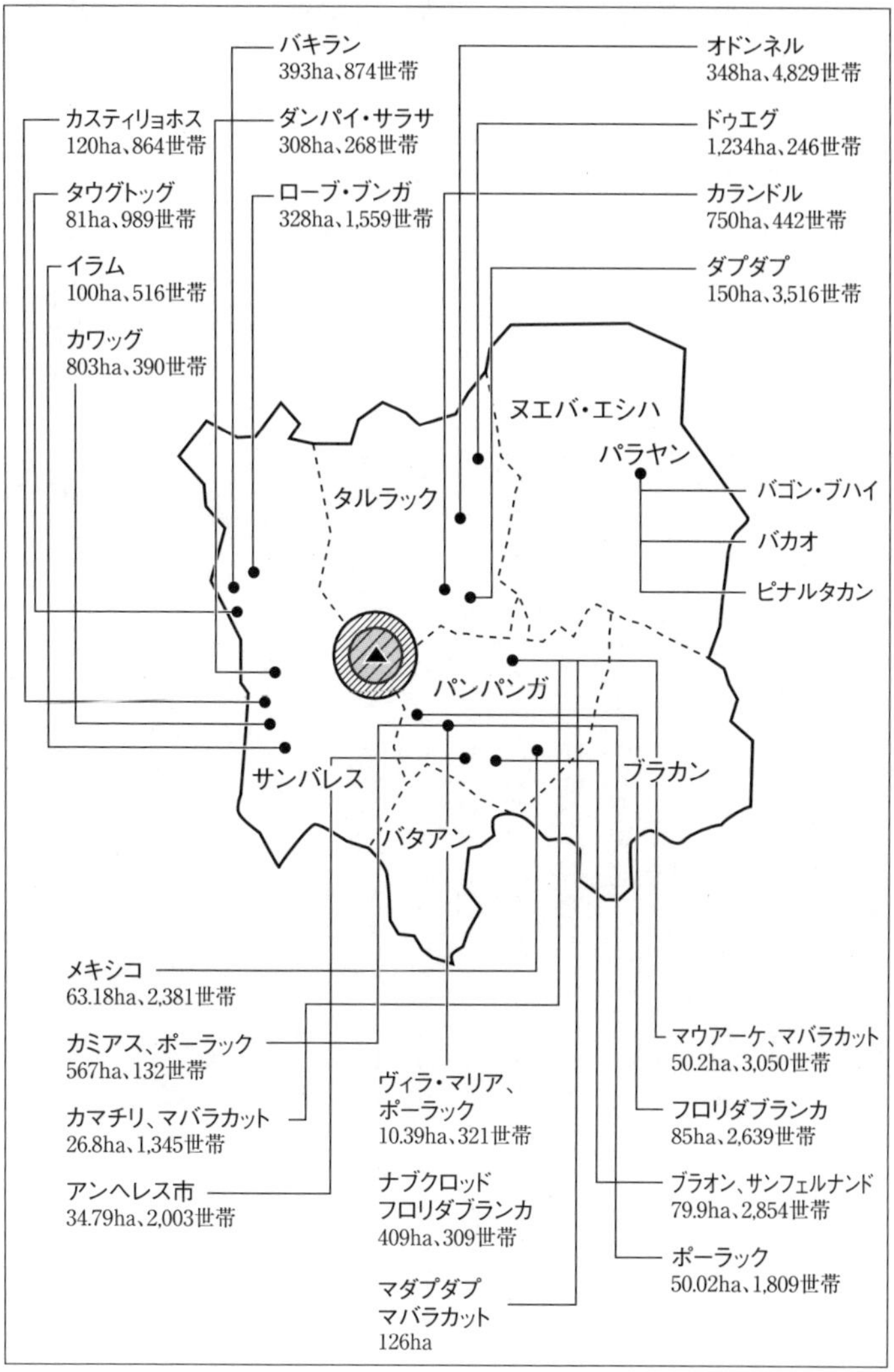

出所）Mt. Pinatubo Commission（1995年現在）

4 フィリピン政府および諸外国の対応の概要

フィリピンの政府部門では、中央レベルから最小の行政単位であるバランガイまで、災害調整委員会（DCC）が組織されている。中でも、国家災害調整委員会（NDCC）が、政府の防災政策の立案、法制度の整備など、統括的な役割を担っている。ただし、NDCCは防災関連政府機関の調整機関であって、それ独自の予算はもっていない。(5)

ピナトゥボ火山噴火後、緊急救援事業を担った主たる機関は、NDCCの構成機関である社会・福祉開発省（DSWD）であった。そして、フィリピン政府は、ピナトゥボ災害の甚大さを勘案して、一九九一年六月二六日に、ピナトゥボ災害に対する緊急・救援復旧事業を担当する政府機関として、予算・管理省（DBM）大臣を議長とするピナトゥボ火山災害対策タスク・フォース（Task Force Mt・Pinatubo）を設立した。タスク・フォースを構成する主要な委員会として、インフラストラクチャー（社会基盤施設）委員会（主幹は公共事業・道路省［DPWH］）、再定住委員会（主幹は環境・天然資源省［DENR］）、生計（livelihood）委員会（主幹は通商・産業省［DTI］）、社会サービス委員会（主幹はDSWD）がつくられ、この四つの委員会が各領域での復旧計画を企画・立案した。従来のNDCCとは異なり、タスク・フォースには独自の予算配分権が与えられた。

フィリピン政府は、二次、三次災害に直面する中で、緊急・救援復旧事業を継続するため、一九九二年一〇月二〇日、ピナトゥボ救援基金（Mt. Pinatubo Assistance, Resettlement、and Development Fund）

法令（第七六三七号）を策定し、同時に、タスク・フォースに代わる担当機関としてピナトゥボ火山災害対策本部（ＭＰＣ）を創設した。ＭＰＣは、最低三年から最高九年まで存続するものと規定され、主要な役割として、上記の法令によって計上された一〇〇億ペソのピナトゥボ救援基金の管理を含め、緊急・救援復旧事業の指導・管轄、開発のためのマスタープランの策定などが与えられた。

ピナトゥボ災害に対しては、多くのフィリピンの民間団体、とくにＮＧＯも緊急・救援復旧事業にかかわった。したがって、ピナトゥボ災害関連の援助では、援助供与国が現地ＮＧＯとどのようにかかわったのかということも重要な側面となる。全国的に防災関連活動を展開するＮＧＯとしてはフィリピン赤十字社（ＰＮＲＣ）がある。ＰＮＲＣは、ＮＤＣＣを構成するメンバーの中で唯一の民間からの正式メンバーである。

フィリピンでは、一九九〇年のルソン島地震を契機に、防災関連の活動を展開するＮＧＯの組織化や連絡調整の必要性が叫ばれ、二つのＮＧＯネットワークが創設された。一つは、一九九〇年に全国的な一〇のＮＧＯによって創設された「災害復興のための相互媒介ネットワーク」（ＩＡＮＤＲ）であり、もう一つは、有力民間企業と主要ＮＧＯの合同で一九九一年に創設された「災害復興のための

(5)　フィリピンの地方行政区は、州（Province）、マニラ首都圏（National Capital Region）、特別市（City）、郡（Municipality）、バランガイ（Barangay）より成る。バランガイという語は、本来「船」を意味する。フィリピンの伝統社会は、バランガイと呼ばれる小さな自然集落を生活単位とする社会であった。現在のバランガイは、行政単位として、地方自治における末端の行政組織をさす。

企業間ネットワーク」（CNDR）である。ピナトゥボ被災地で支援に携わったNGOの多くは、IANDRとCNDRの協力連携のもとに活動を進めてきた。

フィリピン政府は噴火直後から、諸外国政府や国際援助機関に援助を要請するばかりでなく、たびたび各国大使館関係者や国際機関代表者を招いて、災害の現状とフィリピン政府の災害対策や復旧計画を伝えてきた。緊急援助による医薬品、食料、テントや携帯発電機の供与から資金援助まで、初期の避難民に対する支援は極めて活発かつ広範に行われた。一部の援助機関や国際NGOなどからは、フィリピン政府を経由せず直接に、交流と実績のあるフィリピンNGOに対して資金や物資が供与された例も多い。

生計確保・向上分野においても、さまざまな形の援助が行われた。オランダ政府は降灰土壌での農業や土壌改良のアドバイザーとして自国の砂地農業専門家を、イスラエル政府は砂漠地帯の農業技術経験を降灰被害やラハール被害地の農業復興につなげるべく専門家を派遣した。カナダやオーストラリア政府、さらには国際NGOなどの場合は、専門家を送ることでなく、被災した現場で専門的に仕事をしてきたフィリピン側のNGOやPO（People's Organization＝民衆組織）の活動を資金的に直接支援したり、産業技術情報を提供したりする方法をとった。フィリピン政府もその地方行政組織が弱体であることを認識しており、それらの救援活動を上述の緊急援助を含めて歓迎したのである。

社会サービス分野においては、国連難民高等弁務官事務所（UNCHR）によるサンバレス州立病院小児科病棟の修復、イギリスによるフィリピン政府の保健省（DOH）を通じての病院機材の供与、イスラエル政府による地域保健、幼児教育分野の計画・運営にかかわる専門家の派遣、オーストラリア政府によるオロンガポ市立病院復興、被災地復興（住宅再建、作物の再植付けなど）資金の供与などが行われた。

しかし、復旧計画、とくに村落生活基盤復旧に関しては、各種専門家の派遣やアメリカ陸軍工兵隊（USACE）による災害アセスメントと二次災害予測などのための調査を除いて一様に消極的であった。その最大の理由は、二次災害の予測がないことであった。また、一九九二年五月に控えていた大統領選を含むフィリピン総選挙に絡む混乱への危惧から、援助活動が低迷することともなった。

5　本書の基本的視点

「まえがき」で述べたように、本書の主な課題は、ピナトゥボ災害に対して行われてきた日本の国際協力の実態を総体として明らかにするとともに、その貢献性や問題性を検討することである。この作業は、ピナトゥボ災害が日本の政府および市民に残した教訓を整理すること、および日本の国際協力体制の在り方を検討していくための問題提起につながるはずである。貢献性や問題性を検討するため

政府開発援助（ODA）

ODAは、無償資金協力、技術協力、国連諸機関・国際金融機関への出資・拠出などからなる贈与と有償資金協力（円借款）などで構成される。贈与の実施機関が国際協力事業団（JICA）であり、円借款の実施機関が国際協力銀行（JBIC）である。JBICは、海外経済協力基金（OECF）と日本輸出入銀行が統合されて、1999年10月に設立された。ODAの1998年度の実績は14,047億円で、DAC加盟の先進21ヶ国中、実績総額で8年連続の1位となっている。

い。
の基本的な視点について、簡潔に整理しておきたい。

ＯＤＡの案件やＮＧＯ活動を、妥当性、目標達成度、効果といった点を基準に個別に評価することはむろん重要である。政府も「ＯＤＡ評価は、ＯＤＡを効果的・効率的に実施するための手段となっている」との認識のもとに、さまざまな形態での評価活動を実施してきている。評価活動は、有識者や民間団体に委託して行う評価、被援助国関係者による評価、他国との合同評価などからなる。外務省は、こうした事業の結果を『経済協力評価報告書』として一九八二年より公表してきている。また、ＯＤＡ評価の多くは、個別のプロジェクトの評価という形で行われてきている。

一方、国際協力の分野における民間レベルの活動が質量ともに拡大している中で、その評価がますます重要な検討課題になってきているといえよう。むろん、援助事業に携わっている人たちは何

国際ボランティア貯金プロジェクトの評価事業

委託を受けたNGO活動推進センターは、1991年に学識経験者や民間助成団体などのメンバー6人からなる国際ボランティア貯金評価委員会を発足させ、定性的な評価基準について三つの原則と10のガイドラインを策定するとともに、郵政省（現・総務省）が毎年ピックアップする特定のプロジェクトについて評価委員会を設けるなどして評価事業を行ってきている。三つの原則とは、「基本的人権の擁護」、「社会正義に基づく地球社会の形成」、「環境への配慮」であり、10のガイドラインとは、「自立・自律性」、「地元の主体性」、「地元ニーズの的確な把握」、「参加」、「自治能力の拡大」、「持続可能性と波及効果」、「相互学習性」、「適正技術」、「適正な資金管理」、「パートナーシップ」である（『小規模社会開発プロジェクト評価』114～117ページ）。これらの原則とガイドラインは、NGOの多くが行いる生活改善を意図する比較的小規模な事業の評価の基本的指針として有効と思われる。

らかの意味で絶えず事業の効果や問題点などについての自己評価を迫られるであろう。しかし、自己評価および内部評価（事業の実施・運営主体による評価）にとどまらず、外部評価（事業の運営管理に直接携わっていない人々による評価）も含めて、評価をめぐる議論を社会的レベルにまで高めていくことの重要性はますます必要とされていくであろう。

NGOの事業を評価する動きとして、郵政省（現・総務省）が国際ボランティア貯金助成対象の事業についてNGO活動推進センターに委託している**評価事業**がある。これは、現在までのところ、NGO活動に対する国内で唯一の系統的な評価事業であると思われる。ただし、国際ボランティア貯金推進室に提出される報告書は、内部資料として一般に公開されていない。

以上のような評価活動の重要性は認めつつも、本書はODA案件やNGO活動についての個別の評価に比重を置いていない。この理由として第一に、ピナトゥボ災害に対する日本政府の協力は、有償、無償、技術協力、専門家・青年海外協力隊の派遣など多面的な協力形態を包含してきたがゆえに、案件相互の関連性を検討する方が総体としての貢献性や問題性を浮かび上がらすためにはむしろ有効であろう。第二に、NGO活動の評価には固有の難しさがあると言えよう。それは、NGOが行う事業は一般に生活改善を意図する比較的小規模で草の根的なタイプのものが多いが、「質」に関するプロジェクトを評価することは、調査方法の面でも、結果を客観的に検証する面でも困難さが付きまとうからである。

また一般に、「評価が意味のあるものになるには、評価を受ける側が評価の重要性を認識し、他者の評価を受け入れる心構えが出来ていることが必要である」（『小規模社会開発プロジェクト評価』四ページ）。ＮＧＯ活動は基本的に善意に基づいているが、この「善意」の意識が強い場合には、評価の必要性を認めたがらないということが生じがちになる。ＮＧＯ活動の評価の問題は、さらに多面的な角度から検討が加えられていく必要があるといえるだろう。こうしたことを踏まえつつ、本書は、以下のような基本的視点を視野に置きながら、日本の国際協力の貢献性や問題性を検討することに比重を置いた。

第一に、ＯＤＡについては、緊急援助と復興援助、発掘案件と実施案件、有償と無償、ハードで巨額な事業とソフトな人的派遣のそれぞれの面での有機的関連、およびＯＤＡとＮＧＯ活動の協力・連携、そして政府全体としてのビジョンが問われるべき主な側面を構成する。

第二に、これはＯＤＡ案件の個別の評価にも大きく関係する点であるが、ＯＤＡの透明性や情報公開の問題がある。政府は、『ＯＤＡ白書』『経済協力評価報告書』『我が国の政府開発援助の実施状況に関する年次報告書』といった定期刊行物の刊行、「国際協力の日」「国際協力フェスティバル」の開催、「国際協力プラザ」の開設などを通して、ＯＤＡについての情報公開と国内広報に努めてきている。政府は、「十分な情報を国民に提供する責務が政府にあることを肝に銘じる必要がある」と強調している（『我が国の政府開発援助　ＯＤＡ白書（上巻）』一九九八年版、七五ページ）。「緊急性」と「人道性」に特徴づけられる災害関連ＯＤＡにおいてどのような情報公開と国内広報が行われてきたのかが、ここでの主な関心を構成する。

第三に、ＮＧＯ活動については、その独自な貢献性の他、上記に述べたＯＤＡとの関係、日本のＮＧＯ間および日本のＮＧＯとフィリピンのＮＧＯとの協力・連携といった問題が挙げられよう。

本書を構成する各章は、以上の諸視点を多かれ少なかれ含んでいるが、以上の諸視点のうち、ODAとNGOのつながりが近年クローズアップされてきた点に注目し、以下、少し詳しく見ておきたい。なお、本書では、日本のODAの他の援助供与国との国際間協力やフィリピン政府のプログラムとの関連についてはごく断片的な言及にとどまっている。また、日本のODAとNGOを国際比較の観点から検討することの重要性にかんがみ、アメリカ政府の援助およびフィリピンのNGOである「**社会進歩のためのフィリピン・ビジネス**」（PBSP）の活動を取り上げている。

国際協力の分野における民間レベルの活動の意義や重要性についての議論は、NGO活動が質量ともに拡大し中心的位置を占めてきたという現実に促されて、これまで主にNGOをめぐる議論として展開されてきた。NGO活動の意義と重要性は、ODAとの対比において一般に以下のようにまとめられる。

❶草の根レベルで地域社会を直接の対象とした開発協力事業を実施できる。

❷小規模ながら人道的な必要性の高い事業にきめの細かい対応が可能である。

社会進歩のためのフィリピン・ビジネス（PBSP）

フィリピンにおける最大規模のNGOで、企業主導の社会開発財団である。企業の社会的貢献を理念に、1970年に50の企業によって設立された。PBSPの構成企業は、年間純収益の1％の2割に当たる金額を、社会経済開発プログラムの資金源として拠出する。ピナトゥボ災害では、PBSPは緊急救援、一時避難所の建設の他、アメリカ国際開発庁（USAID）の資金供与を受けた再定住地での調査プロジェクトおよび再定住地の建設プロジェクトなどにかかわった。本書第6章を参照。

❸災害や食糧危機などの緊急事態に柔軟かつ迅速な救援活動の実施が可能である。

一方、日本のNGOの多くが資金不足と人材難に直面していることは広く知られている。この二つの問題を踏まえれば、現行のNGO活動の限界性を克服しながら、NGOの意義ある活動をどのように拡大・強化していけるかという一般的な課題が浮かび上がる。この課題に関して、民間団体間の連携やネットワーク、民間レベルの活動と政府レベルとの関係についての議論が当面の課題となろう。

一九九〇年代に入って、政府の民間の活動への支援が強化されてきている。とくに、NGOが果たす重要な役割を認め、ODAとNGOがそれぞれの利点を生かしながら補完関係を強化し、その基盤に立った国際協力を拡大していくことが政府の方針となっている。なかでも、自然災害への国際協力は、NGOがもつ迅速性、現地事情に精通している地域社会との関係が強いなどの理由で、NGOとの協力・連携が強く期待されている分野といえる。政府からの支援は、一九八九年度から導入された外務省のNGO補助金、一九九一年度から開始された郵政省（現・総務省）の国際ボランティア貯金など公的補助金制度が中心であるが、一九九六年四月より外務省とNGO代表者との間で定期協議も開始されている。

また、官民連携の一環として、「NGO・外務省定期協議会」や「人口・エイズに関する地球規模問題イニシアティブ（GII）に関するNGOとの懇談会」、コソヴォ難民問題に対する外務省・NGO連絡会議などを通じ、政府とは異なる視点やノウハウを有するNGOとの対話を進めている。こうした議論からは、NGOとの共同評価の実施（バングラデシュ［一九九七年一〇～一一月］、カンボジア［一九九九年三月］）やザンビアに対する人口・エイズ分野での日米合同プロジェクト形成調査団への日本のＮＧＯ関係者の参加（九八年一二月）などの成果が上がっている（『我が国の政府開発援助の実施状況に関する年次報告［一九九八年度］』参照）。

従来より、ＯＤＡの問題性を見据え、ＯＤＡに対するオルターナティブとしてＮＧＯの活動の意義を捉える動きには強いものがあった。ＯＤＡが原則として現地政府の要請に基づくものであるのに対し、ＮＧＯは草の根的な活動で一般民衆のニーズを重視するという点からも、ＯＤＡとＮＧＯがともすれば対立的であったこともある意味で必然である。ＯＤＡとＮＧＯの意義や問題性に対する相互の批判的検討は進められるべきだが、他方で両者の協力・連携に関する検討も重要であるし、ますますその必要性は高まろう。

第2章

ピナトゥボ災害に対する日本政府の協力

降灰でつぶれたマーケット（1991年）

1 全体的な動向

日本の開発途上国に対する政府開発援助（ODA）は、「贈与」と「有償資金協力（円借款）」に大別され、前者は無償資金協力、技術協力、NGOへの補助金などに、後者はプロジェクト借款と商品借款を含むノンプロジェクト借款などに分けられる。

一般に、災害対策事業は、緊急救援、予知、軽減対策、復旧、復興、開発といった一連の過程より構成される。ピナトゥボ災害の対策事業が直面してきた固有の問題性は、二次災害をはじめとする複次災害が継続する状況の中で、一方では被災地域（主に中部ルソン地域）の中・長期的な観点からの総合的な復旧復興計画を進めつつ、他方では、避難民センターや再定住地に暮らす人々を中心に被災者のニーズに直接こたえる対策を同時に展開しなければならなかった点にある。このためには、インフラ、生計向上、再定住、社会サービスの各分野での連携のとれた効果的な対策が求められた。

被災状況やフィリピン政府の対策の進展に応じて、日本のODAは多方面における調査活動や協力を行った。**表2-1**は、ODA事業の展開を大まかに年代順に示したものである。まず、噴火から一年ほどの状況を見ると、一九九一年中は、六月と七月の緊急援助と草の根援助の供与、七月の土壌研究開発センターによる泥流危険地域の予測図作成、七月から九月にかけての砂防対策・火山観測専門家らの派遣と警報システムの供与など、緊急救援、予知、軽減対策が行われた。

一方では、一九九一年七月から西部バリオス溜池改修計画実施促進調査、九月にはピナトゥボ火山災害復旧機材整備計画基本設計調査、同じく九月に被災地に位置する橋梁の被災状況調査、そして一〇月には畑地灌漑技術開発計画専門家らによる灌漑事業の被災状況など、インフラ復旧に関する調査活動が進められた。これらはいずれも、災害対策の緊急性を勘案して迅速に行われたものである。一九九一年の暮れから一九九二年の初めにかけて、ODAの協力体制の総体的な在り方を検討するためにプロジェクト形成調査団が派遣されている。

その後の状況を見ると、一九九二年と一九九三年に多くの事業が実施されたとはいえ、一九九四年以降も八件の新規事業が行われている。この事実とともに、数次にわたる専門家の派遣や緊急援助の供与がピナトゥボ災害の継続性を象徴的に示しているといえるだろう。

表2－2は、ピナトゥボ災害に対するODAの主要案件形態別リストである。この表では、プロジェクト名、協力形態、供与金額・協力期間を示している。これに基づいて、ピナトゥボ災害関連ODAの形態別の特徴を見よう。

無償資金協力に該当する案件は、災害緊急援助、一般プロジェクト無償援助、草の根無償資金協力の三つに分かれる。災害緊急援助は緊急資金供与である。一九九一年から一九九三年までで計三回、各二〇万ドルずつの総計六〇万ドルの資金が供与された。一般プロジェクト無償援助は一九九一年から一九九四年までで六回行われており、総額は四七億一九〇〇万円であった。一般プロジェクト無償援助は、施設などの建設や機材の供与を目的として行われるもので、一般に無償資金協力の中核を構成するものである。**草の根無償資金協力**は、一九九一年、一九九二年、一九九六年と三回行われている。フィリピンの三つのローカルなNGOに合わせて八八九・一万円が供与された。

表2－1　ピナトゥボ関連ODAの主な展開

1991年6月	災害緊急援助（資金供与［20万ドル］と物資供与［2,908万円］）
1991年6月	草の根資金協力（「ピナトゥボ火山災害救援活動計画」300万円）
1991年7～9月	専門家チーム（砂防対策・火山観測）の短期派遣（第1次4名、第2次4名）
1991年7月	青年海外協力隊特別機材支援経費により農業用トラクターと医療物資供与（1,010万円）
1991年7月	無償資金協力「ピナトゥボ火山災害救援活動」300万円
1991年7月	一般無償「西部バリオス溜池改修計画」実施促進調査
1991年8月	土石流監視および警報システムの供与（8,500万円）
1991年9月	一般無償「ピナトゥボ火山災害復旧機材整備計画」基本設計調査
1991年12月～1992年2月	8名のプロジェクト形成調査団派遣
1992年1月～1993年2月	8名の青年海外協力隊短期緊急派遣
1992年2月	草の根資金援助「アエタ族リハビリテーション計画」（300万円）
1992年2月	「ピナトゥボ火山災害復旧機材整備計画」（14億5,500万円）交換公文名
1992年6月	専門家チーム（火山災害専門家）の短期派遣（4名）
1992年7月	草の根資金協力「アエタ族リハビリテーション計画」（300万円）
1992年8月	「西部バリオス溜池改修計画」（4億9,200万円）交換公文署名
1992年9月	災害緊急援助（資金供与［20万ドル］と物資供与［約1,885万円］）
1992年9月	商品借款「ピナトゥボ火山災害復旧・再建のための緊急商品借款」253億8,000万円供与
1992年11月	一般無償「ピナトゥボ火山被災地灌漑用水復旧計画」基本設計調査
1992年11月～12月	一般無償「ピナトゥボ火山被災民生活用水供給計画」基本設計調査
1992年12月～1996年7月	3名の青年海外協力隊員派遣
1993年1月	専門家（砂防技術全般）の長期派遣（1995年3月まで）
1993年3月	「ピナトゥボ火山被災地灌漑用水復旧計画」（5億8,000万円）交換公文署名
1993年7月	「ピナトゥボ火山被災民生活用水供給計画」（第1期10億7,700万円）交換公文署名
1993年10月	災害緊急援助（資金供与［20 万ドル］と物資供与［約2,400万円〕
1994年7月	「ピナトゥボ火山被災民生活用水供給計画」（第2期2億6,500万円）交換公文署名
1995年4月	専門家（砂防技術全般）の長期派遣（1998年3月まで）
1996年3月	借款「ピナトゥボ火山災害緊急復旧事業」（69億1,100万円）借款契約署名
1996年8月	研究協力「ピナトゥボ火山灰土壌回復技術」事前調査団派遣
1996年11月	専門家（ピナトゥボ火山灰土壌回復技術）の長期派遣（1999年11月まで）
1999年1月	一般無償「地震火山観測網整備計画」（8億5,000万円）交換公文署名
1999年11月	研究協力「ピナトゥボ火山灰土壌回復技術」終了時評価調査団派遣
1999年12月	借款「ピナトゥボ火山災害緊急復旧事業（Ⅱ）」（90億1,300万円）借款契約署名

津田守・田巻松雄作成

表２－２　ピナトゥボ災害に対するODAの主要案件形態別リスト

プロジェクト名	協力形態	協力期間・供与金額
緊急資金供与		1991年６月　20万ドル 1992年９月　20万ドル 1993年10月　20万ドル 総計60万ドル
ピナトゥボ火山災害 旧機材整備計画	一般プロジェクト無償援助 （無償資金協力）	1991年　14億5,500万円
西部バリオス溜池改修計画 （無償資金協力）	一般プロジェクト無償援助	1992年　4億9,200万円
ピナトゥボ火山被災地 灌漑用水復旧計画	一般プロジェクト無償援助 （無償資金協力）	1993年　5億8,000万円
ピナトゥボ火山被災民 活用水供給計画（1/2）	一般プロジェクト無償援助 （無償資金協力）	1993年　10億7,700万円
ピナトゥボ火山被災民 活用水供給計画（2/2）	一般プロジェクト無償援助 （無償資金協力）	1994年　2億6,500万円
地震火山観測網整備計画	一般プロジェクト無償援助 （無償資金協力）	1999年　8億5,000万円
ピナトゥボ火山災害 救援活動計画	草の根無償資金協力	1991年6月　300万円
アエタ族リハビリテーション計画	草の根無償資金協力	1992年２月　300万円
ＮＧＯ支援	ＮＧＯ事業補助金	4件 1991年、92年度　総計1,347.2万円
緊急物資供与	技術協力	1991年６月　2,908万円 1992年９月　1,885万円 1993年10月　2,400万円 1995年９月　1,611万円 総計8,804万円
民間援助物資輸送	技術協力	毛布、タオルケット、石鹸で総量約60トン
個別専門家派遣事業	技術協力	1991年７月～92年６月
青年海外協力隊派遣事業	技術協力	1991年７月　1,010万円
単独機材供与事業	技術協力	1991年８月　8,500万円
保健医療協力事業	プロジェクト方式技術協力	1991年度　138.8万円
農林水産協力事業 （土壌研究開発センター）	プロジェクト方式技術協力	1991年６月以降
開発調査	技術協力	13回
援助効率推進事業	技術協力	1991年12月～92年１月 1,002万円
ピナトゥボ火山災害 復旧・再建のための緊急商品借款	有償資金協力	1992年　253億8,000万円
ピナトゥボ火山災害 緊急復旧事業	有償資金協力	1996年　69億1,100万円
ピナトゥボ火山災害 緊急復旧事業（Ⅱ）	有償資金協力	1999年　90億1,300万円

津田守・田巻松雄作成

技術協力としては、八種類の援助事業が行われている。まず、災害緊急援助である緊急物質供与では、計四回で総計八八〇四万円に相当する物質が供与された。技術協力の形態は、一般に研修員などの人の受け入れ、専門家などの人の派遣、人の派遣と結びついた機材の供与、特定のプロジェクトのもとでの人と機材の組み合わせ(プロジェクト方式技術協力)に分かれる。ピナトゥボ災害に関しては、人の派遣として、専門家、青年海外協力隊、援助効率推進事業と開発調査のための調査団の派遣が、機材の供与として単独機材供与事業が、そしてプロジェクト方式技術協力として保険医療事業が行われた。プロジェクト方式技術協力の農林水産協力事業である土壌開発研究センターはピナトゥボ火山の噴火前に建設されていたものであるが、ピナトゥボ災害にかかわる援助事業も行ったのでここに含めた。技術協力の援助事業は、金額の分かっているものの総計で一億九四五四・三万円である。

草の根無償資金協力

草の根レベルの社会開発プロジェクトを対象とする補助金制度で、1989年より開始された。一般無償の対象が相手国政府であるのに対し、草の根資金協力は、NGO、地方公共団体、研究・医療機関などを直接の対象にする。供与額は、一般無償が1件当たり通常1億円以上であるのに対し、草の根資金は1件原則1,000万円以下である。迅速かつ確実な対応ができるよう、プロジェクト団体が所在する在外公館が同協力を所管する。1995年度から、一部を外務省経済協力民間援助室支援室にて所管し、日本のNGOへの便宜も図るようになった。また、導入当初は「小規模無償資金協力」という名称であったが、1995年度より「草の根資金協力」と名称が改められた。1989年度に95件に対する3億円の予算で開始されたが、1998年度には1,064四件に対する57億円と、この10年間に大きく伸びた。

有償資金協力（円借款）は三回行われた。まず、一九九二年に二五三億八〇〇〇万円の商品借款が供与されている。この商品借款はノンプロジェクト借款の一形態で、一般に、国際収支の悪化や外貨不足で経済開発が困難になっている国に供与される。借款によって必要な物資や機材を購入させ、国際収支の支援や経済の安定に貢献しようとする目的をもつ。

次に、一九九六年には六九億一一〇〇万円のプロジェクト借款が供与されている。プロジェクト借款とは、あらかじめ特定されたプロジェクトに必要な物質や機材などの調達資金を融資するものである。最後に、一九九九年に、一九九六年の事業に続く二回目のプロジェクト借款が供与された。これら三つの事業の合計は、四一三億四〇〇〇万円であった。

最後に、**NGO事業補助金制度**では、日本の二つの団体の四つの事業に対して総計一三四七・二万円が供給された（詳細は第３章七三ページの**表３－３**を参照）。

以上のODA案件の総額は、金額の分かっているものの合計で四六二億三九九〇・六万円（その他に六〇万ドル）である。形態別に整理し直すと、有償資金協力四一三億四〇〇〇万円、無償資金協力四七億一

NGO事業補助金制度

外務省経済協力局民間援助室が所管するNGOに対する補助金制度で、「経済的基盤の弱い（日本国内の）NGOの足腰強化を支援し、育成する」ことを趣旨として1989年に開始された。原則として、日本のNGOが海外で行う事業費の上限２分の１までを補助する。1999年度には、農漁村開発、人材育成、環境保全などの多岐にわたる分野を対象に、46ヵ国および地域で活動する111団体の185事業に対し７億8,800万円が交付された。

九〇〇万円（その他に六〇万ドル）、技術協力一億九四五四・三万円、NGO事業補助金一三四七・二万円および草の根無償資金協力八八九・一万円となっている。

有償資金協力は一件の額が大きいので、形態別の割合では、有償資金協力が全体のほぼ九割を占める結果となっている。なお、一九九三年一二月七日と八日に、フィリピン政府機関、ドナー各国、NGO関係者がピナトゥボ災害に対して行ってきた事業を報告し議論する国際会議（"Pinatubo" Multi-Sectoral Constitutional Congress）がマニラで開催された。その資料によると、諸外国の中でも日本のODAが金額面では群を抜いてトップであった。

2 主要案件の形態別内容

ここでは、主要案件の形態別内容を見てみよう。おおよそ、「無償資金協力」「技術協力」「有償資金協力」の順で述べるが、案件相互の若干の関連性を考慮し、「草の根無償」については政府貸付の後に回す。なお、形態別案件の（　）内は、それぞれの形態における日本の所轄官庁名である。

一般プロジェクト無償援助（JICA／外務省）

❶ピナトゥボ火山復旧機材整備計画

供与金額：一四億五五〇〇万円
交換公文署名日：一九九二年二月四日
コンサルタント：片平エンジニアリング・インターナショナル
資機材納入業者：東洋建設
輸出契約業者：丸紅、兼松、三立通商
協力の概要：ブルドーザ二〇台、スクレーバ一〇台、湯圧ショベル一一台ほか機材の供与。

ピナトゥボ火山の爆発により、大量の火山灰および岩石が噴出し、サンバレス、タルラック、パンパンガ、バタアンの四州にまたがる広域の居住地、農地、道路、橋梁などに多大の被害がもたらされた。このため、インフラの復旧を実施しているフィリピン公共事業・道路省（ＤＰＷＨ）において急遽多数の機械が必要となったが、他の地域のＤＰＷＨ事務所の保有するものや、民間からの借り上げで作業を行わざるを得ない状況であった。絶対数が足りないばかりか多くの機械は老朽化しているため、復旧には大きな支障となっていた。

この案件は、そうしたＤＰＷＨの要請を受けて、ブルドーザ二〇台のほか、インフラ復旧活動に必要な機材を供与したものである。基本設計調査（一九九一年九月二八日～一〇月一八日）、報告書説明（一九九一年一二月八日～一五日）を経て、一九九二年二月に交換公文が署名され、同年一〇月までに機材の引き渡しが完了した。この案件は、フィリピン政府による復旧事業の緊急性を考慮し、同じような案件では異例ともいえる迅速さで進められたものである。供与された機材は、ＤＰＷＨの第三地域事務所（中部ルソン）が管理し、稼働状況などについて、毎月同省の復旧本部への報告が義務づけられた。一九九三年一一月には、JICA専門家数名による稼働状況についての調査が行われた。それによれば、復旧機材は橋梁上部工復旧工事や橋梁下部および河道の掘削・浚渫《しゅんせつ》工事などで有効に活用されていた。

❷西部バリオス溜池改修計画

供与金額：四億九二〇〇万円
交換公文署名日：一九九二年八月七日
コンサルタント：日本技研
建設業者：銭高組
協力の概要：砂防ダムの設置、ダム取水口の増設、排砂ゲートの設置、貯水池内流入火山灰の除去

フィリピンでは農業開発を経済開発の柱としており、その一環として全国各地での農業用小規模溜池整備が推進され、農業生産性の低い地域の開発を図っている。タルラック州サン・ホセ市郊外の西部バリオス地域は、ルソン島中部の穀倉地帯に隣接していながら灌漑設備が未整備であるため、長年農民は天水に依存した生産性の低い農業を営まざるを得ない状況にあった。このため、フィリピン政府は同地域を農村開発モデル地区として選定し、四ヵ所の溜池および用水路の建設計画を国家灌漑庁（NIA）が策定し、日本政府に協力を要請してきた。それに対し日本は、一九八九年度の無償援助

（西部バリオス地域溜池灌漑計画、一九億三二〇〇万円）として実施した。施設内容としては、ダム工事四ヵ所、灌漑用水路二三・八三キロメートルと橋梁一ヵ所であった。しかし、完成引き渡し（一九九一年三月一五日）をした四つの溜池のうち二つの利用河川の上流域がピナトゥボ火山の近くにあるため、一九九一年六月の噴火後、雨期になると多量の火山灰が河川や溜池に流入し始めていたのである。

放置すれば、数年後には完成したばかりの溜池が使用不能になる可能性が高かった。この案件は、その二つの溜池の取水機能維持と火山灰流入抑制を目的に、砂防ダムの設置を中心にダム取水口の増設、排砂ゲートの設置、貯水池内流入火山灰の除去などの関連事業を行うものであった。それが理由で、西部バリオス溜池改修計画と名付けられ、四億九二〇〇万円の予算で実施されることとなったのである。

実施促進調査（一九九一年七月七日～一〇日）、フォローアップ調査（一九九一年一一月二四日～一二月八日）、基本設計調査（一九九二年四月九日～五月三日）を経て、一九九二年八月七日に交換公文が署名され、一九九三年一〇月三〇日に工事が完了した。現地サイトの視察に同行した銭高組の担当者の話では、多くのフィリピン人が、砂防ダムの設置など関連建設労働に従事し雇用が創出されたとしている。また、フィリピン人は「サボウ（砂防）」という日本語をそのまま使用しているが、それはこの事業分野における日本の突出した存在を象徴的に示している。

❸ピナトゥボ火山被災地灌漑用水復旧計画

供与金額：五億八〇〇〇万円
交換公文署名日：一九九三年三月一一日
コンサルタント：日本国際協力システム
資機材納入業者：サンイースト・インターナショナル
協力の概要：浅井戸用井戸掘削機械一〇台、灌漑用水ポンプ一六〇〇台、その他支援機材などの供与。

ピナトゥボ火山を囲むタルラック、パンパンガ、バタアン、サンバレスの四州は、もともと土地が肥沃であることに加え、首都マニラに近いこともあって農地灌漑が進んでおり、同国の穀倉地帯と呼ばれていた。しかし、火山噴火とラハールで大多数の灌漑施設が使用不能になった。当然のことながら、農業生産は大幅に落ち込むこととなった。

この案件は、ＮＩＡの要請で、ピナトゥボ火山の噴火とラハールによる被害で多くの灌漑施設が不能になった農地の灌漑能力復旧のために、浅井戸用掘削機械および灌漑用水ポンプなどの機械、資材を供与したものである。資機材などの調査が、一九九二年一〇月一九日から一九九三年一月二〇日まで行われた。本件の受け入れ実施機関であるＮＩＡの計画内容が詳細であったこともあり、日本側での基本設計調査は行われなかった。ただし、計画の原案では掘削機械八台、ポンプ一〇〇〇台であったものが、灌漑復旧事業の緊急性およびその広域性を考慮し、掘削機械一〇台、ポンプ一六〇〇台に増大された。

　掘削機械一〇台の配置先は、タルラック州三台、パンパンガ州三台、バタアン州二台、サンバレス州二台であった。灌漑用水ポンプは一括管理とされ、掘削工事完了に伴い出庫する態勢がとられた。同計画が対象とする耕地は、灌漑不能の状態にある耕地の約二割にあたる。ボーリングによりNIAが最初の井戸をパンパンガ州内で掘りあてたのは一九九四年四月であった。しかし、その後の引き続く泥流被害の拡大もあり、一六〇〇もの井戸を掘り切るのは非常に困難だろうというのが現地職員の感想であった。

❹ピナトゥボ火山被災民生活用水供給計画（第一期および第二期）

第一期供与金額：一〇億七七〇〇万円
交換公文署名日：一九九三年七月一五日（協力期間：一九九三〜一九九五年）
第二期供与金額：二億六五〇〇万円
交換公文署名日：一九九四年七月一五日（協力期間：一九九四〜一九九五年）
コンサルタント：パシフィック・コンサルタンツ・インターナショナル
建設業者および資機材納入業者：日商岩井、利根
協力の概要：ハンドポンプ使用深井戸建設、湧水利用施設建設

一九九二年三月にDPWHより、再定住地、避難民センターおよび給水施設に被害を受けた被災村

供与された掘削機械と登載車輌

掘り当てた井戸を見る関係者（パンパンガ州、1994年）

落において、生活用水を確保するための深井戸建設に関する機材の調達と井戸建設についての協力要請があった。この要請を受けて、一九九二年一一月から一二月にかけてJICAによる基本設計調査が行われた。この案件は、この調査に基づき、高地民アエタ族の九つの再定住地を対象に、ハンドポンプ深井戸による給水施設（二つの再定住地については湧水利用施設）の建設と関連資機材の供与を行ったものである。ピナトゥボ山周辺に建設された再定住地の保健衛生的・環境衛生的な生活環境が劣悪で、飲料水の確保や共同トイレの設置など、給水関連のプロジェクトの必要性が高いことについては、JICA専門家による、一九九一年一二月、一九九二年三月と六月における被災者用再入植地などの調査において早くから指摘されていた。

第一期工事は五地区を対象に一九九四年三月から一九九五年一月まで、第二期工事は四地区を対象に一九九四年一二月から一九九五年五月まで行われた。一九九七年六月には瑕疵《かし》調査が行われている。検査者は、パシフィック・コンサルタンツ・インターナショナルと日商岩井から各一名の二名で、DPWHから一名が立ち合った。その報告によると、一部の部品が摩耗し交換が必要であったが、湧水利用給水施設、ハンドポンプ井戸建設ともに重要な生活用水源として活用されている。また、災害直後にフィリピン政府、外国政府、NGOなどによって供与された給水施設は、一九九七年にはすでに老朽化が激しく、使用困難な状況にあることが報告されている。

❺地震火山観測網整備計画

供与金額：八億五〇〇〇万円

交換公文署名日：一九九九年一月二五日
コンサルタント：日本気象協会
契約業者名：三菱商事
協力の概要：地震および火山の観測のための機器等

フィリピンで行われている地震・火山の観測は、短周期でしかも上下動のデータしか把握出来ないものであり、機器のほとんどは設置後一五年以上を経て老巧化している。このため、震源地の正確な把握ができず、災害発生時の迅速な対応に支障を来たしているほか、中長期的な防災計画の策定も困難となっている。この案件は、以上のような事態の改善のために供与された。

技術協力

❶個別専門家派遣事業と単独機材供与事業（ＪＩＣＡ／外務省）

災害対策の技術協力の要請を受けて、一九九一年七月から九月、土石流監視および警報システムの供与・技術指導を目的に、第一次四名（火山砂防、河川洪水、火山観測）、第二次四名（火山砂防、電気通信）の専門家調査団が短期派遣された。第一次では、主に被害の状況を把握するための調査が行われた。第二次調査団の派遣中の八月には、約八五〇〇万円相当の土石流監視および警報システムがフィリピン火山・地震研究所（ＰＨＩＬＶＯＣＳ）に単独機材供与事業として供与された。

一九九二年二月には、被害状況の調査と対策への提言、土石流監視および警報システムの設置位置についての提言、各種調査などの実施についての勧告、砂防ダムの補強策についての指導を目的に、第三次の専門家五名（火山砂防・電気通信）が派遣された。この調査から、火山砂防セミナーによる技術移転、ハザード・マップ（災害予想区域図）の作成、火山泥流の氾濫シミュレーション実施などの必要性が指摘・提言された。さらに同年六月には、火山災害専門家四名が派遣された。二月の調査報告を受ける形で、関係機関の幹部クラスを対象とする火山災害（土石流）対策セミナーが開催され、火災流の発生メカニズム、ハザード・マップの作成、火山砂防計画の立案、警戒避難システムなどについての講義と、実験として土石流のシュミレーションが行われている。

また、同様の専門家短期派遣と災害復旧、洪水予警報システム、泥流対策、火山地域の砂防対策などに関するセミナー指導は、一九九三年三月、一九九四年一一月、一九九六年三月、一九九六年一一月にも引き続き行われている。セミナー開催機関は、ＤＰＷＨや科学技術省フィリピン気象局などであった。

砂防技術全般にかかる調査と提言を継続的にしていくため、日本の建設省河川局河川計画課よりフィリピンのＤＰＷＨ計画局に配属された長期派遣の専門家もいる。さらに、通商産業省からＪＩＣＡ専門家としてフィリピン科学技術庁産業科学技術研究所に配属された長期派遣の専門家もいる（一九九六年一月～一九九九年一一月）。これは、ピナトゥボ火山灰を有効利用する試みと技術について研究協力していくためである。他の専門家はほとんどすべてが建設省関係者で、いわゆるインフラストラクチャー分野をカバーしていることを考えれば好対象だといえるだろう。

全体として、ピナトゥボ関連の専門家派遣としては既述のもの以外を含めて、短期および長期の合計が三〇名を超えている。共通ないしは関係した指導科目において、これだけまとまった人数が、しかも足掛け七年間にもわたって派遣されることは、いわゆる専門家派遣事業として極めて異例のことである。

❷青年海外協力隊派遣事業（JICA／外務省）

●派遣中の隊員の対応と医療物資およびトラクター供与——ピナトゥボ噴火前に、すでにアエタ族への協力のためにフィリピンのNGOである**少数部族救済基金（EFMDI）**に派遣されていた三隊員（それぞれ、村落開発、保健婦、畜産開発を担当）は、噴火直後、住民の避難や再定住への協力にかかわった。アエタ族が再定住できる土地を見つけだし、生計に重きを置いた支援をすることがEFMDIの主要な事業となった。この再定住地開発計画の中でとくに重視されたのが土地の開墾作業である。

少数部族救済基金（EFMDI）とアエタ開発協会（ADA）

EFMDIは，1974年に設立され、アエタ族の生活向上のために活動してきた。EFMDIは1993年に解体し、1985年から活動を始めていたアエタ族自身の住民組織ADAに一本化された。ADAは、1985年にNGOとして正式に認可されている。アエタ族の団結を図り、自立をめざす。EFMDI、ADAを通じて、北部ルソンの少数民族カリンガ族出身のルフィーノ･ティマ博士（人類学者･神学者）がディレクターを務めてきた。サンバレス州スービック行政区域マンガンバカに本拠を置く。NGOでありながら、青年海外協力隊員が派遣された実績があるほか、日本のNGOである国際葛グリーン作戦山南（IKGS）とピナトゥボ火山爆発被災地の緑化と農業開発の共同事業に取り組んでいる。また、ACTIONと事業提携を結んでいるなど、日本とのかかわりは大きい。

そしてそのために、農業用トラクターとそれを効率的に利用するための関連機材が必要と捉えられた。EFMDIに派遣されていた青年海外協力隊員の強い要望により、一九九一年七月、同基金に対し特別機材支援経費による農業用トラクターと医療物資が供与された（一〇一〇万円相当）。

「このような特別な配慮は、隊員およびJICAマニラ事務所の熱意で実現した」と、アエタ開発協会（ADA）のティマは高く評価していた。

●短期緊急派遣――一九九二年一月から一九九三年二月にかけて、八名の隊員が災害救援のため緊急派遣された。派遣期間は一ヵ月から一年であった。配属先は全員が社会福祉・開発省（DSWD）で、任地はサン・フェルナンドであった。この隊員が中心メンバーになって、避難民センターで暮らす避難民と再定住地に入植している入植者の生活環境についての実態調査が行われた。五名をチームとするものや個別の報告書が出されている。

援助効率促進事業

JICAの各種援助事業の体系的かつ効率的な実施を図ることを目的として1988年度に創設。具体的な目的は、以下の二つである。①真の援助需要を見極めるための情報収集、事前の調査・研究、要請主義を補完する案件の発掘・形成、案件選定・確認のための相手国との対話といった援助の「入り口」段階での事業の実施。②実施済みの案件の協力効果につき評価を行い、その結果を将来の事業実施にフィードバックすることを通じて事業のさらなる効率的・効果的実施を目指す「出口」段階での事業の実施。プロジェクト確認調査、プロジェクト形成調査、企画調査員の派遣、評価調査の四事業からなる（『我が国の政府開発援助の実施状況（1998年度）に関する年次報告』1999年9月）。

1998年度は、合計288事業が実施された。

●ＥＦＭＤＩへの派遣および被災地支援のための新規派遣――一九九二年一二月から一九九六年七月にかけて、三名の隊員が派遣された。その内訳は、ＥＦＭＤＩへの派遣一名（保健婦、一九九三年四月から一九九四年八月）、被災地支援のための新規派遣二名である。新規派遣二名は、ＤＳＷＤの配属で再定住地に派遣された隊員（保母、一九九二年一二月から一九九六年一月）とＥＦＭＤＩ／ＡＤＡに派遣された隊員（食用作物、一九九三年七月から一九九七年七月）であった。

③援助効率促進事業（ＪＩＣＡ／外務省）

一九九一年一二月一二日から翌一九九二年一月一一日までの年末年始にかけて、プロジェクト形成調査団が派遣され、ピナトゥボ災害に対する救援、復旧・復興計画に対する日本の協力方針に関する調査が行われた。英語では「Project Finding Mission」ということから「プロファイ・ミッション」とも呼ばれた。調査を踏まえ、優良案件の発掘・形成を行うことが目的である。調査団は、総括兼再定住計画、生計向上、地域開発、村落生活基盤（農村インフラ）の四分野を担当した四名（一二月一二日から一月一一日まで）と、協力政策、環境、協力計画の三分野を担当した三名（一二月一二日から一二月二一日まで）の計七名で構成された。

この調査では、フィリピン政府諸機関からのヒヤリングおよび打ち合わせ、被災状況の視察、再定住地および避難民センターの視察、被災民からのヒヤリングなどが行われた。上記の七分野の構成が示唆するように、被災民とその再定住地計画や生計向上などのソフトな側面に比重を置いた包括的な調査であったといえよう。なお、総経費は約一〇〇二万円であった。
一九九二年一月八日にはマニラの日本国大使館で、一月一七日には東京のＪＩＣＡ本部で、この調査の報告会が行われている。このプロファイ・ミッションは、日本政府による具体的な支援領域に関して一八の個別案件を発掘・提案し、同年三月三〇日に東京のＪＩＣＡ本部でこの検討会が行われた。また、五月には英文の報告書「Study Mission Report, May, 1992」も作成され、フィリピン政府側の諸機関に提出されている

❹海外建設計画事前調査（建設省）(1)

建設省の委嘱を受けた社団法人国際建設技術協会により、一九九二年三月三日から一四日まで、ルソン島中部地震崩壊土砂災害対策およびピナトゥボ火山噴火災害対策計画調査が行われた。主な調査目的は、被災地域の河川の土砂の流出状況およびフィリピン政府がＪＩＣＡの専門家の指導などによって実施している応急対策について、その実情を把握し、日本の経済協力の方向性ないし可能性を探るということであった。この調査結果は、建設省・国際建設技術協会より『平成三年度　フィリピン共和国　ルソン島中部地震崩壊土砂災害対策及びピナトゥボ火山噴火災害対策計画調査報告書』（一九九二年三月）として刊行されている。

（1）中央省庁等の改編に基づき、二〇〇一年一月より、建設省、国土庁、運輸省、北海道開発庁は統合されて「国土交通省」となった。

❺開発途上国の防災体制に関する整備促進調査（国土庁［現・国土交通省］）

国土庁防災局の委嘱を受けた社団法人海外コンサルティング企業協会によって、一九九二年から一九九四年まで三年をかけて、フィリピンの防災体制についての整備促進調査が行われた。この調査は台風災害を対象にしたものではあるが、フィリピンの防災体制整備の優先分野と日本の協力分野の包括的な検討を目的としたもので、防災分野全般にわたるODA拡充のためのプロジェクトとして注目されるところである。

この調査結果は、国土庁防災局および社団法人海外コンサルティング企業協会が『開発途上国の防災体制の整備促進調査〜台風災害を対象にして〜』（一九九二年三月）、『同　第二年度』（一九九三年三月）、『同　総合とりまとめ報告書』（一九九四年三月）として刊行している。

❻開発調査（JICA／外務省）

ⓐ ピナトゥボ火山東部河川流域洪水及び泥流制御計画（事前調査）、一九九二年度、八千代エンジニアリング（株）

ⓑ ピナトゥボ火山東部河川流域洪水及び泥流制御計画調査、一九九三年度、日本工営（株）、（株）建設技術研究所

ⓒ ピナトゥボ火山東部河川流域洪水及び泥流制御計画航測図化調査、一九九三年度、（株）パスコインターナショナル

ⓓ ピナトゥボ火山東部河川流域洪水及び泥流制御計画調査、第二年次、一九九四年度、日本工

営（株）、（株）建設技術研究所、（株）パスコインターナショナル

ⓔ　ピナトゥボ火山東部河川流域洪水及び泥流制御計画調査、一九九四年度、機材調整・指導、横河ウエザック

ⓕ　ピナトゥボ火山東部河川流域洪水及び泥流制御計画調査（第三年次）、一九九五年度、日本工営（株）、（株）建設技術研究所、（株）パスコインターナショナル

ⓖ　ピナトゥボ火山東部河川流域洪水及び泥流制御計画調査（第四年次）、一九九六年度、日本工営（株）、（株）建設技術研究所

ⓗ　西中部ルソン開発計画（事前調査）、一九九二年度、（株）建設企画コンサルタント

ⓘ　西中部ルソン開発計画調査、一九九三年度、日本工営（株）、（株）パシフィック・コンサルタンツ・インターナショナル

ⓙ　西中部ルソン開発計画調査（第二年次）、一九九三年度、日本工営（株）、（株）パシフィック・コンサルタンツ・インターナショナル

ⓚ　西中部ルソン開発計画調査、一九九五年度、日本工営（株）、（株）パシフィック・コンサルタンツ・インターナショナル

ⓛ　ルソン島広域道路網計画調査（第二年次）、一九九二年度、（株）片平エンジニアリングインターナショナル、日本工営（株）

ⓜ　ルソン島広域道路網計画調査（第三年次）、一九九三年度、（株）片平エンジニアリングインターナショナル、日本工営（株）

なお、これらのうち、ⓐ～ⓕの一九九二年から一九九六年にわたって続いた一連の調査のみが、後述の円借款案件であるピナトゥボ火山災害緊急復旧事業に直接結び付いたのである。これらの各種調査の個々の報告書が日本語版と英語版の両方でJICAに提出されており、公表されている。

プロジェクト方式技術協力（JICA／外務省）

❶保健医療事業協力（特別機材協力）

一九九一年度に、ピナトゥボ火山向けの特別機材として一三八・三万円相当の手術用セットが供与された。これは、フィリピン政府の保健省（DOH）を経て被災地域の複数の医療施設に配置された。

❷農林水産協力事業

土壌開発センターは、一九八九年から一九九四年度のプロジェクト方式技術協力として、フィリピン農業省の要請を受けてケソン市に建設されていた。また、同センターの専門家チームが一九九一年時点でも派遣されていた。

そこで、同センターの専門家チームは、噴火の直後には、降灰深ごとの各種作物の被害面積の計算、泥流危険地の予測図の作成を行い、関係機関に配布した。この作業は、予想危険地域の住民への情報提供と復旧計画の資料策定を目的としたものである。当時、同センターは、フィリピンでは唯一の同種データを公表することができた。なお、同プロジェクトの協力期間は当初一九九四年六月までであったが、フィリピン政府からの高い評価と強い要望があり、第二期として一九九五年二月から二〇〇〇年一月までに延長された。

有償資金協力（海外経済協力基金〔現・国際協力銀行〕(2)／経済企画庁〔現・内閣府〕）

❶ピナトゥボ火山災害復旧・再建のための緊急商品借款

供与金額：二五三億八〇〇〇万円
交換公文署名：一九九二年七月一日
借款契約調印：一九九二年九月三日
貸し付け完了：一九九二年九月三〇日

商品借款は、有償資金協力のノンプロジェクト借款の一形態である。この緊急商品借款は、「上記（ピナトゥボ）災害により影響を受けたフィリピンの国際収支の改善に寄与するとともに、『見返り内貨』資金を活用することにより同国が実施するピナツボ［ママ］復旧計画を支援する」（OECF『年次報告書』一九九三年版、一〇四ページ）ことを目的に供与されたものである。金利は三％、償還期

（2）国際協力銀行（JBIC）は、一九九九年一〇月に、海外経済協力基金（OECF）と日本輸出入銀行が統合されて設立された。

間は二五年（うち据え置き期間七年[3]）、調達条件はアンタイドであった。フィリピン側の受け入れ機関は財務省（ＤＯＦ）である。

円借款については、通常は、ＪＩＣＡの技術援助、コンサルタント会社によるコンサルタント・サービス、被供与国政府による実施可能性調査などを経て、被供与国政府から実施計画書を添えた正式の要請を受ける。経済企画庁、外務省、大蔵省、通産省[4]（いわゆる関係四省庁）、およびＯＥＣＦはそれを検討した後、日本政府のミッションを派遣す

資料２－１　交換公文署名

EMBASSY OF JAPAN

MANILA

Note No. 404-92

The Embassy of Japan presents its compliments to the Department of Foreign Affairs of the Republic of the Philippines and has the honour to acoknowledge the receipt of the latter's Note Verbale No. 922462 dated 1 July 1992.

The Embassy has further the honour to inform the Department that the proposal set forth in the said Note Verbale is acceptable to the Government of Japan.

The Embassy of Japan avails itself of this opportunity to renew to the Department of Foreign Affairs of the Republic of the Philippines the assurance of its highest consideration.

Manila, 1 July 1992

る。このミッションが被供与国と協議して最終的にリストアップした案件について、ＯＥＣＦの審査（アプレイザル）ミッションが詳細に審査を行い、借款供与額や条件などが決定される。準備段階を除いて、要請から決定まで一年から二年ほどかかるのが普通である。

しかし、この緊急商品借款はまさに緊急性を考慮し、一九九一年五月一日にフィリピン政府より要請が出されていた第一八次円借款とは切り離して早期に実施されたのである。それは「ピナトゥボ被災民の救済のため緊急に必要とされていたものであり、日本政府としては人動的観点から他の第一八次円借款プロジェクトと切り離して早期実施に踏み切ったものである。」（須永和男一等書記官「第一八次円借款の概要」〈フィリピン日本人商工会議所所報〉No.95、一九九三年八・九月合併号、八ページ）。これを受けて、ラモス政権の誕生していた一九九二年七月一日には、本案件についての交換公文がマニラにて署名された。

なお、先の引用文中にある「見返り内貸」資金とは、商品借款によって供与される商品の売却によって発生する現地通貨のペソ・カウンターパート・ファンド（ＰＣＦ）のことである。フィリピン政府は、この見返り資金を得て、ピナトゥボ災害の復旧・復興計画に充当した（このことについては第8章三節で詳述する）。

（3）融資による物資購入などを、日本からに限定しない貸し付けのこと。

（4）経済企画庁は「内閣府」に、大蔵省は「財政省」に、通産省は「経済産業省」に、二〇〇一年一月より名称を変えている。

❷ピナトゥボ火山災害緊急復旧事業

供与金額：六九億一一〇〇万円
借款契約署名日：一九九六年三月二九日
主要受注企業名：ＰＫＩＩ　ＥＮＧＩＮＥＥＲＳ（フィリピン）、日本工営
金利：二・五％（うち、コンサル分二・一％）
償還期間：三〇年（うち、据え置き一〇年）
調達条件：一般アンタイド

この案件は、「火山泥流が落ち着いてきたタルラック州とパンパンガ州を対象に、道路の復旧、砂防ダムの増強などを行い、幹線道路交通網を確保するとともに泥流堆積域の拡大を防止し、また河川改修により災害の発生を防止すること」（〈国際協力プラザニュース&データ〉一九九六年六月、五ページ）を目的としたものである。

この案件は、対フィリピン円借款では初めての本格的防災事業と捉えられる。ＪＩＣＡによって作成されたマスター・プラン（一九九五年三月作成）、および実地可能性調査（一九九六年三月）に基づいている。当初、一九九六年六月からの予定であったが、諸々の事情により一九九七年六月から工事が開始された。

この案件の実施機関はＤＰＷＨであり、直接の事業対象とされる河川は、サコビア・バンバン川。事業内容としては、二つの橋梁建設を含むハイウェイ（マニラと北部ルソン西海岸諸州を結ぶ基幹路

線）の復旧および河川改修である。本事業実施段階では、土木工事に被災者を優先的に雇用する方針があり、現地においては雇用機会創出効果も大きいとされる。日雇換算での人数を作業内容ごとに積算し、延べ三〇万九〇〇〇人の雇用が見込まれた。

❸ピナトゥボ火山災害緊急復旧事業（Ⅱ）

供与金額：九〇億一三〇〇万円
借款契約署名日：一九九九年一二月
金利：一・三％
償還期間：三〇年（うち、据え置き一〇年）
調達条件：一般アンタイド

この案件は、一九九六年の事業に続く二回目の防災事業支援として、河道の浚渫《しゅんせつ》、周囲堤（メガダイク）の補強や建設を行うことにより、頻発するサコビア川上流地域の泥流・洪水被害を軽減し、当該地域の復旧の支援を図ることを目的に供与されたものである。なお、主要受注企業については契約が終了していないため、二〇〇一年三月現在、公開されていない。

草の根無償資金協力（在比日本大使館）

❶ピナトゥボ火山災害救援活動

供与金額：三〇〇万円
供与期間：一九九一年七月
被供与団体：フィリピン赤十字社

この案件は、フィリピンNGOのフィリピン赤十字社（PNRC）の要請を受けて、ピナトゥボ山噴火によって被害を受けて避難民センターに収容されていた約五〇〇世帯の少数民族アエタ族に対し、マット、石油ランプ、水差し、農具類など、安全で衛生的な生活基盤の確保に当面必要な緊急物資を供与したものである。これらは、噴火のちょうど一ヵ月後に供与された。避難民センター各所では、政府機関やNGOからの食料援助や医療援助が行われていた。PNRCは国家災害調達委員会（NDCC）に属する唯一の民間団体で、避難民センターでの医療活動を中心に救援、復旧活動をもっとも精力的に行ってきたNGOの一つである。在比日本国大使館が迅速に対応した緊急援助の一形態と捉えられる。

❷アエタ族リハビリテーション計画

供与金額：三〇〇〇万円

供与期間：一九九二年二月
被供与団体：少数部族救済基金

この案件は、フィリピンNGOの少数部族救済基金（EFMDI）からの要請を受けて、少数民族アエタ族の再定住地域の農地復旧を目的に関連機材を供与したものである。

EFMDIは、一九七一年に設立されて以来、アエタ族の生活向上を図ることを目的として各種事業を行ってきたNGOである。一九八五年には、アエタ族によってアエタ開発協会（ADA）が設立され、EFMDIのプロジェクトに参加するようになった。

アエタ族リハビリテーション計画は、EFMDIによるアエタ族の避難・再定住計画促進に対する青年海外協力隊員の協力の一環として位置づけられる。既述したように、隊員の要望により、特別機材支援経費によってトラクターが供与されたが（一九九一年七月）、それを支援するものとしてアエタ族リハビリテーション計画が実施されたのである。したがって、これは、青年海外協力隊による先行活動を補完するというユニークな意味をもつものであった。

3　ODAの評価

さて、噴火からほぼ一年後にフィリピンでは、大統領、上院・下院議員、州知事、地方議会議員などの統一・同日総選挙が予定され、そして実施された。そのような政治環境と行政全般に及ぼす制約の中、フィリピン政府の災害対策・復興計画には限界と問題があるのも当然であった。各国ドナー、国際機関にしても、初期の段階では資金協力や物資供与などに関心を示したが、生態系全体に及ぼす永続的被害の範囲と規模の予測が困難なため、とくにインフラを中心とする復旧計画については慎重であった。

そのような状況にあって、日本政府は本章で見てきたように四〇〇億円を超す有償資金協力、四七億円ほどの無償援助、九〇〇〇万円（その他に六〇万USドル）相当の緊急援助物資の供与などを行ってきた。金額のもっとも大きかった緊急商品借款は、そのカウンターパート資金がフィリピン政府のピナトゥボ火山災害対策本部（MPC）設立と初期運営の原資に加えられた。道路の復旧、砂防ダムの増強、河川の改修、橋梁や井戸の建設などインフラにかかわるいわば目に見える援助も幾つか実施された。

ピナトゥボ災害における被害総額（長期に及ぶためその総額の推定すら存在していないのだが）に対しては、四百数十億円におよぶ援助総額もあまりに小さいものであっただろうが、それでも、日本のODAは多角的であったのみならず個別にも一定の効果をもたらしたといえよう。「二国間ODA」が、その本質において外交の実践であり国際協力姿勢の表明であるとすれば、全体として日本政府の協力は十分に評価されるべきである。

第3章

ピナトゥボ災害と日本の民間レベルの活動

テント村内の「24時間テレビ」チャリティー委員会のフィールド・オフィス（サンバレス州イバ）

本章では、ピナトゥボ災害に対する日本の民間レベルの活動を取り上げる。全体を、「NGO」「その他の民間団体」「自治体との関係が深い団体」の三つに分けた。「その他の民間団体」とは、マスコミ関連団体、宗教法人、社会教育団体、青少年団体など、通常NGOとは呼ばれないが国際協力に携わっている団体を指す。これらの団体は、国際協力を事業活動の一部としている点で、国際協力を主たる活動としているNGOと区別される。NGOについては、さらに「主にピナトゥボ災害にかかわってきたNGO」と「活動の一部としてピナトゥボ災害にかかわってきたNGO」に分類した。

1 全体的な動向

ピナトゥボ災害にかかわってきた日本の民間団体について、設立年、所在地、対象国、事業対象分野、事業形態、資金の項目順に**表3－1**で示した。「活動の一部としてピナトゥボ災害にかかわってきたNGO」の(13)、(17)、(20)(25)は、日本に事務所がある国際NGOである。この表に依りながら全体を概観する。

表3－1にリストされている民間団体は合計で三一である。ピナトゥボ災害にかかわった事実は確認できても、ごく断片的な情報しか得ていない団体についてはリストに含めていない。それらを含めると、ピナトゥボ災害にかかわってきた日本の民間団体は四〇を超えると推定される。

「主にピナトゥボ災害にかかわってきたNGO」は五つ（ピナトゥボ救援の会の日本支部も一つと計

算)、「活動の一部としてピナトゥボ災害にかかわってきたNGO」は一〇、「その他の民間団体」は三、「自治体との関係が深い団体」は三である。「主にピナトゥボ災害にかかわってきたNGO」と「自治体との関係が深い団体」である岩倉市国際交流協会(30)および国際葛グリーン作戦山南(31)は、ピナトゥボ災害を機に活動が始められ、内容的にほとんどピナトゥボ災害にかかわってきたといえる。

三一の団体のうち活動対象国がフィリピン一国であるのは、「主にピナトゥボ災害にかかわってきたNGO」の五つとフィリピンのこどもたちの未来のための運動(23)、平和の鳩(24)、岩倉市国際交流協会(30)および国際葛グリーン作戦山南(31)の四つの合計九つで、そのほかの二二団体は複数国で活動を展開している。公的資金の助成状況については一九の団体が、郵政省(現・総務省)の国際ボランティア貯金、外務省のNGO事業補助金、地球環境基金のいずれかの助成を受けてきた。

まず、公的資金の助成状況を見ておくと、**表３－２**は、国際ボランティア貯金の助成状況である。一三のNGOの三二の事業に対して助成金が配分されてきた。その総額は二億四三六八万三〇〇〇円である。NGO事業補助金の助成状況については(**表３－３**)、「二四時間テレビ」チャリティー委員会(27)の三事業と(社)アジア協会アジア友の会(7)の一事業に対し、合計一三四七・二万円が助成された。最後に、**環境事業団**の地球環境基金(**表３－４**)は、(社)アジア協会アジア友の会、国際地域開発センター兵庫(19)および国際葛グリーン作戦山南の諸事業に対して合計三六〇〇万円を助成している。

以上のように、ピナトゥボ関連事業を行ってきたNGOの数と、それらに対する公的資金の助成状況を見ても、改めてピナトゥボ災害の甚大さ並びに継続性が痛感される。

	所在地	設立年	活動対象国（＊1）	事業対象分野（＊2）	事業形態（＊3）	資金（＊4）
⑲国際地域開発センター兵庫（ＩＤＤＣ）	兵庫県神戸市	1989年	複	農村開発・教育	物資供与・人材派遣	郵・地
⑳セーブ・ザ・チルドレン・ジャパン（ＳＣＪ）	大阪府大阪市	1986年	複	保健医療・教育・農村開発・生計	物資供与・人材派遣	郵
㉑日本国際飢餓対策機構（ＪＩＦＨ）	大阪府八尾市	1981年	複	給食・教育	資金助成・物資供給	郵
㉒日本シルバーボランティアズ（ＪＣＶ）	東京都	1977年千代田区	複	職業訓練・生計	人材派遣・物資供与	郵
㉓フィリピンのこどもたちの未来のための運動（ＣＦＦＣ）	京都府	1989年久世郡	単	農村開発・教育	資金助成・人材派遣	郵
㉔平和の鳩	愛媛県松山市	1993年	単	職業訓練	資金助成	郵
㉕ワールド・ビジョン・ジャパン（ＷＶＪ）	東京都新宿区	1987年	複	保健医療	資金助成	郵
3．その他の民間団体（国際協力活動を事業の一部として実施している団体）						
㉖NICE（国際ワークキャンプ）	東京都新宿区	1990年	複	居住・植林	人材派遣	無
㉗「24時間テレビ」チャリティー委員会	東京都千代田区	1978年	複	保健医療・生計	資金助成	外
㉘㈳日本青年会議所（ＪＣ）	東京都千代田区	1951年	複	居住・植林	人材派遣	無
4．自治体との関係が深い団体						
㉙芦屋市国際交流協会（ＡＩＥＳ）	兵庫県芦屋市	1993年	複	農村開発・住居	資金助成・物資供与・人材派遣	無
㉚岩倉市国際交流協会（ＩＩＥＳ）	愛知県岩倉市	1992年	単	交流	人材派遣・人材受け入れ	無
㉛国際葛グリーン作戦山南（ＩＫＧＳ）	兵庫県氷上郡	1993年	単	植林・交流	物資供給・人材派遣	地

（＊1）フィリピン1国か複数国かを「単」「複」で記載。

（＊2）緊急救援、教育、生計、職業訓練、給食、農村開発、植林、保健医療、給水、住居、交流のうちの主なもの。

（＊3）資金助成、物資供給、人材派遣、人材受け入れ、交流のうちの主なもの

（＊4）公的資金（外務省ＮＧＯ補助金、郵政省国際ボランティア貯金、地球環境基金）の助成対象となったことの有無（1991～98年度）。有る場合は､「外、郵、地」で記述。無い場合は「無」。

表３－１　ピナトゥボ災害にかかわってきた日本の民間団体

	所在地	設立年	活動対象国（＊１）	事業対象分野（＊２）	事業形態（＊３）	資金（＊４）
１．主にピナトゥボ災害に関わってきたＮＧＯ						
①ピナトゥボ火山被災者救援募金実行委員会	石川県金沢市	1991年	単	緊急救援	資金供与	無
②ピナツボ・アエタ教育里親プログラム（ＰＡＦＰＰ）	兵庫県	1994年宝塚市	単	教育	資金供与	無
③ピナツボ復興むさしのネット（ＭＮＰＲ）	東京都	1992年三鷹市	単	農村開発・生計	資金供与	無
④ピナトゥボ救援の会	マニラ	1991年	単	緊急救援・給食・生計・農村開発・住居	資金供与・物資供給	無
⑤ピナトゥボ救援の会（日本支部）	東　京	1992年	単	緊急救援・給食・生計・農村開発・住居	資金供与・物資供給	無
２．活動の一部としてピナトゥボ災害に関わってきたＮＧＯ						
⑥ＡＣＴＩＯＮ	東京都武蔵野市	1994年	複	植林・保健医療	人材派遣・資金援助	国
⑦㈳アジア協会アジア友の会（ＪＡＦＳ）	大阪府	1979年大阪市	複	緊急救援・農村開発・植林	資金助成・人材派遣	外・地
⑧アジア・コミュニティー・トラスト（ＡＣＴ）	東京都港　区	1979年	複	給水	資金助成	地
⑨アジア人権基金（ＦＨＲＡ）	東京都新宿区	1990年	複	保健医療・給食	人材派遣・物資供与	郵
⑩アジア・ボランティア・ネットワーク（ＡＶＮ）	東京都千代田区	1991年	複	保健医療	人材派遣	郵
⑪アジア文化交流センター（ＡＣＣＥ）	京都府京都市	1988年	単	農村開発	資金助成・人材派遣	無
⑫アジア保健研修財団（ＡＨＩ）	愛知県日進市	1980年	複	緊急救援・農村開発・生計	資金援助・物資供給	無
⑬ＡＭＤＡ（アジア医師連絡協議会）日本支部	岡山県岡山市	1984年	複	保健医療	人材派遣	外・郵
⑭海外支援協会（ＯＤＲＯ）	静岡県清水市	1989年	複	農村開発・生計	資金助成・物資供与	郵
⑮カパティ（ＫＡＰＡＴＩＤ）	東京都渋谷区	1983年	単	職業訓練	資金助成・物資供与	無
⑯草の根援助運動運営委員会（Ｐ２）	神奈川県横浜市	1990年	複	保健医療・農村開発	物資供与	無
⑰㈶ケア　ジャパン（CARE Japan）	東京都豊島区	1987年	複	農村開発	資金助成	郵
⑱㈶国際開発救援財団（ＦＩＤＲ）	東京都新宿区	1990年	複	農村開発・教育	資金援助・物資供与	無

表3－2　郵政省国際ボランティア貯金のピナトウボ関連NGO事業に対する助成（1991～1998年度分）

団体名	金額（千円）	年度	事業概要
(1)アジア人権基金	23,595	1992	診療、医薬品等の供与
同	25,868	1993	巡回診療、医薬品・食料・農業資・機材・巡回用車両の供与
同	19,067	1994	巡回診療、食料の配布、井戸掘り・トイレ等の設置
(2)アジア・ボランティア・ネットワーク	15,751	1995	巡回診療、保健衛生指導、井戸掘り等
同	8,359	1996	巡回診療,保健衛生指導,児童・妊婦のための給食支給
同	7,294	1997	診療,保健衛生指導
同	7,347	1998	診療、保健衛生指導
(3)海外支援協会	4,234	1992	火山灰除去及び農耕のための中古車両の供与
同	4,212	1993	同
同	3,777	1994	同
同	2,966	1995	農機具の配備
同	1,906	1996	中古ミシン等の配布,縫製技術指導
同	2,498	1997	中古農機具・種子等の配布,農業技術指導
(4)カパティ	3,987	1994	職業訓練施設の建設・運営、縫製技術指導
同	4,476	1995	同
(5)草の根援助運動運営委員会	3,784	1993	有機農業・家畜飼育技術指導、家畜等の供与
(6)ケア　ジャパン	13,393	1993	生活道路補修、農具の供与
(7)国際地域開発センター兵庫	5,080	1994	植林、野菜栽培指導、井戸掘り、タンクの設置
同	13,207	1995	農業技術指導、井戸掘り等
同	9,700	1996	農業技術指導,水牛銀行の開設
同	3,670	1997	農業技術指導,水牛銀行の開設
(8)セーブ・ザ・チルドレン・ジャパン	8,205	1992	診療、識字教育
同	3,723	1994	識字教育、農業技術指導、保健衛生指導等
同	2,322	1995	同
(9)日本シルバーボランティアズ	2,180	1995	縫製技術指導、ミシンの配備
(10)フィリピンのこどもたちの未来のための運動	5,555	1992	巡回診療、井戸掘り、食料等の供与
同	7,982	1993	巡回診療、モデル農場の整備、種子等の供与
同	5,872	1994	巡回診療、女性を対象とした職業訓練の実施、訓練の実施、モデル農場の整備
同	11,614	1995	巡回診療・保健衛生指導、識字教育、モデル農場の整備
(11)平和の鳩	12,255	1994	職業訓練施設の建設
(12)(財)盛岡市民福祉バンク	2,898	1995	縫製技術指導、職業訓練指導者の育成
(13)ワールド・ビジョン・ジャパン	4,253	1992	医療救援用車両の供与

＊以上の助成事業には、1部ピナトゥボ関連以外のものも含まれている。
出所：郵政省『「国際ボランティア貯金」レポート』（各年版より作成）

表３－３　外務省ＮＧＯ事業補助金のピナトウボ関連ＮＧＯ事業に対する助成

(1)(社)アジア協会アジア友の会 供与金額：4,300千円、供与期間：1992年6月1日～93年3月31日 事業概要：アエタ族の生活向上・改善を目的とした農漁村開発（農村復興）事業
(2)「24時間テレビ」チャリティー委員会 供与金額：4,700千円、供与期間：1991年 事業概要：再定住地域に移住した被災民の食料・保健・衛生面での生活環境の向上・改善を目的とした保健衛生事業（保健・啓発プロジェクト事業）
(3)「24時間テレビ」チャリティー委員会 供与金額：2,272千円、供与期間：1991年 事業概要：被災民の救援のための医師・看護婦等の派遣・医療施設の建設を中心とする医療事業（僻地巡回医療診察事業）
(4)「24時間テレビ」チャリティー委員会 供与金額：2,200千円、供与期間：1992年7～9月 事業概要：アエタ族の生活向上・改善のための母子栄養給食の支給を中心とする保健衛生事業（保健啓発プロジェクト事業）

出所：外務省民間援助室資料

表３－４　環境事業団「地球環境基金」のピナトウボ関連ＮＧＯ事業に対する助成

(1)(社)アジア協会アジア友の会 1993年度から1994年度　総額550万円 事業概要：パラヤン市における植林事業
(2)国際地域開発センター兵庫 1993年度から1995年度　総額1,450万円 事業概要：ピナツボ周辺地域における「クズ」を利用した緑化事業
(3)国際葛グリーン作戦山南 1998年度から2000年度、総額1,600万円 事業概要：ピナツボ周辺地域における「クズ」を利用した緑化事業

出所：環境事業団『地球環境基金便り』

2 主にピナトゥボ災害にかかわってきたNGO

ここでは、主な民間団体を取り上げ、それらの活動内容の概要を示す。分類別では、「主にピナトゥボ災害にかかわってきたNGO」については五つの団体すべて、「活動の一部としてピナトゥボ災害にかかわってきたNGO」からは一〇の団体を取り上げる。「その他の民間団体」は三つ、「自治体との関係が深い団体」は一つである。(31)の国際葛グリーン作戦山南は第5章で詳述されているので、ここでは取り上げない。

以上の選定は、入手し得た情報や資料の程度と関係している。ピナトゥボ災害は継続しており、日本の民間団体の活動の多くも進行中である。対象とした活動内容の時期は必ずしも統一されてはいないが、活動が進行中の団体についてはできるだけ最新の動向を含めて記述することに努めた。活動内容の把握は、関係者からの聞き取りと各団体が発行しているパンフレットなどの資料を参照している。資料については、巻末の「主要な文献・資料」のところにほぼ一括して載せている。なお、各団体に附してある番号は**表3－1**の番号に準じているが、団体相互の関係などを考慮し、一部番号順には述べていないところがある。

環境事業団

外務省の外郭団体で、1993年に政府からの出資金と民間からの寄付金で地球環境基金を設立し、その運用益と政府からの補助金によってNGOの支援業務を実施している。地球環境基金の主な事業は、①環境保全を行うNGOの活動に対する資金助成、②環境保全活動を行うNGOやその活動を支える市民への情報提供、調査研究、人材育成研修など。

❶ピナトゥボ火山被災者救援募金実行委員会

同委員会は、一九九一年一〇月から一九九三年三月まで石川県金沢市で救援募金活動を行い、その期間中数回にわたり、救援事業を行っている現地NGOに対して資金援助を実施した。また同委員会は、国際協力事業団（JICA）が一九九二年一一月から一二月にかけてピナトゥボ災害に対する緊急援助として民間物資援助輸送を行ったとき（第8章第4節参照）には、荷受け先を協力団体である三つの現地NGOに指定して参加した唯一のNGOである。同委員会の活動は一九九三年三月で終了したが、呼びかけ人の一人である松中みどりは、一九九四年六月よりピナトゥボ・アエタ族教育里親プログラムをスタートさせている。

❷ピナトゥボ・アエタ族教育里親プログラム（PAFPP）

ピナトゥボ・アエタ族教育里親プログラムは、当初、一九九四年六月から一九九八年三月までを活動期間として、将来のアエタ族の社会を背負って立つ人材の養成を目的とした、教育関連費の援助を始めた。このプログラムの内容は、学業に熱心で、高校卒業に全力を傾け、識字教育などに協力し、地域に貢献することを約束したアエタ族の子どもたちを対象にし、パンパンガ州フロリダブランカの高校に通わせることであった。奨学生として高校に通うアエタ族の子どもたちは、フロリダブランカのカマチレ村の子どもたちである。ここには、一度避難民センターに避難したが、そこでの生活になじめず、自然の中で暮らそうと戻ってきたアエタ族が住んでいる。

奨学生の選出は、協力関係にあるマニラのNGOである「開発のための共同農村組織」（PROD

EV）の協力によって、アエタ族のグループの「フロリダブランカ先住民連合」（AKAY）が行っている。奨学生は高校の近くに借りた家で共同生活を行う。ピナトゥボ・アエタ族教育里親プログラムの事務局で集められた資金をPRODEVに送金し、プログラムの費用として使ってもらっている。現地スタッフは、PRODEVとAKAYのメンバーである。ただし、奨学生が無事学校生活を続けられるように、PRODEV、AKAY、奨学生の親と定期的にミーティングを行う。資金は里親会員からの会費である。会費は月額一〇〇〇円で、最低一年間の継続が原則となっている。

一九九八年三月現在で四人が卒業した。プログラムは四年間の延長が決められ、二〇〇二年までの二期に入っている。一九九八年五月現在、会員は約二〇〇人である。日本のほかのNGOとはプログラム自体の協力関係はないが、「ピナツボ復興むさしのネット」や「フィリピンの子どもたちの未来のための運動」などとの情報交換（年一回）程度の付き合いがある。

❸ピナツボ復興むさしのネット（MNPR）

ピナツボ復興むさしのネット（通称ピナット）は、東京都三鷹市の住民でフィリピンを訪問したことのある人や留学経験者らが中心になり、一九九二年一月に発足した。被災者による自立的な復興や文化の再生に対する支援、そして顔の見える国際協力をめざしている。ピナットの主な資金源は、会費、寄付、フィリピンの民芸品の販売などによる収益である。資金の約七割は現地の活動に、三割が国内活動に使われる。会員は約一〇〇名である（一九九六年度会計報告より）。主な事業として以下のものがある。

●フロリダブランカ先住民連合（ＡＫＡＹ）への支援――ＡＫＡＹは、パンパンガ州フロリダブランカ周辺の四つの村に住むアエタ族の人々の団体である。一九七〇年代に共同農業や組合づくりを始めていたが、マルコス政権下に解体され、ピナトゥボ噴火後、再定住地で再び活動を開始した。ピナットは、ＡＫＡＹの従来の活動や団体体制を評価し、アエタ族の自立復興への支援と「開発」や「文化」についてともに学びあえるという点からＡＫＡＹへの支援事業を始めた。ピナットは、一九九二年にＮＧＯのＰＲＯＤＥＶを通して、ＡＫＡＹの農業復興プロジェクトに対し、農具、苗、トレーニング費用などを支援した。その後、再定住地での生活が落ち着いてくると、ＡＫＡＹからＰＲＯＤＥＶを通さずに直接支援をしてほしいとの要請があった。これに伴い、一九九四年七月から、地域開発を自ら取り組んでいくためのＡＫＡＹの団体基盤強化を目的に、三年間の直接支援が始められた。これによって、ＰＲＯＤＥＶは必要に応じて技術的なサポートをする

35　東京　むさしの　14版　1999年（平成11年）6月29日　火曜日

東京　むさしの

読み書きできる喜び、もっと大勢に

比の識字教室お手伝い

市民団体「ピナット」　教材費など支援

武蔵野支局　武蔵野市西久保1-7-7　☎0422-51-5581　ファクス55-6568
立川支局　☎042-524-5104
調布駐在　☎0424-86-3189
社会部東京版　中央区築地5-3-2　朝日新聞東京本社　☎03-5541-8439　ファクス5541-8444

フィリピンのアエタ族を訪ね、意見交換するピナットのメンバー／写真提供・ピナツボ復興むさしのネット

ＡＫＡＹの識字教室への支援を伝える朝日新聞の記事

こととなった。具体的な支援の内容はＡＫＡＹの事務所運営および組織維持への支援で、三年間の約束で九名の役員に毎月の給与や交通費を支援することであった。このＡＫＡＹへの組織運営費支援は、当初の予定を一年延長し、一九九八年一二月に終了した。ピナットは、一九九九年夏より三年間の予定で、ＡＫＡＹの識字教室への支援を新たにスタートさせている。

●サンバレス災害対策ネットワーク（ＺＤＲＮ）への無線設備等の支援――ＺＤＲＮは、一九九一年の噴火直前にサンバレス州の農民、青年、教員、教会関係のグループが集まってできたネットワーク団体である。市民災害復興センター（ＣＤＲＣ）の構成メンバーでもある。ＺＤＲＮもピナットもお互いまだ新しい団体で、いろいろなグループのネットワーク団体であることが共通している。適切な災害対策を行うためには、正確かつ迅速な情報伝達が欠かせない。しかし、フィリピンでは、住民自身が自らのネットワークで情報を伝えあうような手段は非常に限られている。この点を重視しピナットは、一九九二年、ＺＤＲＮにベースラジオとアンテナなどの無線設備を援助した。この結果、サンバレス州のほぼ全域がカバーされることとなった。

●ビハウ女性協会（ＮＫＢ）との養豚事業――ＮＫＢは、サンバレス州ボトラン町ビハウのアエタ族の女性団体である。ＮＫＢとピナットの出会いは、一九九三年夏にピナットが行ったスタディーツアーである。このとき訪問した村のビハウの女性たちから、自分たち自身で自立するための活動をしたいと声が上がった。これを受けてピナットは、「友達としてアエタ族の復興を支援するプログラム（ＳＰＡＲＫ：Supporting Program for Aeta's Rehabilitation as 'Kaibigan'）」を開始した。

その内容は、時間をかけた話し合いの結果、作業が比較的楽で換金率がよく、また販売経路が明確であることなどの理由で養豚事業と決定された。この養豚事業に対する支援は、一九九四年九月から一年間、四期にかけて資金協力として行われた。子豚一〇匹から始まったこの事業は、一年間の支援が終了した時点では、親豚一二匹、子豚七匹まで増えた。ビハウに対するこのほかの活動としては、ビハウに住むアエタ族の人達の団体（PAG－ASA）の農業計画支援（農耕用のカラバオ二頭の贈呈）がある。

日本のNGOとの協力関係では、「二四時間テレビ」チャリティー委員会が、一九九二年アエタ族の再定住地ダンパイⅡに飲料水プロジェクトを実施した際に資金協力をした。逆に、アジア人権基金や庭野平和財団から資金協力を受けたことがある。また、ピナトゥボ救援の会とはニュースや情報の交換をしている。

❹ピナトゥボ救援の会（通称、ピナQ：マニラ）

ピナQは、マニラ日本人社会の女性が中心になって一九九一年九月に設立された。ピナトゥボ被災者の救援（ただし、フィリピン国内の自然災害への緊急援助はその都度検討される）を目的とする団体で、マニラ日本人会、マニラ日本人学校、大使館婦人部、アジア開発銀行（ADB）ミセス会など、マニラの日本人グループからの有志で構成された。一九九二年八月にはマニラ日本人会の公認団体となっている。ピナQは二〇〇〇年三月に活動を終了したが、この九年間、アエタ族への救援を中心に

カラバオに乗っている少年

活発に活動してきた。主なプロジェクトは、(1)緊急援助、給食サービス、奨学金供与、カラバオ供与、生計自立のための施設建設、紙漉《す》きプロジェクトなどであった。

主な活動は、現地で活動する団体への資金援助であった。救援物資・募金を募る、資金をつくるための収益事業の実施、広報活動や勉強会などが行われてきた。原則として、ピナQに援助要請があった場合に、二万ペソを超える援助については全体会議、二万ペソ以下の援助については定例ミーテイングで決定される方式がとられた。ピナQの援助先は、フィリピンの政府機関、フィリピンおよび日本のNGOと幅広く、また日本の青年海外協力隊員の活動にも資金援助した。

ピナQの最大の支援先は、サンバレス州内にあるサグパット（Sagpat）、カバルアン（Cabaluan）、バリンカギン（Balinkagin）の三つの村である。この三つの村は政府やNGOの活動が入らず、とくに貧しいといわれてきた地域である。ピナQはこの三つの村に対して、一九九三年五月より給食サービスを、一九九四年六月から奨学金サービスを継続的に行ってきた。いずれも協力団体は良き牧者の会（Good Shepherds）であるが、給食サービスに関しては、日本の聖母訪問会も当初よりかかわった。なおピナQは、活動を終了するにあたり、給食サービスと奨学金プロジェクトの継続に必要な資金供与を行った。以下、ピナQが行ってきた活動の幾つかを見ておく。

●フィリピン政府機関との協力関係——一九九五年三月、北部ルソン少数民族保護委員会（ＯＮＣＣ）からの要請を受けて、カラバオ農業プロジェクト六件、食品加工販売プロジェクト一件について資金援助がなされた。ピナQが協力を仰いだ例としては、一九九四年一一月から一二月、サンバレス州の五つの再定住地区にクリスマスプレゼントを配布した際、社会福祉・開発省（ＤＳＷＤ）にトラックの手配や職員の協力を仰いだことがある。

●フィリピンのＮＧＯとの協力関係

①パンパンガ州テイネロ村のソーシアルワーカー育成のための支援（一九九二年四月）。ソーシアルワーカ育成のための大学院（ＡＳＩ）が支援しているテイネロ村への援助を決めた理由は、マニラから約二時間程度の距離であること、ラハールの危険性が比較的少ないこと、他のＮＧＯの救援対象になっていないことなどであった。

（1）　carabao、水牛の一種。フィリピンでは、家畜化されたカラバオは、農耕において広く使われている。

②ロープブンガのベルベル村への支援。アエタ族が暮らす再定住地の一つにロープブンガのベルベル村がある。ここでは、シスター、タンの指導によるキリスト教基礎共同体が、噴火後のまもない時期から援助を開始した。タンがこの村に石鹸工場・住宅建設を計画した際に、ピナQは住宅建設費を援助した。また、一九九四年七月から八月にルソン島を襲った台風災害に対して、ピナQはタンを通じて緊急援助を行っている。

③パンパンガ州サンフェルナンドのブラオン再定住地のライブリフード・センター（Livelihood Center）建設プロジェクト。一九九五年、この一帯はラハールによって壊滅的被害を受け、多くの人が家や土地を失い、ブラオン再定住地に避難した。ここには、一九九五年一二月現在、約八〇〇〇家族が暮らしている。一九九五年一一月、ブラオン再定住地で救援活動に取り組んでいる良き牧者の会の神父から、ライブリフード・センターの建設費に関する援助要請があり、援助が決定された。再定住地に暮らす人にとってもっとも必要とされるのは、生計を立てる手段である。ライブリフード・センターは、被災者の「収入を生み出す活動」を計画して行う施設のことである。一九九六年二月にライブリフード・センターは完成し、縫製プログラムが始められた。

●日本のNGOとの協力関係——一九九二年、アジア・ボランティア・ネットワークの要請を受けて行われた、ロープブンガのベルベル村の養豚プロジェクトに対する資金援助がある。ベルベル村の人々は養豚の経験があり、噴火前の生活に戻る手助けができる有意義なものとの理由で援助が決定された。このほかに、「二四時間テレビ」チャリテイー委員会の要請を受けて、一九九二年に住宅建設費用を援助したことなどがある。

再定住地（ローブブンガ）のわずかの土地にバナナなどを植える

ブラオン再定住地のライブリフード・センター

●青年海外協力隊（JOCV）との協力関係——青年海外協力隊は、日本のODAの技術協力の一形態である。ピナQは、青年海外協力隊とも幾つかの面で協力関係をもってきた。この側面については、第4章を参照されたい。

❺ピナトゥボ救援の会（日本支部）

一九九二年八月に、ピナトゥボ救援の会（マニラ）のメンバーで、日本に帰国した者を中心につくられた。写真展、バザーなどを通して、日本でピナトゥボ災害についての広報活動を行いながら、救援金を募る活動を行ってきた。ピナQの閉会に伴い、日本支部も閉会した。そのメンバーの中から、「ピナトゥボ・友だちの会」「パクパク・ナーティン」「ACT21」の三つのグループが生まれている。

3 活動の一部としてピナトゥボ災害にかかわってきたNGO

❻ACTION（アクション）

ACTIONは、「次世代を担う子どもたちの生活環境の改善・向上」を目的として活動する団体である。一九九四年に大学生ボランティアが中心となり、ピナトゥボ火山噴火によって被害を受けた児童養護施設「ジャイラホーム」の建物修理を行ったことがきっかけとなって設立された。二〇〇〇年四月までに一三回のワークキャンプをジャイラホームで開催し、教会、バスケットボールコート、コテージの建設、下水道の設置などを行ってきた。一九九七年にアエタ開発協会（ＡＤＡ）のティマが来日したことを契機に、アエタ族の問題にかかわり始める。一九九九年にフィリピン事務局を設置し、アエタ族の生活向上プロジェクトを現地事務局が中心になってスタートさせる。一九九九年三月にＡＤＡと事業提携を行っている。ＡＣＴＩＯＮは、アエタ族の集落の一つであるバリウェットで二つの事業を展開してきている。一つは、「薬草・薬樹園設置による初期治療確立プロジェクト」で、一九九九年度中に、八分の一ヘクタールの薬草園が設置された。このプロジェクトは、国際開発救援財団の「平成十二度民間海外援助活動に対する助成金」を受けた。もう一つは、アエタ族の生活の基盤である森の再創出を目指す「二一世紀の森事業」で、二〇〇〇年五月までに一ヘクタールの土地に二回の植林が行われた。アエタ族の子どもたちが設立した「植林委員会」が主催したもので、二回目の植林には、マニラ日本人学校の子どもたちも参加した。植えられたマンゴーやココナツは、約五年後および一〇年後に実を結ぶことが期待されている。

The Daily MANILA SHIMBUN　2000年

アエタ族と日本の子供ら
噴火被災地で植樹
5年後にマンゴ結実

アエタ族、フィリピン在住の日本の子供が力を合わせて植樹――マニラ日本人学校（ＭＪＳ）の児童ら日本の子供十二人が二十九日、九年前のピナトゥボ山噴火で被災したサンバレス州カスティリヤホス町の集落、バリウッドで、アエタ族の子供約五十人とともにマンゴやココナツの幼木約四十本を植えた。

今回の合同植樹祭は、現地の子供が作った「二十一世紀の森計画」に基づくもの。換金性の高いマンゴ、ココナツを育て、噴火前の山の緑を取り戻し次世代に緑を残すことを目的にした事業だ。アエタ族の子供たちが設立した「植樹委員会」が主催。植樹祭は二回目だが、日本人が参加したのは今回初めて。今後も日本の子供達に協力を求めて行く。

この日は、苗木から一年半成長したマンゴの幼木約三十本と同じく一年もののココナツの幼木約十本が日比の子供らの手で植えられた。一ヘクタールの土地には、六月末までにはマンゴ、ココナツ計二百本が植えられる予定で、それぞれ約五年、十年後には実を結ぶという。

同伴した保護者やＭＪＳ教員が手助けしながら、約一時間かけ、火山灰混じりの土地にスコップを使って三、四十センチの穴を掘り、植樹した。土をかぶせた後、二・五キロ離れた滝からパイプで引いた水をジョウロで植えたばかりの木にかけて回った。

作業が終わると、日本側からは「マラミン・サラマッポ」、フィリピン側からは「ありがとう」とお互いに声を掛け合っていた。

ＭＪＳ小学三年生の三宅優汰君(8)は家族四人で参加した。父親の電子部品企業駐在員、久裕さん(43)＝マカティ市在住＝は「フィリピンのためになる活動に一度参加したかった。来年も来たい」と話していた。

同計画は、今年三月で解散した「ピナトゥボ救援の会」（ピナQ）などの援助も受けており、植樹委員会では、植樹面積をさらに一ヘクタール広げ、計二ヘクタールとする予定。

植林事業についてい
い合わせは、アエタ
救援活動を続ける日
非政府組織、アクシ
現地事務所の門井淳
(アエタ開発協会内、
四七・二三二・四五
〇)まで。

アエタ族の子供と植樹する日本の子供とＭＪＳ教員

合同植樹祭を伝える日刊「まにら新聞」（2000年１月13日）

❼(社)アジア協会アジア友の会

アジア協会アジア友の会は一九八四年に社団法人となり、アジアを中心に十数ヵ国を対象に幅広い活動を行っている。ピナトゥボ災害に対しては、すでにフィリピンのさまざまな団体と協力関係があったため、現地の要請を受けて緊急援助から始めた。

同会は、一九九二年六月から一九九三年三月にかけて、アエタ族の生活向上・改善を目的とした農漁村開発事業(農村復興事業)を行った。この事業には、外務省のNGO事業補助金が助成されている。

その後、一九九三年から一九九四年にかけての二年間、アジア協会アジア友の会は植林事業を行った。対象地はパンパンガ州パラヤン市東部にあるアエタ族の再定住地である。ここは、一九五〇年以降の乱伐によって自然環境が悪化しており、とくに自然との共生をライフスタイルとしてきたアエタ族には厳しい生活環境にあった。このため、アジア協会アジア友の会は、自然環境の回復を図るべく、現地の行政および関係諸団体と協力し、科学者や技術者を交えた数ヵ月におよぶ集中的な研究を踏まえ、竹林の造成事業を開始した。

そして、一九九三年四月に、苗づくりから成長した竹を材料とする家具・工芸品づくりまでの一連の過程を展望した植林事業が開始された。現地のカリピ（Kalipi）財団を中心に、行政関係者、大学生、日本からのグリーンスカウトと呼ばれるボランティア、アエタ族の協力体制の下、一九九三年度と一九九四年度、各々二〇ヘクタールに三万本の植林が行われた。この事業では、植林の作業をするアエタ族の人々に賃金が支払われた。また、コミュニケーションの場として使われる小屋も建築された。これらの事業資金としては、バンブーメイトとして出資者を募ったほか、二年間にわたり環境事業団より地球環境基金の助成を受けた。

❽（公益信託）アジア・コミュニティー・トラスト（ＡＣＴ）

ＡＣＴは、一九七九年に法人格を取得した団体で、フィリピン、インドネシア、タイ、ベトナムを中心にアジアのＮＧＯによる草の根的な開発事業への資金助成活動を行っている。一九九六年度では、「ピナトゥボ火山噴火被災者の再定住地ダブラに井戸を建設し、一〇〇世帯に衛生的な飲料水を確保・供給し、本再定住プログラムのインフラ整備の一助とする」（〈ACT now〉No.21、一九九六年五月）農村開発センター（ＣＡＲＲＤ）のプロジェクトに助成がなされた。フィリピンの代表的なＮＧＯである「社会進歩のためのフィリピン・ビジネス」（ＰＢＳＰ）と協力関係がある。

❾アジア人権基金（ＦＨＲＡ）

アジア人権基金は、アジアの人権状況の改善と発展に寄与することを目的に、フィリピン、タイなどアジア数ヵ国を対象にして事業を行ってきている。ピナトゥボ災害に対しては、噴火直後から募金を集めて、アジア人権基金が提携・支援しているフィリピンの市民団体である市民災害復興センター（ＣＤＲＣ）を通して、食糧、テント、医薬品、毛布などを配布する事業を行った。また、一九九一年八月に避難民センターのアエタ族を主な対象とする医療救援活動を目的に、ボランティアの医師を派遣する事業を行った。この日本人医師とフィリピン人医師によって構成された医療救援チームがアジア・ボランティア・ネットワーク（ＡＶＮ）で、一九九五年の春まで、避難民センターと再定住地での診療活動と給食（栄養失調改善プログラム）活動を中心とする事業を継続して行った。アジア人権基金は一九九七年八月に調査員を一人派遣し、噴火から六年後の再定住地における生活状況や医療状況を調査している。アジア人権基金は、医療救援活動を中心に一九九二年度から一九九四年度までの三年間、国際ボランティア貯金の助成を受けた。

⑩アジア・ボランティア・ネットワーク（ＡＶＮ）

ＡＶＮは、一九九一年から一九九五年春まではアジア人権基金の下部団体として、それ以降は独立した団体として、現地スタッフ（ＡＶＮマニラ事務所）を中心に医療活動と給食活動を軸とする事業を継続して行っている。対象地は、サンバレス州のロープブンガとバキランの二つの再定住地である。ＡＶＮも一九九五年度から一九九八年度までの三年間、国際ボランティア貯金の助成を受けた。

⑫(財)アジア保健研修財団（ＡＨＩ）とピナトゥボ復興協力の会

ＡＨＩは、一九八〇年に設立されたＮＧＯである。団体の目的は、「アジアの人たちの自主的な保健医療、福祉活動に協力するため、献身的な多目的中堅保健医療従事者を育成し、アジアの人々の福祉の向上に寄与すること」とされている。主要な活動はアジア各国からの研修生の受け入れであるが、オープンハウスやスタディーツアーのような市民教育や情報提供も行っている。

一九八一年にフィリピン第三地域（Region III、中部ルソンを指す）衛生部で衛生部副部長として保健行政に従事していたベン・アルカを研修生として受け入れたことから、ＡＨＩとパンパンガ州の人々との付き合いが始まる。アルカは、アエタ族のための保健医療活動を先駆的に行ってきた人物であり、ＡＨＩの東洋医学コースを受けた初期の研修生である。その後、アルカはＡＨＩとその母体である愛知国際病院に、アエタ族に対する医療活動への協力を要請した。この要請を受けて、ＡＨＩと愛知国際病院は、職員のアジアへの意識を高めることを目的として、日本キリスト者医科連盟とも協力しながら、愛知国際病院のスタッフ数名を中心にした医療チームアジア保健医療協力会をつくり、現地へ派遣するプロジェクトを開始した。主な活動は、アエタ族に対する健康検査、結核検査、治療活動であった。

この医療チームの派遣は、ピナトゥボ山噴火前までに計一一回行われた。なお、アルカがアエタ族へ医療活動を始める前までは、現地の医療行政はほとんどアエタ族にはかかわっていなかったようである。ＡＨＩは、噴火以前から約七年間にわたりアエタ族とかかわりをもち続けてきた日本では例外的なＮＧＯである。

ＡＨＩは、噴火後の八月、アエタ族への緊急支援と協力の方向を検討するための使節団を送った。この結果、緊急支援よりも自力復興に向けた協力がより重要であると認識され、この認識をもとに、ＡＨＩや愛知国際病院の有志を募って一九九一年につくられたのがピナトゥボ復興協力の会である。同会の活動は、ＡＨＩの活動とは独立した形で行われた。

同会は、アエタ族の自力復興に向けた協力として、一九九一年一二月、四つの村に対して、三〇頭の水牛、水車、すきのセットを援助した。これらの物資は、アルカやアエタ族との話し合いで決められた。援助対象となった村は、アジア保健医療協力会が医療活動を行っていた村である。物資購入に充てられた三五〇万円の資金は募金によって集められた。この中には、岩倉市国際交流協会（後述）からの寄付金二六四万九〇〇〇円が含まれている。これ以降、ピナトゥボ復興協力の会は、一九九四年までに数回にわたって資金援助と物資援助を行った。同会は、これらの援助で自立のために必要な道具は供与したとの判断から、一九九四年に活動を終えている。

⑭海外支援協会（ODRO）

海外支援協会は、「発展途上国の自然および社会災害への支援を主たる目的」として一九八九年に設立された。その一〇年程前から「みんなで考える清水防災の会」にかかわってきた関係者が、各々の立場で自主的に展開してきた国際的支援活動をより発展的に生かそうと新たに設立したものである。各メンバーが従来からかかわってきたフィリピン、スリランカなどのアジア諸国が、主な援助対象国である。

海外支援協会はピナトゥボ災害に対して一九九一年から一九九五年までの五年間、火山灰除去および農耕のための中古車両の供与を中心とする支援活動に取り組んだ。ピナトゥボ災害に対する海外支援協会の主な活動は、対象地別に、パンパンガ州サンターナ市に対するものとオキシデンタル・ミンドロ州サブラアン・ヤーパン地区に対するものに大別される。サンターナ市に対しては、一九九一年から一九九四年にかけて、①噴火灰土の除去作業に対する援助としてダンプ、ローダーの寄贈、②被災農土の耕作に対する援助としてのトラクターの寄贈、③中学生のボランティア体験ツアー、④消防車の寄贈が行われた。このほかに、サンターナ地区被災民義尊活動として、現地に行くたびに学用品、日用品、中古衣料などの義援物資が寄贈された。事務局の池田達彦によると、サンターナ市への援助は、同市の副市長の友人である日本人から現地のニーズを伝えられたことが直接の契機となった。

ヤーパン地区に対しては、ミンドロ州の副知事の夫君の要請に基づき一九九三年より調査活動が始められ、翌一九九四年から援助が実施され始めた。ヤーパン地区は、ピナトゥボ災害の被災者約二〇〇世帯、一〇〇〇人が集団移住した地区である。海外支援協会が同地区に農機具を援助し始めた背景には、以下のような状況があった。

同地区の移住家族は、各世帯ごとに無償分与された約二ヘクタールの土地を使い、米、トウモロコシ、大豆などを栽培しながら定住化が進み始めている。しかし、農業基盤の確立に必要なインフラなどが不十分なこともあり、現金収入は乏しい。このため、換金性の高い米作を重視し、その収穫にあたり脱穀、籾摺り、精米などの過程を機械化し、組合事業を自前でできるようになれば自立・自活した生活へ進むことができると考えられた。この援助事業は、ミンドロ州の副知事の夫君を現地調査員とし、現地ＮＧＯのヤーパン地区相互扶助組織（ＰＭＰＣ）との協力関係のもとに進められた。なお、サンターナ市とヤーパン地区に寄贈された消防車は、いずれも大仁町から海外支援協会に寄贈されたものである。

海外支援協会は、一九九六年以降は、中古ミシンの配布、縫製技術指導、農業技術指導などといった形で援助活動を継続させてきている。活動資金の面では、同会は一九九二年度以降は継続して国際ボランティア貯金から助成を受けている。

⑱（財）国際開発救援財団（ＦＩＤＲ）

山崎製パン㈱創業者・故飯島藤十郎他の出捐《しゅつえん》により、一九九〇年四月、外務省所管の財団法人として設立された。ＦＩＤＲは、一九九一年に実施した緊急援助以来、一九九九年までほぼ継続的にアエタ族の支援にかかわってきた。主な活動として、フィリピン政府の設置したロープブンガ再定住地に移住していたベルベル村住民を対象とした食糧支援、農業支援（一九九二年）、農業による自立を目指した、イバ町のアムンガン村での土地の購入（一九九四～一九九五年）、購入した土地へ移住したアエタ族への包括的支援（一九九六～一九九九年）がある。ＦＩＤＲは、ベルベル村の住民が組織した共同組合（ＡＢＭＣ）の活動を支援する形で事業を進めてきた。

⑳セーブ・ザ・チルドレン・ジャパン（ＳＣＪ）

イギリスで始まったセーブ・ザ・チルドレンの活動が日本に紹介され、セーブ・ザ・チルドレン・ジャパンが設立されたのが一九八四年である。以来、アジアを中心に、「教育」をテーマに未来を担う人材養成の事業を展開している。現在、ネパール、タイ、フィリピン現地事務所を構えている。

ピナトゥボ総合開発事業は、フィリピンでの海外事業の一つである。ピナトゥボ噴火後、現地調査の結果、緊急援助にとどまらず長期的に支援していくことが決定された。目的は、「もっとも大きな被害を被ったアエタ族の状況を改善すること、とくに、短期的には栄養失調や下痢で苦しんでいる子どもたちを助けることを目指すとともに、中長期的にはアエタ族の文化、自主性を尊重しながら再定住支援すること」に置かれている。

事業内容としては、まず、一九九一年八月からパンパンガ州ポーラック・プラナス避難民センターに定期的に訪問し、食料の配給（一ヵ月二回）を行った。ピナトゥボ総合開発事業は、同年からの六ヵ年計画の事業として次の八つのプログラムから構成された。

●小児保健栄養プログラム――栄養失調の子ども一〇〇人とその母親を対象にした週二回の給食サービス、定期的な身体測定、予防接種などの治療活動、週に一回アエタ族に健康教室を開く母親教室の実施。

●機能的識字教育プログラム――生徒自身がつくった仮設教室での成人・子どもクラスの識字教育の実施。

●インフラ整備――給水システムの建設（湧き水を利用した給水設備の建設）。設計はフィリピン政府機関の国家住宅局（ＮＨＡ）との協力のもとで、また、指定寄付提供者である日本青年会議所の会員を短期的に受け入れ建設に協力してもらう形で行われた。このほかに、衛生設備とアエタ族のための多目的センターの建設が行われた。

●教育プログラム――機能的識字教育プログラム、部族内での教師の育成、アエタ族の教育ワーカーの監視。

●農業開発プログラム――アエタ族の少数精鋭のリーダーたちを対象した高原乾燥地域農業技術研修の実施。

●研修プログラム――家庭菜園やニワトリの飼育、薬草などを栽培する保健ボランティアたちや助産婦を対象とする研修の実施。

●生活自立プログラム――手工芸プロジェクトを充実させるためのネットワークづくりや、新製品の企画、販売計画資金管理面などでの指導。
●地域団体促進プログラム――地域社会の団結強化とリーダー育成のための諸々の活動。

以上の各プログラムは、パンパンガ州ポーラック、プラナス、パシイブル、カミヤス地域におけるアエタ族の再定住地を対象地として行われた。一九九七年夏の段階で、この総合開発の受益者は約二五〇〇人と報告されている。SCJは、フィリピン政府機関、NGO、アエタ族自身の団体などと多くの協力関係を築いている。またこれらのプログラムは、三年間郵政省(現・総務省)の国際ボランティア貯金の助成を受けた。

㉓フィリピンの子どもたちの未来のための運動(CFFC)

CFFCは、一九八九年八月に設立された。それまで、自然災害の被災地に古着・文具などを送っていた女性を中心とした有志が、同年八月にフィリピンのシンガーを招いたコンサートを開催した。このとき、フィリピンの子どもたちの困難な状況を呼びかけて会を発足させ、活動を開始した。ピナトゥボ災害に対しては、噴火直後はまず緊急支援(物資輸送キャンペーン)を行った。それ以降、幾つかの事業を展開した。
●避難民センターに対する医療・生活改善のためのプロジェクト――一九九二年から、パンパンガ州の避難民センターを対象に、医療・生活改善のためのプロジェクトが始められた。まず、総合保健施設財団（ＴＨＭＦＩ）というフィリピンのボランティア医師団とＣＦＦＣマニラ事務所の協力体制のもとに、一九九二年六月巡回医療活動が始められた。医者、看護婦、スタッフあわせて二〇名位で巡回医療（月一回）が行われた。一回の巡回では、約三〇〇から四〇〇人が診察された。次に、食料・生活必需品の配給、エンジン付きの共同井戸の設置、医療活動が、中部ルソン災害対策ネットワーク（ＣＯＮＣＥＲＮ）と健康サービスセンター（ＨＩＤＳ）との協力体制で進められた。

●噴火被災地復興のためのボランティア実験農場

ボランティア実験農場は、「貧民地区への技術協力を」「マニラ貧民地区の子どもたちに食料を。来年のための種子を」をキャンペーンの中心に、一九八九年からルソン地域で開始されたものである。日本から農業技術家が派遣され、中部ルソン、パンパンガ州バコローの実験農場ではトウモロコシの栽培に成功し、コメやイモの栽培が取り組まれていた。しかし、一九九一年のピナトゥボ噴火の影響によって農場は休止に追い込まれた。

一九九三年一月、「ピナトゥボ被災者に希望を、食料を」を新たなキャンペーンの中心にすえ、バコローのドゥアトで農場の再建が開始された。この事業は、ラハールに覆われた土地での農業を掲げ、実験農場の再度の復興と維持・拡大をテーマにしたものである。その中で、集中的に取り組まれたのが有機肥料の開発である。また、ラハールの時期を避けて、コメやトウモロコシ、野菜の栽培に成功し、収穫物は近隣の被災民・避難民に配布されてきた。しかしこの間も、農場はたびたび々ラハールによる被害を受けてきた。とくに、一九九五年秋のラハールによる被害は大規模で、農場とその周辺は村ごとラハールの下に埋もれてしまうような事態となった。その結果、実験農場は中止となり、有機肥料の開発、小規模なラハールを防ぐための技術など、これまで蓄積してきた技術を周辺農民への協力に生かしていく方針への転換が図られた。

（以上の二つの事業は、京都・アジア文化交流センター（ACCE）の協力を得て行われた）

●アエタ族の巡回識字・算数教育プロジェクト――このプロジェクトは、中部ルソン災害対策ネットワーク（CONCERN）との協力体制のもと、一九九五年七月から開始された。アエタ族の中では、読み書きができない人や数が数えられない人が少なくない。このプロジェクトは、識字および算数教育を通して、アエタ族が他の人々と協力してコミュニティーをつくり、自立的な活動に取り組んでいくことへの支援を目指したものである。パンパンガ州高地の一〇ヵ所のコミュニティーの指導者と学校を中退した若者を対象としている。フィリピン教師センター（TCP）や中部ルソン・アエタ族協会（CLAA）などの現地の団体も協力にかかわっている。

以上の巡回診療、実験農場の整備・運営、識字教育などのプロジェクトに対しては、一九九二年度から一九九五年度まで、郵政省の国際ボランティア貯金から助成が行われた。なお、以上のようなプロジェクト支援の他に、ピナトゥボ避難民の立ち退き問題に取り組むCONCERNへの協力といった活動も行われている。

⑪アジア文化交流センター（ＡＣＣＥ）

ＡＣＣＥは、一九八八年に「京都・アジア文化交流センター」として設立された。「日本とアジアの市民との相互交流や支援を進め、アジアにおける市民のネットワークを広げていくことを通じて、貧困のない、基本的人権の尊重される、平和なアジアをつくっていく」ことを目的に、滞日外国人の人権侵害や緊急医療の問題への取り組み、コンサートや劇団の公演などを通じたアジア文化の紹介などの活動を行ってきた。一九九八年に「アジア文化交流センター」と改名され、二〇〇〇年には特定非営利活動法人（ＮＰＯ法人）として認証・設立された。

ピナトゥボ災害に関する事業としては、実験農場の経営がある。ＡＣＣＥは、農業調査員の派遣などを通じて、ＣＦＦＣとの協力体制のもとで実験農場の運営にかかわってきていたが、一九九八年からは単独でこの事業に取り組んできている。実験農場の目的は、被災地に戻って農業を再開しようとする農民への支援であり、農地の復興のための土地改良技術と資本をかけずに短期で現金収入を得ることのできる農業技術の提供にある。一九九八年にスタートした事業では、ドゥアト地区の農場がラハールの影響など多くの困難に直面してきたことをふまえ、ポーラックのミトラ地区に新しい農場が移転された。当面の目標を野菜、稲、養鶏の全面化（一般用地に近い生産実績をつくる）および一部果樹の収穫開始などに置いた五ヵ年計画であるが、六年から一〇年後の果樹収穫の全面化や、周辺被災農民の共同組合組織化への援助を見据えた長期的な計画として進められている。なお、この五ヵ年事業に対してピナトゥボ救援の会は、ＡＣＣＥのマニラ支部に農場での井戸掘削、ポンプ費用など六万ペソを援助した。

4 その他の民間団体

㉖ＮＩＣＥ（国際ワークキャンプ）

ＮＩＣＥは、国際ワークキャンプを主催している団体で、一九九〇年に設立されている。国際ワークキャンプとは、世界中の若者が一定期間生活をともにしながら地域の人たちとボランティア活動に取り組む国際協力のプログラムである。ＮＩＣＥは、一九九六年度に日本、フィリピンなど二一ヵ所でキャンプを主催し、三三ヵ国の三三〇人の若者が参加している。

一九九七年九月三日から一一日の日程で、「国際ワークキャンプ　アエタ族'97」が開催された。このワークキャンプは、「働くことを通して、先住民族の文化と理解と我々参加者が協力できることをともに考える」ことを目的に、ＮＩＣＥとアエタ開発協会（ＡＤＡ）が共催して行ったものである。開催地はサンバレス州カナイナヤン村で、仕事の内容はアエタ族とともに行う植林作業であった。同地でのワークキャンプは、一九九八年二月と三月にも行われた。

㉗「二四時間テレビ」チャリティー委員会

「二四時間テレビ」チャリティー委員会は、国内福祉と保健衛生を中心とした海外援助に取り組んでいるマスコミ関連団体である。同委員会のフィリピン事務所は、一九九〇年に開設されている。このフィリピン事務所は、まず一九九一年八月から一二月にかけて、サンバレス州の避難民センターで病院の建設、診療活動、栄養治療、緊急麻疹キャンペーンからなる事業を行った。次に、一九九二年にはピナトゥボ被災者自活支援プログラムのもとで、二つの保健衛生事業（一月から三月と七月から九月）をいずれもサンバレスの再定住地で行った。「二四時間テレビ」の最大の資金源は国内で募る寄付であるが、以上の三事業は、外務省のNGO事業補助金およびピナトゥボ救援の会、ピナツボ復興むさしのネット、（社）鹿児島青年会議所といった民間団体からの資金協力も得て行われたものである。その後、同委員会のフィリピン事務所は、一九九三年から一九九六年までの三年間、サンバレス州において再定住地保健衛生・生計向上プロジェクト（RESHEMP・The Resettlement Site Health and Economic Management Project）を行い、これをもってピナトゥボ関連の援助事業を終えている。「二四時間テレビ」チャリティー委員会は、援助内容の評価を外部機関に委託した唯一の団体である。

㉘（社）日本青年会議所（JC）

日本青年会議所は、国際的理解を高め、世界の繁栄と平和に寄与することを目的として、セミナーの開催やNGO支援などを行っている。ピナトゥボ関連の活動として、地球市民としての自覚をもった人材づくりを目指すための国際事業「グローバル・トレーニング・スクール」が二年間行われた。初年度の一九九二年度（四月二〇～二六日）は、家を失ったアエタ族のために公衆衛生システム（トイレ）の建設を行い、四八三人が参加した。一九九三年度（四月一一～一七日）には、アエタ族自立のための植林事業が行われた（参加人数は未確認）。なお、一九九二年度ではマングロープの植林事業が、一九九三年度ではスモーキー・マウンテンの子どもたちとの交流が合わせて行われている。

5 自治体との関係が深い団体

㉚岩倉市国際交流協会（IIES）

岩倉市国際交流協会は、一九九二年四月に発足し、同年一〇月より毎年一回、訪問団員を募りアエタ族の村を訪問する活動を行ってきている。訪問は一九九七年三月までで六回、訪問した人は延べ九八人に及んでいる。岩倉市国際交流協会の冊子のタイトル「人に会う旅」が象徴的に示しているように、訪問の最大の目的はアエタ族との交流である。

同協会とアエタ族とのかかわりは、一九九一年に岩倉市が市制二〇周年の記念事業として、「世界の恵まれない子どもたちのために」、「で愛ふれ愛バザー」を行ったことに遡る。このバザーでは二六四万九〇〇〇円が集まったが、その使途について相談を受けた「国際交流事業実行委員会」（岩倉市国際交流協会の前身）の内藤和子理事長は、名古屋国際センターへの照会を通して、ピナトゥボ災害に対する（財）アジア保健研修財団（AHI）の活動を知り、募金をAHIを通じてピナトゥボ被災者に役立てることを提案した。この提案を受けて、募金はAHIを通じて、パンパンガ州のアエタ族のナブクロッド村でのカラバオ（水牛）の購入や集会所の建設などに充てられた。募金を現地へ持参したスタッフが一九九二年の初めに岩倉市で帰国報告を行った段階でこの事業は実質的に終結となったが、同席していた内藤から、「物資の援助で終わるのではなく、一度現地を訪れてみたい」という旨の発言が出たことがきっかけとなり、国際交流協会が独自につくられ、派遣団の訪問が進められることになったのである。

訪問団が毎回訪問するのは、フロリダブランカ市と募金によって援助物資が供与されたナブクロッド村である。この村は、噴火以前からアエタ族が住んでいた村であった。噴火後、この村のアエタ族は麓のフロリダブランカ市の避難民センターに収容された。しかし、低地民との共存が難しい、食生活が合わないなどのさまざまな問題が起こり、フィリピン政府が同村を再定住地としてアエタ族の帰還を認めたという経緯がある。

Volume 2 No. 11
Devember 1996

Filipino sa Japan

FILIPINO Journal
Page 5

The Iwakura - Floridablanca Connection

Report on the International relationship between Iwakura City and Pampanga, Philippines
By: Linda Taki

On December 1, a ceremony was held to commemorate the 25th Anniversary of Iwakura City. At this ceremony, the citizens of Iwakura City through the International Exchange Society, announced the relationship between the citizens of Iwakura and Floridablanca and the Aetas people. On this occasion Dr. Felipe J.H. Cuyugan and two Aetas representatives: Roger Apang and Luz Papatco joined the ceremonies. Also Consul Armando B Fernandez, Jr and Protocol Officer/Consular Assistant Jose Morales from the Philippine Consulate General. Osaka attended this occasion on behalf of Consul General Susan Castrence.

During their short stay in Japan, the group stayed in local homes in Iwakura and visited two elementary schools, one middle school and one kindergarten, Nagoya, Izumimura village in Fukui prefecture. They had the opportunity to participate at the International Friendship Party organized by the Nagoya International Association and Nagoya International Center.

Iwakura City, which is located north of Nagoya has a population of forty seven thousand (47,000). One of those outstanding organizations is the Iwakura International Exchange Society which was formed in 1992. They engaged in a fund raising drive for the victims of the Mount Pinatubo in 1991 and raised $25,000(Y2,500,000). The money was used to purchase carabaos and improved the living conditions of the Aetas people who had been severely affected by the volcanic eruption. Rather then just a "send money, get money" relationship, they went to visit the affected area and started a human bond with the local people. As a result a group of ten people from the Iwakura International Exchange Society led by Ms. Kazuko Naito visited Floridablanca City in Pampanga on a goodwill mission in October, 1992. Dr. Cuyugan of the No.2 Health Center of Floridablanca City acted as the host for homestays. He also generously volunteered his time and services and made arrangements for our visits to San Ramon Elementary School and the Nabuclod relocation area where the Aetas people are living.

After this experience, Iwakura city started to send an annual goodwill mission to Floridablanca. With the support of the Iwakura Board of Education, in 1993 eight adults and six elementary and middle school students were able to visit Floridablanca City. The exchange has continued to grow each year: in 1994 (10 adults, 8 schoolchildren), 1995 (6 adults, due to a typhoon in the area just before the visit, the scheduled 20 people were unable to go. The visiting 6 adults paid a visit to the typhoon victims.

Plans are being finalized for 1997 goodwill mission. The Iwakura International Exhenage Society is really committed to further enhance the friendship and cooperation between Philippines and Japan.

Consul Armando B Fernandez, Jr's speech.

The two Aetas representatives: Roger Apang and Luz Papatco with CPFA Chairman Linda Taki who also acted as their guide, interpreter and liason during their visits to Nagoya City

Dr. Felipe J.H. Cuyugan and two Aetas representatives: Roger Apang and Luz Papatco speaking before the Iwakura assembly.

In a toast with Iwakura city officials.

アエタ族の招聘事業を伝える英文紙

一九九六年三月現在では、二三一世帯、一〇八〇人が暮らしていた。訪問が開始されるにあたってはＡＨＩの協力があった。まず、ナブクロッド村の保健所でも勤務するフェリペ・クユーガン医師の紹介があった。彼は、一九九二年九月から一〇月にかけて、ＡＨＩの国際研修コースに研修生として参加した。アエタ族の信望が厚く、第一回の訪問団の訪問（一九九二年一〇月）から現地での受け入れを担当してきた人物である。また、第一回の訪問では、ＡＨＩの職員も同行した。アエタ族とＡＨＩを結び付けるとともにクユーガン医師をアエタ族に引き合わせた人物が、前述したアルカである（八八ページ参照）。

　交流の特徴としては、小学生や中学生の青少年の交流が重視されていることが挙げられる。第一回と第四回の訪問団は社会人のみの構成であったが（一九九五年一一月の四回目の訪問は、ラハールの被害が大きいという理由で当初の日程が延期された上、交流ではなくお見舞いとなった）、一九九七年までの訪問団員延べ九八人のうち、小中学生は四〇人、高校生が三人である。交流のための主な活動としては、ソフトボールの親善試合、ホームステイ、学校訪問、手紙の交換、アエタ族の儀式への参加などが行われてきた。このほかに、子豚、文房具、薬品、医療器具などの物資も供与されてきている。

　岩倉市国際交流協会は、一九九七年一一月二九日から一二月八日にかけて、市の「それぞれの平和を考える実行委員会」の平和事業の一環として、日本で初めてのアエタ族の招聘事業を行った。招聘されたのは、アエタ族の代表とクユーガン医師の二人である。彼らは、岩倉市の市制二五周年式典で岩倉市民にアピールした他、小中学校の訪問など各種行事に参加した。この招聘事業は、多くの岩倉市民に直接アエタ族と出会い交流してもらいながら、同協会がこれまで行ってきた活動の内容や意義を広く知ってもらうことを主な目的とするものであった。

　以上のように、岩倉市国際交流協会は援助を主目的とする団体ではなく、市民が幅広く参加できる団体として、地道な人の交流を目指した活動を展開してきたといえる。

6 民間レベルの活動の特徴

ピナトゥボ災害にかかわってきた民間団体の活動内容を概観してきたが、かかわってきた団体の数の多さと活動領域の広範さがまず特筆される。実質的にピナトゥボ災害を機に国際協力に関連する活動を始めた団体も存在した。そしてピナトゥボ災害は、日本の民間団体の相互の出会いを促進するとともに、国際協力分野での日本の市民社会の活動を広範かつ全般的に活発化させたともいい得るであろう。ピナトゥボ災害にかかわってきた民間団体にほぼ共通する特徴として、次の二点が指摘できる。

一つは、被災者および彼らが所属するコミュニティー・地域などの現地のニーズを丹念に知ろうとする姿勢である。このため、協力関係にある現地ＮＧＯや被災者自身の団体などとの関係づくりが重視される。一般に、政府主導の救援事業が不特定多数の人々を対象とするのに対し、民間団体は被災者や住民のニーズを確認しながら顔の見える協力関係を重視する。政府の救援対象になっていない、あるいはなりにくい地域を救援先として選定することも、民間団体のきめ細やかさを表している。

二つ目として、多くの民間団体は、緊急援助の重要性を認めつつも、むしろ被災者自身の自立復興に向けた努力への援助をより重視しているといえる。その場合の援助の形態は、農業開発、生活向上プロジェクト、教育、植林などさまざまである。この点で留意しておきたいことは、いずれもある程度の継続的な援助が志向されている点である。ピナトゥボ災害が継続する中で、自立復興に向けた援助で現地でのつながりを重視する立場からは、少なくとも数年単位の継続した援助が必要とされる。

このような援助を継続して行うことは、NGOが果たしうるきわめて重要な役割である。

以上の点とも関連するが、ピナトゥボ災害にかかわってきた民間団体の固有の意義としては、アエタ族に関するものがある。ピナトゥボ災害では、ピナトゥボ山周辺に居住していたアエタ族がもっとも直接的かつ深刻な人的被害を受けた。フィリピン政府はアエタ族のための再定住地を優先的に建設し入植を進めてきた。しかし、政府が用意した再定住地はアエタ族の伝統的な生活スタイルへの配慮を欠いているものもあり、再定住地を離れていったアエタ族は少なくない。この場合、再定住地を離れたアエタ族は、原則的に政府の救援事業の対象からはずれてしまうという問題が起きる。

この点で、アエタ族の文化的なニーズに配慮した支援を行ってきたのがNGOである。見てきたように、現地NGOや住民団体との協力体制のもとで、アエタ族への支援に携わってきた日本のNGOは多い。また、日本青年会議所、NICE、「二四時間テレビ」チャリティー委員会、岩倉市国際交流協会の事業もアエタ族を対象とするものであった。これらの側面は、政府レベルでは対処が困難な(したがって、現地政府からの要請主義をとる日本のODAも同様)、もっとも厳しい状況に置かれている被災民へかかわってきたことで、NGOをはじめとする民間レベルの活動の独自な貢献性を顕著に示しているものである。

ところで、ピナトゥボ災害にかかわってきた民間団体の多くは、その活動を進行中である。中には、五年後、一〇年後を展望している団体もある。これらの活動の継続性は、ピナトゥボ災害が終わってはいないことを象徴的に示している。

第4章
ODAとNGOの接点
——青年海外協力隊（JOCV）隊員の活動に対するピナトゥボ救援の会からの援助をめぐって——

病院建設資金を援助（カナイナヤン再定住地内）

最近、とみにODAとNGOの連携・協力ということがいわれている。ODAに対する批判を受けて、「本当に役に立つ」ODAに改革していくための一つの道として、NGOの経験、手法、人材などの活用はすでに始まっている。NGO側としても、プロジェクトを進めていく中で、相手国政府との関係、資金面などで日本側の公的支援が役に立つことがある。

私たちの「ピナトゥボ救援の会」(愛称ピナQ)は、マニラの日本人駐在員の家族(妻)を中心に、ピナトゥボ火山の噴火直後につくられた被災者の救援組織である。NGOともいえないような小さな組織で、試行錯誤を絵に描いたような活動を続けてきた。その活動を通して、ピナトゥボ救援の会は、国際協力事業団(JICA)が国民参加型援助の一つとして派遣している**青年海外協力隊**(JOCV)とさまざまな面で協力関係をもつこととなった。協力隊員はボランティアで、この意味で、青年海外協力隊はNGOにもっとも近いODAといえるかもしれない。ピナトゥボ救援の会と協力隊員との協力関係は、双方の利害が一致した部分があって、互いに不足を補い合う形での活動を進める中で、結果として深まっていったものである。

青年海外協力隊(JOCV)

国民参加型援助の一つとしてJICAが実施している派遣事業で、1965年に開始された。20〜39歳の男女が対象。多数の応募者の中から、技術と語学力などで選ばれ、研修を受けた後にJOCV隊員は任国に2年間派遣される。ボランティアだが、生活に必要な手当ては支給される。現地の人と協力して、その地域にあった技術の開発・移転や友好親善の増進などを目指している。1998年末での派遣実績は、59ヵ国2,288人である。1998年度フィリピンへの派遣実績は34人である。

本章では、ピナトゥボ救援の会の活動に最初からかかわってきた者の立場から、青年海外協力隊員との協力関係を通して見えてきたことをもとに、ODAとNGOの接点について考えたい。ピナトゥボ救援の会と青年海外協力隊員との協力関係は、二つの側面に大別される。一つは、ピナトゥボ救援の会が青年海外協力隊員の活動に資金援助をしたこと、すなわちODAの活動に対するNGOの資金援助である。もう一つは、青年海外協力隊員が、私たち（日本のNGO）とフィリピンのNGOとの橋渡し的な役割を担ったことである。青年海外協力隊員は任期が終われば帰国してしまうが、もし、日本のNGOと現地の人との橋渡しをしてつなげていれば、帰国後も活動（たとえば、生活自立のためのプロジェクト）が継続していく可能性が大きくなる。ピナトゥボ救援の会と青年海外協力隊員との協力関係は、NGOとODAとの一般的な接点と協力関係を考えていく上での一つのヒントになると思う。

1　ピナトゥボ救援の会について

マニラでは、これまでもバギオ地震（一九九〇年）、台風による大災害のときなど、日本人学校PTA、ミセス会（政府機関、民間企業）などが古着や食品を集めて、フィリピン赤十字社（PRNC）などを通して被災者に届けていた（日本人会は救援金を届ける）。そうした中で、救援物資が被災者に届いていないらしいという噂が広まり、そんなことなら、うちのドライバーやメイドの家族に持たせた方がいいなどと言われていた。

　ピナトゥボ火山が噴火した日、マニラに暮らす人々も、空がうす暗くなり、雪のように灰が降ってくるという異常な体験をした。その後、新聞、テレビで被災地の状況を知り、いつものように救援物資を集める話が出始めたが、日本人学校が夏休みになる前に早くしなければならないとか、前述したように救援物資が被災者に無事に届いていないという話から、今回は集まらないのではないかという心配の声などがいろいろ聞こえてきた。たまたま、私の夫が日本人会の理事会の総務を務めていたこともあって、ＰＴＡやミセス会に声をかけ、日本人会に各組織で集めたものを全部持ち寄って、一番確かな所に届けようということに話がまとまった。

　このあたりのことは記録には残っていないが、私の記憶によると、日本人学校ＰＴＡのほか、ＪＩＣＡミセス会、アジア開発銀行（ＡＤＢ）ミセス会、日本大使館婦人部ボランティア係、フィリピンに学ぶ会、日本人会ハンディクラフトグループなどに声をかけたと思う。マニラ日本人会には婦人部がなかったが、必要なときには理事の夫人たちが連絡を取り合っていたので、理事夫人たちにも声をかけ、そのルートからも集まった。

　七月の一日、日本人会には山のような物資が運び込まれ、エプロン姿の奥さんたちが、保存食品、衣類、タオル、石鹸、ローソクなどの雑貨品の仕分けをした。そして、それぞれが持ち寄った情報を交換して、衣類は教会（プロテスタント）を通じて、衣類以外のものは「二四時間テレビ」チャリティー委員会フィリピン事務所の三好亜矢子を通して被災地に届けていただくことに決まった。同委員会は、保健衛生を中心とした海外援助に取り組んでいる日本のマスコミ関連団体で、フィリピン事務所は一九九〇年に開設されている。三好からの、「心配だったら、一緒に被災地に行ってみたら」という誘いもあって、車を出してくれたＪＩＣＡの竹内小夜子次長夫人と私が同行することになった。

噴火後一ヵ月の寒々とした被災地の風景を見てしまったことと、イバのテント村の被災者たちの呆然自失の姿と、それでも元気に笑っている子どもたちの顔を見たことが、その後の救援活動の出発点となった。

被災地訪問の報告会の席上、何もしないわけにはいかないということで被災者を支援する会をつくることが決まった。私自身はいろいろな組織の連絡会のようなものをイメージしていたのだが、参加者から組織ごとではなく個人として活動した方がうまくいくという意見が強く出された。その日のうちに事務局に参加すると手を上げた人が一〇人いて、ピナトゥボ救援の会（以下、ピナＱと略）が正式に発足した。代表は決めないで、私が事務局長になり、その他、書記、会計、企画の各担当者を決めて活動が始まった。また、前記の各組織には連絡担当者を決めてもらって、情報を流すルートだけはつくった。

会の成り立ちについて長々と書いたが、これがその後の会の性格、活動を決めていくことになる。駐在員の妻の活動という限界。ＮＧＯとかネットワークとかいう言葉も一つ一つ解説を付けないと通じない集まり。一方、バザーに見事な桜餅やどら焼きを出品したり、二〇〇人規模のチャリティー昼食会を全品持ち寄りでやってしまう主婦パワー。素人だけに、何でもありのフットワークの軽さ。マニラに来る日本人をつかまえて引っ張りこむ情熱。ピナトゥボ・アエタの村で二〇ヵ月フィールドワークをした研究者清水展（九州大学教授、文化人類学）や山本宗補（フォトジャーナリスト）との出会い。山本宗補の写真展『ピナツボ・アエタ族・今』をマニラのヒラヤギャラリーで開催したことをきっかけにつくったポストカード。これが朝日新聞に紹介されて、日本からも救援金が届けられるようになった。

清水展との出会いにより、私たちの初期の活動は主としてアエタ族に向けられた。アエタ族がフィリピン人から差別されている現場を見てしまったということもある。私たち日本人には、アエタ族も「フィリピン人」も同じ外国人で、差別する理由がない。一年目は訪問先も主にサンバレス州の再定住地（ローブブンガ、バキラン、ダンパイ・サラサ）だった。また当時は、「二四時間テレビ」チャリティー委員会フィリピン事務所や「アジア人権基金」（およびその下部団体のアジア・ボランティア・ネットワーク）など日本のＮＧＯが救援活動を行っていたし、フィリピンのＮＧＯである「少数部族救済基金」（ＥＦＭＤＩ）に派遣されていた青年海外協力隊（ＪＯＣＶ）隊員との交流もあったので、英語やタガログ語がそれほど堪能でなくても被災地の情報が入ってきた。一年後に私は帰国し、会は四人代表制（事務局は約二〇人）の第二期に入り、それと同時に日本支部が発足する。第二期の代表者の一人である吉川萬里子の夫のＪＩＣＡの吉川浩史次長は、ＪＩＣＡのピナトゥボ勉強会[1]をＮＧＯや報道関係者に公開した。官民の関係が珍しいほどうまくいっているときに、ＪＯＣＶとの協力も含めて私たちが活動できたのは幸運であった。

ピナＱの支援先は、アエタ族と低地のラハールの被災者の二つに区分できる。支援の内容としては、乳幼児の給食、奨学金、農業援助（カラバオ、農具、種など）、養豚、住宅建設、生活自立支援（縫製プロジェクト、紙すきなど）、緊急援助ほか。資金は、カンパ、ポストカードの売り上げ、バザーやピナQショップ、チャリティ昼食会などでつくった。バザーでは、ピナトゥボの灰や軽石でつくったピナトゥボ・グッズや手すきの紙製品、マニラのスラムや貧しい人たちの生活自立プロジェクトの製品などを販売した。一九九二年から始まった日本支部の役割は、バザーなどで救援金をつくること（年に一～二回マニラに送金）、ピナトゥボを多くの人に知ってもらうことである。

ピナQは毎年春に総会を開き、次の一年の活動の継続の可否を決めることになっている。普通、駐在員は二年から五年で帰国する。噴火当時を知る会員はわずかになってしまった。活動を継続するための一助にもなればと、一九九三年に小冊子をつくったりもした（ピナトゥボ救援の会『Pinatubo』マニラ、一九九四年発行）。知識を伝えることは努力すればある程度できるが、思いを継承することはとても難しい。無理になったら会は閉じるという約束通り、二〇〇〇年三月で会を閉じることとなった。

ピナQは終わるが、多くの会員にとって「ピナトゥボ」との関係は簡単に終止符を打てるものではないようだ。さまざまな形でそれぞれの思いが続いていくと思う。「終わりは新しい始まり」となるかどうかは、これからのことだ。

さて、次節からピナQと青年海外協力隊員との協力関係について見ていくが、ここであらかじめ、ピナトゥボ災害にかかわった四つのグループの協力隊員を示しておこう。

（1）ピナトゥボ災害に対する日本の協力体制を官民共同で考える場として、JICAマニラ事務所が主催した勉強会。

Aグループ：少数部族救済基金（EFMDI）／アエタ開発協会（ADA）に配属された隊員
・噴火前――牛澤泰（家畜飼育）、稲垣佳成（村落開発普及員）、黒川千佳子（保健婦）、長谷部康弘（家畜飼育）
・噴火後――久我昌子（保健婦）、冨田一也（食用作物）
Bグループ：ピナトゥボ災害救援のための短期緊急派遣隊員
牛澤泰、井上和美、鈴木正代、辻本直樹、宮島瑞恵、横田俊江、山田詠果、宗像朗
Cグループ：被災地支援のための新規派遣隊員
佐竹直子（保母）、冨田一也（食用作物）
Dグループ：その他の隊員
和泉田真理絵（陶磁器）、山崎直子（陶芸工房）

（注）冨田一也は、EFMDI－ADAに派遣された六人目の隊員であるが、「被災地支援のための新規派遣隊員」という位置づけである。

2 現地NGOに配属されたJOCV隊員とのかかわり

噴火まで

山岳民族ネグリートという言葉を聞いたことはあったが、ピナトゥボの山中に数万のアエタ族が平和に豊かに暮らしていたことは、噴火が起こるまでは知らなかった。

少数部族救済基金（EFMDI）は、一九七五年に、教会関係者、米軍、地元有志などによってアエタ族の生活向上のために組織されたNGOである。一九八五年には、アエタ族の民衆組織＝PO（People's Organizatio）としてアエタ開発協会（ADA）がつくられ、将来的にはEFMDIはADAに引き継ぐとされていた。EFMDIのディレクターは、神学者、人類学者で北ルソンの少数山岳民族の出身であるルフィーノ・ティマである。

このEFMDIに、噴火前の一九八八年に牛澤泰が家畜飼育の隊員として派遣されている。青年海外協力隊員が現地のNGOに配属された、きわめて稀な例（初めて？）といわれている。このことには、政府関係にも信用が厚く、人脈をもっていたティマがディレクターでいたことが大きく関係していたと思われる。一九九〇年には、稲垣佳成（村落開発普及員）、黒川千佳子（保健婦）、長谷部康弘（家畜飼育）の三人が続いて派遣された。当時の青年海外協力隊（JOCV）の調査員は、調査書に「EFMDIはNGOであり、資金的には十分とは言えない」と書いている。牛澤も隊員報告書に交替要員についての要望として、「ここはNGOであり、資金面ではとても苦労すると思うが、すべきことがたくさんあり、何でも思いついたことができる可能性がある」と記している。ＥＦＭＤＩに配属された隊員が、ピナＱに資金要請する一つの原因がここにある。

そこに、ピナトゥボ火山が六〇〇年ぶりに、二〇世紀最大といわれる噴火をした。アエタ族は山を下り、小学校などの避難民センターに一時的に暮らした。どこの避難民センター、テント村でも、生活の激変や食料不足が重なり、子どもを中心に多くの人が亡くなった。その後、政府は、とくにアエタ族のために九つの再定住地を用意したが、この再定住地には入らず、自分たちで土地探しを始めたアエタ族は少なくなかった。

一方、三人の隊員たちは噴火直後はサンマルセリーノ市の農科大学に避難していたが、ＪＩＣＡの吉川次長が車で迎えに行き、マニラに無事に戻ってきている。黒川は「皆と苦労をともにしたかった」が、外務省の下の組織であり「三人とも帰ってしまった」と言っている。とくに長谷部は、この問財産である牛をひきつれて安全な所まで避難させ、ティマの絶大な信用を得たと聞いている。

噴火後の救援活動の中で

稲垣、黒川、長谷部の三人の隊員が、そのまま被災者の救援活動にたずさわることになった。黒川とは噴火から一ヵ月半後に「ＮＨＫビデオ上映とお話の会」で、「二四時間テレビ」チャリティー委員会フィリピン事務所の三好亜矢子と一緒に被災地の様子を話してもらったときに初めて会った。一一月にも定例会に招いたが、その際、次の二つの要望が出された。

❶子どもたちを風呂に入れたいので、タオルと石鹸と着替えの子ども服がほしい。

❷六歳以下の子どもの給食を考えている。毎月、いくらかずつが必要になる。

翌月、五人で黒川を訪問し、タオル五〇枚、石鹸一〇〇個、子ども服をダンボール四箱届けた。翌年の一月には、アエタ族が、彼らが見つけた土地の使用許可を求めてマラカニアン宮殿（大統領がいる所）にバスでデモに来たときに、黒川からの依頼でお弁当とふかし芋をケソンのメモリアルタワーまで届けた。

一九九二年一月のニュースレターには、「一四〇〇ヘクタールの土地を政府が使用許可したという喜ばしいニュースが伝えられています」と書かれている。(2) その後、一四〇〇ヘクタールの土地に住む予定の家族のための住宅建設資金の要請がきた。JICA－JOCVの場合は、事務所や小学校の建設資金は出ても個人の家に対してはお金は出ない。ピナQは、一〇軒分の住宅建設資金として一〇万ペソの援助を承認している。給食についてはこれ以上話が進まなかったが、被災地を訪問するときに、粉ミルク、石鹸を持っていった。乳幼児への給食は、後任の久我昌子のときに実現する。

黒川は、七月の全体会にゲスト参加したのを最後に八月には任期終了で帰国した。一九九六年に結婚して浅水千佳子となって再来比し、JICAの駐在員夫人の身分でピナQの事務局に参加している。

---

(2)　この土地はカナイナヤンと名付けられ、政府が用意したものとは別の再定住地としてアエタ族のために開放されたものである。一九九三年に政府公認の再定住地として正式認定された。EFMDIとADAは、カナイナヤンでさまざまなプロジェクトを実施し、この地区はアエタ族の開発のモデルと呼ばれるほどの成果を上げたといわれる。

長谷部康弘は家畜飼育だから、牛澤の後任ということになる。一九九二年六月の事務局会議に、道路建設の要請をするためにマニラにやって来た。

「アエタの部落までの道を、雨季になると地主が田植えのために閉鎖する。代わりに山の尾根ぞいの林道があった所に道を開きたい。この新しいアクセス道路をつくる費用に約一二万ペソかかる。雨季になる前に、至急に必要」

無口で有名な長谷部が、マニラのうるさい奥様たちを相手に熱弁をふるった。いろいろ話し合った結果、インフラだから本来ならＪＩＣＡが出すのが当然だが、ＪＩＣＡの決定に時間がかかるということならばとりあえず立て替えよう、ＪＩＣＡが出せないのなら改めて検討しようということになった。この道路の話は、ＪＩＣＡの吉川次長が、長谷部に「ピナトゥボ救援の会にもっていけ」と示唆したらしいと後で分かった。一四〇〇ヘクタールのこのカナイナヤンの土地は、政府の再定住地でもなく国有地でもない上に、雨季の臨時道路ではＪＩＣＡのインフラの対象にはならない。ＯＤＡではお金の出しようがない道路だったようだ。ちなみに、ＪＩＣＡからは牛舎、サイロの経費は出ている。

稲垣からは、ピナＱに直接の要請はなかった。ＪＩＣＡからはトラクターが出ているほか、特別予算（現地事業効率促進費）から給水設備の資材費が出ている。稲垣は報告書に、「ロータリー案件の対象として、とくに医療関係、トラクターの新規購入、井戸の設置、奨学金関係への援助は有効であろう」と書いている。

久我は保健婦で、黒川の後任と考えていい。一九九三年のニュースレターによると、久我を通してＡＤＡから乳幼児の給食のための資金援助の要請がきている。黒川のときから話があったものだ。雨季に入り、現金収入が減り食料の確保が難しくなったため、カナイナヤンなどで〇から六歳児を対象に給食を始めたが、資金不足により継続が難しくなり栄養失調が出ているとのことであった。一ヵ月六〇〇〇ペソで、乾季までの半年間にわたり援助をした。久我は、二年の任期より前に帰国した。

冨田一也はEFMDI－ADAに派遣された六人目の隊員で、「被災地支援のための新規派遣隊員」という位置づけの中でADAへの最後の派遣隊員となった。職種は食用作物で、現地では試験農場を任されている。

一九九四年の二月の全体会に、冨田から「育苗計画にかかわる移動式ウォータータンク資材費の援助」の要請がきている。私たちはラハールの危険性、水脈、アエタ族の人たちがこの計画をどう考えているかなど検討し、専門家にも相談の上、この要請は断った。基本的に、このような案件についてはJICAに要請するのが本来だとし、私たちでも相談にのれることがあればいつでも応じると返答した。私たちにできることとして、サンフェルナンドの近くの農業高校に「日本シルバーボランティアズ」(3)から派遣されていた鈴木重義（農業土木専攻、元東京農工大教授）を紹介し、専門家のアドバイスを受けられるようにした。JOCV隊員が、JICAなどの専門家の助言や指導を受けられる体制づくりが不十分だと常々感じていたこともあってのことだ。

山を下りたアエタ族の人々が生きていくためには、定着農業の成否が鍵だ。ADAに配属された冨

(3)　知識、経験、技術などをもつ高齢者を開発途上地域へ派遣し、技術移転の協力を行っている日本のNGO。元アジア開発銀行総裁の渡辺武の提唱により、一九七八年九月に発足。一九七九年には財団法人の認可を受けている。

田が、堆肥づくりと苗床づくりを中心に定着農業の指導と普及を計画的にすすめたことが、生活自立を果たしつつある今のカナイナヤンの基礎をつくったといえる。ＡＤＡは、ＥＦＭＤＩの時代からティマの力で財政的に海外からの支援に頼ってきた。一九九四年でいえば、「スイス協会慈善協議会」（ＨＥＫＳ）、ドイツの「世界に食糧を」（Bread for the World）からの救援金のほか、「セーブ・ザ・チルドレン・ジャパン」（ＳＣＪ）、ピナＱから若干の援助を受けている。隊員の活動について、建設物はＪＩＣＡの隊員支援経費で出し、運営費はＡＤＡがつくるということで計画を進めていたようだ。冨田がつくった堆肥床と苗床の経費は、ＪＩＣＡから出ている。私は農業に詳しいわけではないが、冨田の話はよく分かった。彼に愛知で農業を教えた人は、頭ではなく体で教えたようだ。土をなめて性質を知り、堆肥づくりから始める。そこから始まる農業ならば、温帯か熱帯かはあまり関係ない。まず、地力をつけるために堆肥づくりから教え、水は深井戸を掘る。苗床（Green House）をつくり、倉庫、米を干す場所と一つ一つ仕上げていく。資金は、隊員支援金、外務省のお金、草の根資金など、自分自身がマネーソースになるのだという覚悟で集めてきている。

一方、フィリピンの気候は生易しいものではなかった。一九九四年、冨田は「洪水で Helpless! の年」、「乾季には水不足で野菜畑は全滅。雨季には育苗計画がつぶれ、畑仕事は中断」したと記している。

一九九四年のラハール災害発生のときには、冨田は、マニラにいてカナイナヤンに戻れなくなってしまった。調整員が心配して危険だから行くなというのもきかず、プロジェクトがつぶれる方が心配で、バタアン半島から回る海の道で帰ってしまった。あとで調整員に叱られているが、「こういうことができるのが青年海外協力隊のはずなのに」と言っていた。

冨田は、任期を一年延長した。延長した理由については、「仕事が終わらなかった」ことと、「ブルトーザーをとりたかった」と言っていた。後任については、「二、三年はＪＯＣＶの派遣は見合わせ、その後は換金性の高い技術、手工芸、野菜の隊員、もしくは村落開発の隊員の派遣」を希望している。彼は、調整員についても注文をつけている。「優秀な調整員がいれば、ピナＱやほかのＮＧＯとの関係ももっとうまくいったかもしれない」とも言っていた。その要請案件についての知識がないと、許可のハンコを押すだけになってしまう。調整員は事前調査も含め、ありとあらゆる事務的仕事をこなさなければならない。今の人数では足りないのかもしれない。

一九九五年、冨田が切望していたブルトーザーが来る。国道からカナイナヤンまでの山道が大雨で崩れても、自力で直せるようになった。彼は帰国前に、「Maging Masipag Magtanim ng Gulay sa Ating Bakuran（自分たちの家の裏庭に野菜を植えよう）」というフィリピノ語による手引書をつくり、五〇部をコピーしている。そして「二、三年のうちには米を自給自足できるようになろう」と、最後の報告書に書いている（私が一九九八年にカナイナヤンを訪れたときが、まさに食料自給ができるようになり、余剰農産物をカステリホスの市場に自分たちの手で売りに行き始めたときであった）。

冨田は帰国後、カナイナヤンの子どもたちのための奨学金制度をつくろうとした。その後、ＡＤＡのスタッフ兼兵庫県山南町の「国際葛グリーン作戦山南」（ＩＫＧＳ）の現地駐在員として、奥さんと子どもと一緒に戻ってきた。ピナＱにも、再び、カナイナヤンに対して資金援助の要請がきていた。

ＡＤＡは、その後も協力隊員派遣の要請をしていると聞いた。ピナトゥボは一九九四年のラハール以来、危険区域で新規の隊員派遣はできないという日本側の事情と、ＪＯＣＶは基本的に相手側政府から日本側に派遣の要請が来るのだが、フィリピン二〇〇〇年計画のために理工系の教師などが重視され、ADAのような要請はなかなか取り上げられないらしいとも聞いた。そうこうするうちに、ティマがディレクターを辞めて、ADAが本当のPO（民衆組織、この場合はアエタの住民組織）になる方向がはっきりしたというニュースが届いた。先述したように、政府関係にも信用が厚く、人脈をもっていたティマがディレクターでいるからJOCVが派遣されていたとすれば、今後再び派遣される可能性はなくなったと言っていいだろう。

3 そのほかのJOCV隊員とのかかわり

ピナトゥボ災害救援のための短期緊急派遣隊員との関係

一九九二年一月から一九九三年一月までに、八人の協力隊員（牛澤泰、井上和美、鈴木正代、辻本直樹、宮島瑞恵、横田俊江、山田詠果、宗像朗）が二〇日から一二ヵ月とさまざまなスケジュールで短期に緊急派遣された。彼らの任務は避難民センターと再定住地に暮らしている人たちの生活について調査し、協力隊員の新規派遣の可能性について提案することだった。

緊急派遣隊員は、本来、調査を目的としているのだが、ピナＱのミーティングに参加したり、被災地に救援物資を届ける橋渡しをしたり、被災地訪問に同行してくれたりしている。記録を見ると、一九九二年二月に「緊急派遣隊員を通して、タオルを一六〇枚づめ二袋、ダンボール二箱、子ども服はダンボール六箱届け」、一二月には三菱商事本社より届いた衣類、タオルなどダンボール一三五箱を、鈴木が同行してクリスマス・ギフトとして各再定住地にもっていった。救援物資を被災者に届けることを緊急派遣隊員が引き受けたことは、JOCV、ピナQの双方にとって好都合だったといえよう。一番必要な人に届くということで私たちは満足したし、たぶん隊員にとっても、予算がない中で手ぶらではなくクリスマスプレゼントをもっていったのは、その後の調査に役立ったのではないかと思う。こういう官と民の間に線を引かない柔軟さは、このころのJICA－JOCVの特色といえる。

後述する紙すきプロジェクトも、鈴木の要請で非農業の生計プロジェクトのための講習として始まり、進展していったものである。宗像は報告書に、「短期緊急隊員派遣のあり方」という補論を付け加えている。その中で、「今回のように調査を主な活動とする場合と、実質的な活動をする場合とを明確にわけて制度化する」と改善策を提案している。鈴木の例を見ても、調査だけではすまなくなる現地側の事情を、現地事務所、東京事務所、JOCV、大使館などがどこまで理解しているのか疑問に思う。

クリスマナ共同体の紙すきプロジェクト（和泉田真理絵隊員）

バキラン再定住地の、バランガイ・ナコルコルのクリスマナ共同体の紙すきプロジェクトについて紹介したい。クリスマナとは、「カソリックの人々」という意味だそうだ。クリスマナ共同体の会員は主に女性で、一〇人前後であった。

和泉田真理絵は、もともとは陶磁器が専門である。パンガシナン州立大学の講師としてレンガづくりプロジェクトにかかわっていたが、第一回フィリピン手すきの紙会議に参加し、勉強した後、手すきの紙の指導を始めた。手すきの紙には、土地の植物（コゴン草、バナナの葉、茎など）、木灰（コーサイティングソーダの代わり）、オクラ、サルヨット（モロヘイヤ）、ガウガウ（カタクリ粉みたいなもの）などの現地の材料を使うことができる。彼女は社会福祉・開発省（DSWD）のセラミックトレーニングセンターの指導援助にも行っているが、三〇日の養成講座について「日本から設備、道具、釉薬などを運んできても、専門家の派遣がなくては何にもならない」と批判している。専門の陶磁器よりは、手すきの紙の方がまだ将来性があると思ったのだろう。

前述した短期緊急派遣隊員の鈴木からの要請で、ピナトゥボ被災者（アエタ族）のためのライブリフッドプロジェクトとして手すきの紙の講習が何ヵ所かで開かれたが、なかなか成果は上がらなかったようだ。鈴木と通商・産業省（DTI）、ピナQが話し合った結果、バキラン、ローブブンガ両再定住地の手すきに必要な器具購入のための資金として一ヵ所二万ペソを渡した。ローブブンガではマンゴーの収穫が始まり、手すきの紙に関心は向かなかったが、ほかに収入源がなかったバキランで細々と続いていた。

そこに、一人の女性の要望でグレードアップのための講習会が計画され、再びピナQに支援の要請がきた。それまでのDTIのやり方に納得のいかない点があったのと、和泉田が帰国した後のプロジェクトの維持に不安があったので、講習会への支援は見合わせることにした。ピナQは断ったが、帰国隊員からの寄付や調整員（元緊急派遣隊員）たちの助けで講習会が開かれた。「ともかく見に来てあげてください」という和泉田の熱意に引きずられるようにして、一〇人以上がピナQから見学に行った。

講習会で熱心に取り組んでいるアエタ族の女性の姿を見て、この一九九三年三月二四日から、ピナQと紙すきプロジェクトとの本格的なかかわりが始まった。

JOCV、調整員、DTI、ピナQで何度も何度もミーティングを重ねた。そのころは、毎月のようにバキランを訪問した。まず、作業所を造った。ドライイングボード[4]が完成し、表面が滑らかな紙をつくれるようになった。再定住地では、政府からの食料援助は前年で打ち切られ、住民は文字通り「その日暮らし」を強いられていた。紙すきプロジェクトに携わっている女性たちはアエタ族のナコルコル村の出身である。紙すきプロジェクトのリーダーを務めているルッツはアエタの男性と結婚した平地民で、教育を受けているので多少英語が話せるし、アエタ族の共同体からも信頼されていた。彼女は、私たちとアエタ族の橋渡し役として最適の人だった。ルッツがいたおかげで、和泉田が帰国した後も、私たちはなんとか紙すきプロジェクトを続けることができた。

品質改良のためにコゴン草をアバカ（麻）に替えてみたり、鍋で煮た草の繊維を叩いてつぶすのに小さなカナヅチを使っていたのをウスとキネに替えたり、リクエストに従ってマスクと手袋を持参したりした。支払いもデポジット制をやめ、最初に材料費を支払い、残金は労賃として一週間毎に支払うよう変えた。お金の管理は、後述する佐竹隊員に依頼した。その後、佐竹を通してクリスマナ共同体から農業支援の要請（カラバオ、荷車、鍬）があり、六万二〇〇〇ペソを支援した。

（4）　紙の片面をツルツルに乾かすためのブリキを貼った板。

ナコルコルの手すきの紙は、フィリピンの一般市場に出して売れるものではないが、文字通り手づくりの素朴さを生かして、ピナQの小冊子の表紙に使ったほか、扇子、一筆箋やミニ便箋の表紙、ポストカード、名刺などと商品化した。日本人学校の文集の表紙に使ってもらったり、ピナトゥボ被災者のための救援活動をしているNGOが使っている箱に貼ったりして使い道における工夫はしたが、紙が安定してつくられない、届かないという悩みを抱えてきた。水がないとか、雨で紙が乾かないとかいう理由は理解できるし、逆に、クリスマスの前には現金が必要になってたくさん届くことも経験的に分かってきた。農業がうまくいき始めたり、マンゴーの収穫期になると人手がそちらに回り、残されたお年寄りが紙すきをしているらしいという時期もあった。アエタ族の生計を確保する戦略として、なるべく選択肢は多い方がよいという中で始めた紙すきだが、果たして根を下ろすことができるのか。少なくとも、ある時期、現金収入がある仕事をつくれたということで満足しなければならないのだろう。

被災地支援のための新規派遣隊員（佐竹直子隊員）

ピナトゥボ関連隊員派遣全体構想会議の報告によると、多方面の隊員派遣が構想されていたようだが、実際の派遣は、前述した富田隊員と「ミキ」という愛称で呼ばれていた佐竹直子の二人だけだった。

佐竹は、DSWD児童福祉局第三地域事務所に配属された。とくに予算はつかず、デイケアワーカーインストラクターとしてデイケアワーカーのトレーニングをしたり、デイケアセンターの環境改善

(装飾など)や指導をしていた。佐竹が住み込んだロープブンガ再定住地には、保育所が一二ヵ所あった。政府援助による給食サービス(0~六歳)開始に伴う計画案、運営案作成の手伝いをすることになったことから、ピナQとのかかわりが始まる。

食料事情が悪く、子どもやお年寄りが栄養失調で亡くなっているという報告を受け、ピナQは一九九三年一一月から保育所の子どもたちの給食代を援助し始めた。給食といっても、パンとミルクの代金で一ヵ月二万ペソである。乾季には山に戻る家族が多く、一時子どもの数が減るが、保育所で給食があることが住民の間に広まって子どもの数が増え、三万ペソ、四万ペソと額を増やしながら続いていた。また、パンオーブンを購入して、再定住地内でパンを焼きたいという要請もきていたが、前向きに検討するということで保留にしているうちに、給食サービスそのものが中止になっ

子どもたちの水浴び(ロープブンガ再定住地)

てしまった。

雨季になり、食料の運搬が困難になって給食が一番必要な時期ではあるのだが、再定住地の住民の空腹が理由で不満がつのり、日本人が暮らすのには危険すぎるということになって、佐竹はパンパンガ州サンフェルナンドに移った。しかし、私たちはこのことをずっと後まで知らなかった。というより、知らされていなかった。

その後一九九五年には、佐竹の要請で、タルラック州デュエック地区の二つの村の子ども五〇名に、雨季だけ給食サービスの援助を再開している。

一九九五年のラハールはとりわけひどかった。台風による洪水とラハールの結果、佐竹がいたサンフェルナンドも水に浸かってしまった。佐竹も含め、すべての協力隊員が引き揚げざるを得なかった。佐竹は、任期延長の希望と交代要員の必要を報告書に記している。任期は一年延長したが、後任はフィリピンの役所の手違いと、ラハールの危険から日本側が新規派遣の中止を決めたために見送りになった。また、手違いから、パンパンガ語とタガログ語の研修を受けて現地に入ったが、保母の仕事をするにはサンバル語が必要だったとも書いている。

佐竹は、ピナQの他にも日本から支援を受けている。ピナトゥボ被災地という特殊な地域性から、保母隊員という身分を越えて生活自立や「食」の問題を避けて通れなかっただろうことは想像がつく。ピナQからは給食サービスと水牛プロジェクトなどにおいて、(社)青年海外協力協会[5]からは玄米粉、地元の友人団体からは水牛、古着、教材、楽器など、そして保母時代の同僚や子どもの父母からも支援を受けている。

4 JOCV隊員とのかかわりを通して見えてきたもの

八年以上続いてきたのが不思議なくらい、NGOというのもおこがましいほどの小さなNGOのピナQと、かぎりなくNGOに近いODAのJOCV隊員とは身の丈が合っていたのかもしれない。とくに、EFMDI－ADAに配属されたJOCV隊員抜きには、私たちの活動は語れない。

そもそも、JOCV隊員が派遣国のNGOに配属される例はきわめて珍しいことだという。フィリピンだからできることだと言われた。多くの発展途上国で、NGOは反体制的であり、その国の政府が敵対しているNGOに、日本のODAであるJOCV隊員の派遣を要請するなんて考えられないというのだ。なるほど、と思った。フィリピンは東南アジアの中でも「言論の自由が保障されている」、「マスコミがテレビも含めて進んでいる」とは聞いていた。フィリピンに暮らした実感から、その通りとも言えるし、違うとも言える。ピナトゥボ火山が噴火したのは、マルコス政権が倒れてアキノ大統領になって五年が過ぎたときだから、もはや暗黒の時代ではないが、私にも反体制的なNGOが多いことは分かるし、日本と違って政治活動は生命をかけないとできないことも知っていた。フィリピンのNGOの反体制の度合なんて皆目分からないピナQにはNGOと付き合うだけの力量はないから、

---

(5) 青年海外協力隊のOBを母体として、国際交流・国際協力を進める。国際理解教育の促進や青年海外協力隊事業支援などを行っている。

ＮＧＯには近づくなと言い置いて私は帰国した。所詮、駐在員の妻にできることには限度がある。教会関係と付き合う方がずっと安全だと思われた。ピナＱは、良き牧者の会や聖母訪問会などのシスターおよびカソリックの社会福祉担当のシスターや神父を窓口に被災者とかかわることが多くなっていった。

そんな中で、ピナＱがＪＯＣＶ隊員と関係を深めていったのには幾つかの理由がある。

❶ピナＱの側からすると、日本語で話が通じることもあって、ＪＯＣＶ隊員を通して救援先が見えた（少なくとも見える気がした）。

❷ＪＯＣＶ隊員の側からすると、ＮＧＯに配属されたために自分で資金調達まで考えないと仕事ができなかった。

❸ＪＩＣＡのマニラ事務所に中継ぎをする人がいた。

双方の必要性が合致して、ピナＱとＥＦＭＤＩ－ＡＤＡに配属されたＪＯＣＶ隊員は、試行錯誤を繰り返しながら関係をつくっていった。しかし、検討の結果支援を決めた後でも、私たちの間にはいつも納得のできない気持ちが残っていた。

●なぜ、ＯＤＡの一部局であるＪＯＣＶがＮＧＯの資金協力を求めなければいけないのか。

●人が動く以上、資金が必要となるのは当然ではないのか。

●物として後まで残るものにはお金が出るが、消耗品、個人的な物には出ないといわれており、それでは、「ピナトゥボ」が一番必要としていることにはお金は出ないということになる。

●隊員は、必要な物はポケットマネーで手に入れているという話を耳にした。また、「それは止めようね」、と言い合っているという話も聞いた。

だから、支援を決めたときには、「今回はピナQから支援しますが、報告書にはきちんと資金の出所を書いて、将来は公費が出る道を開いていってくださいね」と、いつも念を押した。でも、「消耗品はダメという鉄則は変わりっこない」とあきらめているのか、ちゃんと上にリポートしてくれたとも思えない。それでも、隊員はそれぞれの報告書の中で事務局への要望を書いている。

「協力隊員が派遣される前の要請背景調査は、現地事務所側がよく検討調査した上で行ってほしい。要請背景調査に応じた隊員を派遣する場合、現地事務所側は隊員が活動しやすいような柔軟な対応を示してほしい。役所的な判断はできるだけ避けてほしい」（稲垣）

「任国サイドの事務所に決定権を。『東京オフィスの決定だから…』の一言で幾度、小さな夢が消えたであろう。『消耗品はだめ』という支援経費の大原則。Donated by JAPANの文字を目に見える所ばかりに刻み付けず、目に見えない所、心に刻み付ける援助というのもオシャレじゃないかしら」（黒川）

ＪＯＣＶ隊員といっても一人ひとり個性も違うし、派遣先の環境、状況も違うから難しいことだとは思うが、もっときめの細かい対応と隊員への支援をするためには、調整員の能力を高めたり、現地事務所の位置づけを大きくするなどの改革が必要だと痛感した。

もう一つ、これも結果としていえることだが、ＥＦＭＤＩに派遣された協力隊員が、ピナＱというＮＧＯとＥＦＭＤＩ－ＡＤＡという現地のＮＧＯの結びの神となったことを特筆しておきたい。これは、第三節で述べたバキラン再定住地での紙すきのプロジェクトについてもいえることで、和泉田がピナQと、NGOではないがナコルコルのクリスマナ共同体を結び付けてくれた。

この、JOCV隊員の中継ぎの役割について少し述べたい。そもそも、JOCV隊員の任期は二年、一年延長しても三年である。隊員が帰国した後に交替要員が来ることもあるし、来ないこともある。そこでよく言われるのが、せっかく新しく技術を導入しても、新しいプロジェクトを立ち上げても、隊員が帰ってしまった後は尻すぼみになり、何年もせずに消えてしまうという話だ。ODAといってもJOCVの予算規模は小さいから、大きなODAほどには税金の無駄遣いという非難の対象にはなってこなかったが、構造的には同じと言っていいと思う。

紙すきの場合は、陶磁器に比べてまだ現地の材料を使えるというので和泉田が選んだものだが、被災者にとって今までの生活にはなかったものであることには変わりはない。紙をすくときにも、「こんな紙がよい紙だ」という目標すらもちようがない。初めに私たちがこのプロジェクトについての要請を断ったのも、和泉田が帰国した後のことが心配どころか絶望的だとしか思えなかったからだ。和泉田からすれば、自分が帰国した後もプロジェクトが続くように、頼りないピナQでもワラにすがるような思いで頼るしかなかったのだろう。幸いに、クリスマナの紙すきプロジェクトは和泉田が帰国した後も無事継続し、手すきの紙でピナQのオリジナル製品を次々とつくることができ、一時期はバキラン再定住地に行くことは私たちの楽しみとなった。JOCV隊員のやりっぱなしプロジェクトになりかねなかったものを救った例、と言ったら叱られてしまうだろうか。

ADAについても、前述の清水展九州大学教授の長年の友人であるティマがディレクターだったこともあって、隊員たちが帰国後はティマから直接要請がくるようになった。重ねて、冨田が再びピナトゥボに戻ってきた（今度はＪＯＣＶではなかったが）こともあって、この地域のアエタ族の人たちと、ピナＱおよびピナＱの会員であった日本人との関係は今も続いている。冨田とＪＯＣＶの映像隊員であった光武計幸が作成したビデオ[6]の制作協力金を集めた折りにも、ピナＱが協力金を出したほかに多数のピナＱ関係者からカンパが集まった。なお、ピナＱが閉会した後、私はピナトゥボ・友だちの会という小さなグループをつくったが、このビデオを広めることがこの会の活動の柱となっている。

さて、一九九四年にＪＩＣＡの大友仁調整員と質疑応答した記録[7]が残っているので、少し長くなるが引用したい。

Q――青年海外協力隊（ＪＯＣＶ）とは？

A――ＪＯＣＶはＪＩＣＡの一部局です。協力隊員はボランティアです。ただし、生活に必要な手当は支給されます。また、隊員支援経費・携行機材などの予算も若干ですがあります。仕事は、Ｏ

（6）　タイトルは『灰の中の未来――20世紀最後のアエタ族――』（四五分）。「真実のアエタ族の姿の記録」として「未来のアエタ族の文化的遺産」とすると同時に、「噴火をきっかけに出会い、かかわった日本人ボランティアたちとアエタ族の友好の証し」とすることを目的に制作され、二〇〇〇年一一月に完成した。問合わせ・入手先は、「ピナトゥボ・友だちの会」西村まりまで。電話／ＦＡＸ：〇四二二－四六－七六一四。

（7）　一九九四年六月にピナＱメンバーが話を聞いたときの記録。ピナトゥボ救援の会ニュースレターNo.50（一九九四年七月四日）に掲載されている。

DAの仕事とは異なり機材は供与せず、現地の人と協力して土地にあった技術を開発し、技術を移転していくことを目指しています。その際、必要となる電気、水などの経費は、原則として受入れ側が負担することになっています。自助努力を助ける、というのが日本政府の方針です。

Q――予算があるにもかかわらず、ピナトゥボ山周辺で働く隊員が幾つかの要請書をピナQにもってくるのはなぜですか？　また、要請内容をJICAでも把握されていますか？

A――①隊員活動を円滑に進めるために、若干の活動支援のための予算があります。しかし、隊員の申請書に対して調整員が所見をまとめた後、承認を得るまでに時間がかかります。これはあくまでも隊員を通して配属先（主にフィリピン政府の出先機関）に与えられるものです。

②現地の自助努力を原則としているため、一〇〇パーセント資金を出すことはありません

③食糧援助に対しては、原則として予算がおりません。最近JICAの中に「国際緊急援助隊事務局」という新しいセクションができましたが、災害など緊急援助にかぎられているため、継続的に食糧援助を行うことは制度上できません。

④隊員のピナQへの要請書は、事前に必ず調整員が相談を受けます。

Q――現地で働く隊員は自分の専門以外にもいろいろな知識が必要となりますが、そのフォローはどうされていますか？　JICAの専門家を紹介されるのがよいと思われますが。

A――フィリピンには現在、六〇人のJOCV隊員に、その活動の支援を行う調整員が三人おります。このほかに当国には、専門家が約一〇〇人います。調整員の数からいって、全員には十分なフォローができないので、専門家にアドバイスを得る、または隊員同士が助け合うことが必要です。

しかし、任地が分散しているためかなり厳しい現状です。隊員同士の交流には互いの配属先の承諾が必要です。

Q――隊員の任期の終了後、ＪＩＣＡはどのようにされていますか。

A――隊員は必ず報告書を書き残し、後任に残すようにしています。

人が動けば（隊員が活動すれば）必ずお金がいるのに、それがＪＩＣＡから出ないのはなぜか。支援相手にとって一番必要と思われることだとＪＯＣＶ隊員が判断したら、そのことに必要な資金を出すのは当然ではないか。ＪＯＣＶ隊員一人の活動に伴う経費は一般的には小額ですむ。それは、私たちが彼らのために出したお金の額を見れば分かる。

とくに、ピナトゥボ噴火のような災害時の緊急援助の場合には、一人ひとりの個人の救援活動（それは生命を助け、保つこと）から始まる。飢えている乳幼児に給食を提供することが今一番必要なことだと保健婦隊員が判断したら、少なくとも六ヵ月間の給食に必要な経費をＪＩＣＡが出したらいい。それで保健婦が現地で信用を得たら、その後の活動はずっとスムーズにいくはずだ。ひとまず落ち着いて生活再建が始まっても、手工業、家内工業の規模だから設備投資も多額にはならない。現地の実情に合ったプロジェクトを立ち上げ、必ずマーケティング（販路）まで手当てしなければ自立にまでは至らない。今まで経験していない新しい産業を導入して、しかも二年から三年の任期中に根付かせようとしても無理というものだ。手すきの紙のプロジェクトは、ピナＱが手を引いたらすぐに消滅しかねなかった。

ＪＯＣＶ隊員には、現地が一番必要としているものを、机上のプランではなく実現可能な計画案としてつくり出すことが求められている。そのために必要なのは、専門家のアドバイスとほんの少しの資金である。ここでインフラにかぎるだとか、消耗品や個人用はダメといった条件をつけないこと。現地のＪＩＣＡ事務所やＪＯＣＶの調整員がチェックできる体制があればいい。

ピナトゥボの場合、ＪＯＣＶ隊員はフィリピンのＮＧＯと日本のＮＧＯの安全な橋渡しをした。ＪＯＣＶ隊員にとっても、日本のＮＧＯにとっても、フィリピンの現地サイドにとってもプラスになったといえる。ＪＯＣＶ隊員自身が自分をＯＤＡと思っているか、それともたった一人のＮＧＯと感じているかによっても違ってくるだろうが、こうした協力関係は今後も可能性があるように思える。当人の資質の問題もあるし、日本側のどういう青年を海外に出し、教育し、国際人に育てようとしているかという姿勢にもよる。退任後、再び海外がらみの仕事を選んでいる隊員が多いことを見ても、ＪＯＣＶ隊員をむしろ積極的にもっともＮＧＯに近いＯＤＡと位置づけ、その支援体制を考え直してみてはどうだろうか。

第5章

よみがえれ、緑のピナトゥボ

——日比ＮＧＯによる共同緑化活動

サトウキビ畑も使えなくなった

1 クズによる被災地の緑化計画

中部ルソンの自然破壊

フィリピン・ルソン島中部の自然は、少数民族の過度の焼畑農耕による土地の酷使と火山爆発との二重の責め苦にあって、息も絶え絶えの状態である。火山灰で覆われたピナトゥボ山地は、コゴングラス（Imperata cylindrica(L.)Beauv.）と種子ばかりでほとんど食べるところがない野性のバナナだけが幅をきかせ、大型樹木類は皆無といってよい。ピナトゥボの渓谷を源とする河川の流域は、ラハールが溢れ出し、いかなる植生被覆《ひふく》をも拒絶しようとする。これは、乾季には塵烟《じんえん》となって風で舞い上がり、住民の健康を損なう。雨季には流れ出して、恐ろしい土石流となって人家を襲う。十分な政府援助は期待できず、自力で立ち上がろうとする人たちには国際的な支援の手を差し伸べる必要がある。それは、まず第一に良質の植生被覆を一刻も早く定着させ、ラハールの固定と土壌改良を図ることである。ピナトゥボの現状を理解することは、地球上の至る所で起きている自然破壊を阻止し、大地に刻まれた傷を癒すために、また議論を深める上で有益であるはずだ。

フィリピンは、災害国だといってよい。南部のミンダナオはそうでもないが、中、北部のビサヤ、ルソンは台風の常襲地帯である。火山国であるから地熱発電を利用できるという利点はあるが、一方で大噴火や地震を常に心配しなければならない。ピナトゥボ爆発の前年に中部ルソンを襲った地震は、山岳地に大きな地滑りの爪痕を刻みつけている。雨季は洪水、乾季には旱魃に見舞われ、森林の消失とともに災害は年を追って増大しているといわれている。

乾季にルソン島上空を飛ぶと、あちこちの山で煙が立ち上っているのが目につく。この国の自然破壊の原因は、山火事、不法伐採、焼畑の順だといわれている。山火事は、そのほとんどが焼畑から飛び火して延焼したものである。したがって、この国では焼畑が自然破壊の元凶だといってもよいであろう。

乾季にピナトゥボの山道を熱暑で息切れしそうになった車を走らせていると、突然、目の前に火の手が上がる。野生バナナが散在するコゴングラスの茂った斜面に、山地民が放牧のために火を入れたのである。乾き切ったコゴングラスは恐ろしいほどよく燃える。燎原《りょうげん》の火は、またたくまに車をも飲み込みそうな勢いで広がる。火入れを繰り返すと、コゴングラスしか生えない土地になってしまう。近年、焼畑と放牧のための火入れによる自然破壊が大きな問題になってきている。

土石流の脅威

ピナトゥボ火山が一度に吹き出した七〇億立方メートル（東京ドームの約五六〇〇杯分）以上もの噴出物は、降雨があれば土石流という恐ろしい怪物となって下流一帯を襲うことになる。毎年雨季になれば、必ずこの種の災害によって死傷者や家屋の倒壊という被害が出ている。このような惨事の発生は、今後も続くものと予想されている。わが国はＯＤＡに基づき、噴火以来一九九五年までに総額約三六〇〇億円に上るピナトゥボ災害関連の援助を実施している。主な土木事業は、ラハールで埋まった河川の浚渫《しゅんせつ》、河道掘削、築堤、護岸および砂防ダムの建設である。

七〇億立方メートルもの噴出物の約六〇％は、ピナトゥボ山の西側、すなわちサンバレス州方面へ降り注いだ。サンバレス州内では、ピナトゥボ山の西と北の渓谷に源を発し、北西方向に流れるブカオ川沿いにラハールの重度危険地帯が広がっている。同州内のもう一つのラハール災害激甚《げきじん》地は、ピナトゥボの南の小谷を源流とするセント・トーマス川の流域である。

ピナトゥボ山地の東側に堆積したラハールは、量的には西側より少なかったにもかかわらず、ルソン島の農業、交通、その他の社会・経済活動に致命的な打撃を及ぼしている。マニラ湾からリンガエン湾にかけては、長さ約一六〇キロメートル、幅五〇〜八〇キロメートルで、ブラカン、パンパンガ、タルラック、ヌエバ・エシハ、およびパンガシナンの五州を貫く大平野が南北に走っている。これはセントラル・プレインと呼ばれ、この国きっての穀倉地帯となっている。しかもこの地域は、首都圏マニラと北部ルソン、そのほかの地方都市を結ぶ主要幹線道路が網の目のように延びる交通の要衝ともなっている。セントラル・プレインへは、ピナトゥボ山系の峡谷を源とする河川が数多く流れ下っている。雨季になると、ラハールは峡谷からここをめがけて押し出してくる。ラハールの堆積によって河床は次第に高くなり、濁流は橋桁を洗うようになった。そして、やがて橋を流失させる。堤防を越えて流れ出したラハールは、住宅、田畑、工場、道路、送電および通信施設のような社会基盤を破壊し、産業および民生を壊滅的状態に陥れた。

セントラル・プレインを走る水系の形態からして、ラハールは広がりながらプレインを東へ向かい、パンパンガ水系を通じて南下してマニラ湾へ落ちるものと予想される。そうすると、プレインの何割かの土地がラハール流出の被害を受けることになる。タルラック、パンパンガ、ブラカン州では、ラハールによる被災エリアが毎年拡大している。ラハールは大量の硫黄を含み、湛水すると硫化水素が発生するので水稲栽培は不可能になる。そのため、ブラカン、パンパンガ両州の水田地帯における農業災害の規模は計り知れないものとなろう。

クズの植栽

一九九三年三月以来、ピナトゥボ山の南西に位置するサンバレス州のサン・マルセリーノ行政区域サンタフェ町ヒガラの丘陵地で、クズの栽培が進められている。そこでは、地元のＮＧＯであるアエタ開発協会（ＡＤＡ）が、ピナトゥボ爆発で居住地を追い出された先住民アエタ族のために農業開発を中心とした援助活動を始めている。アエタ族は、今から一万から七万年前のウルム氷期に、フィリピン諸島がアジア大陸と陸続きであったころに陸伝いにやって来た黒色人種である。ピナトゥボ火山の爆発時に、多数のアエタ族の人たちは、下山警告を拒んでコウモリの棲み家である洞窟へ逃げ込み窒息死した悲劇の逸話が残っている。

火山灰の流出防止と家畜の飼料確保を初期の目標とするクズ植栽計画は、元青年海外協力隊（ＪＯＣＶ）隊員とＡＤＡとの共同

クズ

マメ科クズ属の多年生ツル植物。地面をほ伏する茎は節から根を出し、塊根をつくる。親株から放射状に伸びる旧茎とその節に発生した根は、ちょうど網を地面に広げ、所々を杭で止めたような形の網目状構造を形成する。本構造は、地表を厚く被覆する若い茎葉冠とともに土壌侵食を防止する役割を果たすので、クズは土壌保全作物、被覆作物（カバークロップ）として用いられる。新しい茎葉は、飼料・緑肥となる。根は和菓子の原料となる澱粉を貯える。また、根の乾燥片は風邪薬葛根湯の主薬として処方される。

事業として開始された。一九九三年三月末からADAヒガラ基地でクズの育苗を開始し、七月上旬には周辺の傾斜地〇・五ヘクタールに一平方メートル当たりクズ苗一本の割合で定植した。クズは順調に生育し、斜面から火山灰の流出を防いだことを観察している。また、家畜の嗜好性も良好であるとの報告を受けている。一九九六（平成八）年までに、ADA駐在の二人のJOCV隊員の協力によりクズの栽培面積は二ヘクタールにまで拡大されている。今後は大規模なクズのグリーン・ベルト、あるいはプロテイン・バンク（蛋白質補給基地）を造成し、火山灰流出防止と肉用牛の放牧に役立てる計画である。

クズによるコゴングラス草原の改良

ピナトゥボ山地は急傾斜地が多く、土層が浅い上に水利条件も劣悪であるから農耕には適さない。火入れによりコゴングラス草原を維持し、放牧に利用するのがよいと思われるが、本草原は家畜生産力、家畜の嗜好性とも非常に低いのが実態である。

一般に熱帯では、自然草地を改良するためにマメ科牧草の播種が広く行われている。マメ科牧草は共生する根粒菌が大気中の窒素を固定してくれるため草類の栄養価ならびに土壌が改善される。コゴングラスの茎葉は粗剛で蛋白含量が低く、この蛋白不足が家畜生産の制限要因となっていると考えられるが、高価な窒素肥料を草地に施用して牧草を栽培するのは不経済で実施し得ないため、コゴングラス草原へのマメ科牧草の導入がすすめられる。

マメ科牧草を熱帯の自然草地へ導入して草地改良を図り、家畜生産力の向上に成功している。草地のマメ科草の混成割合と家畜の増体量との関係を示した事例（前野休明「熱帯の草地」社団法人国際農林業協力協会編『熱帯の草地と牧草』一九八二年、四～一七ページ）では、マメ科率が一三％から二〇％へと増加するにしたがって増体量も増大している（**図5－1**）。さらに、マメ科率三〇％の草地での増体量は、イネ科単播草地に多量の窒素を施した場合の増体量に匹敵するといわれる。別の事例（前掲論文参照）では、熱帯の自然草地は非常にうまく管理された状態でも牛は年間二二キログラム／ヘクタールの増体量を示すにすぎないといわれている。しかし、この草地の一部に熱帯クズ（Pueraria phaseoloides(Roxb.)Benth.）の単播区を造成してプロテイン・バンクとして利用するだけで、家畜の生産力は七四キログラム／ヘクタールに増大することが示されている。

図5－1　マメ科牧草の割合と家畜の生産力

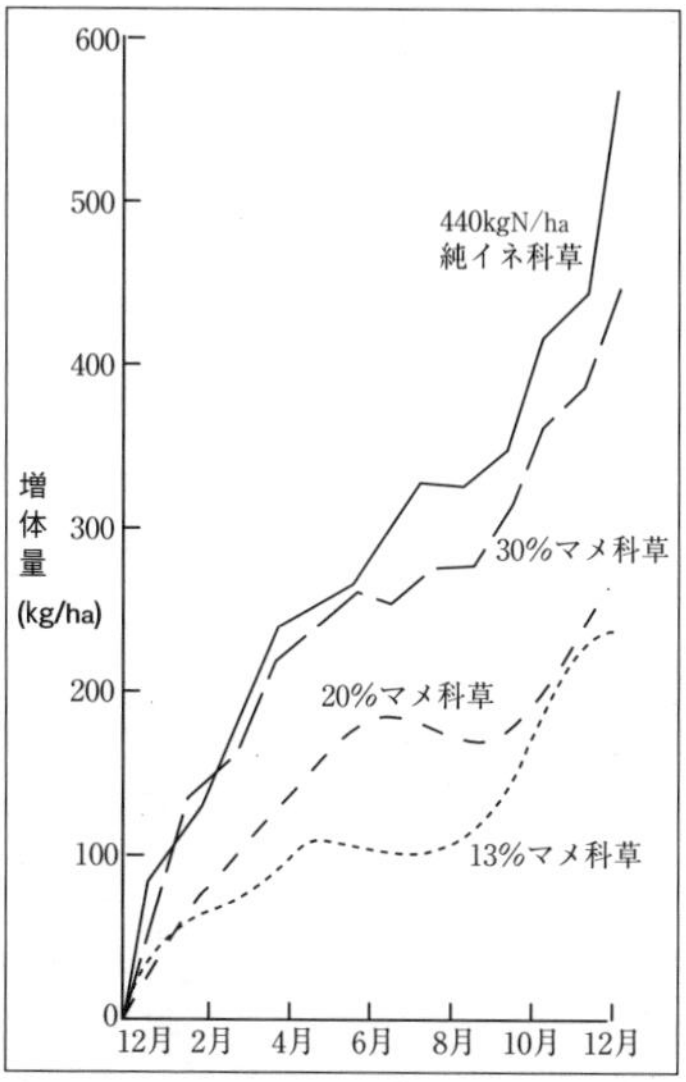

ラハールに埋まった谷間やコゴングラスだけが繁茂《はんも》する岩山で、アエタ族の人々にはどんな農業が可能であろうか。ピナトゥボ火山周辺の広大なコゴングラス草原にはクズの導入をすすめたい。これは、草類の栄養価と家畜の嗜好性を改善し、草原の家畜生産力を高め、少数民族アエタ族の牧畜民としての自立につながるものである。

現在では、ピナトゥボの火山活動は休止状態を保ってはいるものの、雨季になるとラハールによる災害は依然として発生している。今後もピナトゥボ周辺諸州では、家屋や橋梁の流失、道路の埋没が起こり、多数の死者が出ることが予想されている。アエタ族の人々の中には、ピナトゥボの故郷を恋しがり、危険を顧みず、茂ったバナナやカモテを収穫するために帰ってゆく者もあるという。アエタ族の大多数は、自立手段の確立にはほど遠いが、すでに大噴火直後の茫然自失の段階を通りすぎ、自活への道を手探りで探し始めている。

私たちを出迎えるために集まってきた人たちは、通訳の口を借りるまでもなく、自らの瞳でそのことを語ってくれる。フィリピン政府をはじめ現地NGOの関係者は、わが国からの援助を切望している。日本国内で過去数年間にわたって行ってきたクズ種子採取運動を通じて、ピナトゥボにおけるクズの植栽計画は多数の人々の理解と協力が得られるようになった。今後はさまざまな活動を通して、ピナトゥボを身近に感ずるようになった人々の心の絆が大きなうねりとなって、わが国をはじめとしてフィリピンを巻き込み、国際社会を動かす原動力となってくれることを願ってやまない。

三年間にわたる試験期間をへて、クズは降灰地で順調に生育し、泥流防止・土壌改良・粗飼料生産に役立つことが分かった。次は、わが国における支援体制の確立である。兵庫県氷上郡山南町では、一九九三年にNGOとして「国際葛グリーン作戦山南」（IKGS）が結成され、毎年冬になると三〇〇〇人の会員を動員してクズの種子採取を行ってきた。この団体が、元JOCV隊員の支援を受けて、クズ・グリーン・ベルトおよびプロテイン・バンクならびに果樹園造成計画をピナトゥボで実施している。

2 クズの種子採取運動

京都大学農学部の助手時代から中国と親交のある鳥取大学遠山正瑛名誉教授が、「黄龍（黄河）に緑衣（緑色の衣、ここではクズの意）を贈る」と称する壮大な計画をマスコミで発表されてからすでに一五年がたつ。当時私は、この快挙を見逃すことはあるまいと、数少ないクズ研究者の一人として真っ先に馳せ参じた。ＮＨＫテレビで「大黄河」が連続して放映されていたころのことである。このドキュメンタリーの中で、堆積した黄砂でできた川岸が、黄河の濁流へ崩れ落ちる凄まじい土壌流亡の場面に思わず戦慄を覚えたのは私だけではなかろう。

当時は、連日のようにマスコミを通じてクズ種子採取キャンペーンが展開されたものだから、一九八六年の春には遠山のもとに数百キログラムの種子が集まっていた。プレハブ建ての沙漠開発研究所の薄暗い室内には、鳥取砂丘で自らの命を断った作家有島武郎の遺品とともに、クズの種子を入れた段ボール箱が所狭しと積み上げられていたことを今でも覚えている。

植栽のためにクズの種子を中国へ持ち込もうとしたところ、北京空港の植物検疫所でチャバラマメゾウムシの混入が指摘されて入国を拒否されるというハプニングもあったが、遠山旧知の政府要人の努力により、まもなくこの問題は解決をみたと聞いている。

クズの種子は中国蘭州《らんしゅう》市にある林業試験場のビニールハウス内で育苗用ビニールポットに播種され、立派な苗に育った。郊外の黄河の辺りに移植された苗は順調な生育を見せていたが、あるとき家畜に食い荒らされてしまった。そこで、クズの植栽を中断し、クズを保護する牧柵の用材づくりのため、生長の早いポプラの植林が始められたというエピソードが伝えられている。クズ植栽の復活は、ポプラの牧柵完成後ということになってしまった。

遠山によるクズ種子採取キャンペーンとほぼ同時期、私は自らの研究用にと兵庫県下で種子を集めていた。相生市立相生小学校の当時の校長であった山本勉は、同校の教育目標に合致するということで、私の研究用のクズ種子採取を引き受けて下さった。一二月中旬に催される相生小あげての種子採取には、私は同校に出向いてクズに関する講話をすることにしている。この行事は、以後三人の校長(番匠喜好、下房正英、橋本武子)によって受け継がれた。

一九九二年六月に氷上郡山南町中央公民館で催された「ふるさとを知る科学講演会」で、私(津川)は嫌われ者「クズ」の用途について講話をした。私を演者に推挙したのは、中学・高校時代のクラスメートで、当時、神戸新聞社丹波総局長だった谷泰輔である。予想しなかったことだが、町内に大きな反響が沸き起こった。そこで、中央公民館の藤本孝和館長はクズの蔓編細工を生涯学習のテーマとして取り上げることを決意され、藤本館長の大学時代からの友人で、私の大学時代の恩師である杞柳工芸家の竹崎通善(後に兵庫県但馬工芸指導所所長)にその指導を仰ぐことになった。

氏の誠実で熱意溢れる指導が実り、この受講グループは一九九三年四月には「山南町葛のつる工芸研究会」を発足させるまでに発展した。現在、元町会議長で唯一の男性会員である山口武司を会長に推し、近郷への出張指導や展示即売会を開催しながら産業化を目指している。当初、想像しなかったことだが、このように里山の邪魔物が立派な商品となることを周囲に認識させるまでになった。

一九九三年、山南町で葛蔓編細工が盛り上がりを見せつつあったころ、フィリピンのピナトゥボ火山噴火による被災地の泥流災害をクズの植栽によって防止しようと、神戸のＮＧＯが種子採取を呼びかけていた。これも厄介物の上手な利用法であるということで、クズを嫌う林業王国山南町からはこの緑化計画に賛同する人が出てきた。同町立上久下小学校の塚口欽一校長は、すぐさま保護者同伴で児童生徒による種子採取を開始した。

種子の調製過程では、町内の老人会の方々が、仕舞い込んでいた農具類を持ち出して小学校に協力するという場面もあった。子どもたちは、おじいさん、おばあさんの知識と腕前にただただ脱帽するしかなかった。これをきっかけとして、世代の離れた両者の間には親密な対話が生まれることもあったようだ。

一九九三年一二月、町づくりや環境問題に関心をもつ山南町の有志は、元氷上郡教育長である村上彰を代表とし、中央公民館嘱託の瀬川千代子を事務局長格としてＩＫＧＳを結成し、毎年シーズンになれば県外までも種子採取に出かけている。そして、全員一丸となって会の発展に努め、種子採取だけでなく海外での緑化事業に参加することまで考えるようになった。

この種子採取運動は、一九九五（平成七）年には隣の柏原町にまで飛び火することになる。山南町在住の県立柏原高等学校の西垣和美校長、化学担当の浅原律明教諭は、町内に突如として起こったクズの種子集めに大いなる関心を寄せられていた。というのは、高校生向けの教育施策の一つである「いきいきハイスクール推進事業」の一環として、「グローバル・マインドを育てる」というテーマを掲げる柏原高校の活動が兵庫県から助成を受けることになっていたからである。アメリカとの交換留学では三〇年の歴史をもつ同校は、今度は「アジアに目を向けよう」という西垣校長の教育方針のもとに、教師も生徒もフィリピンの風土と社会を理解し、その国の人々と交流を図ることを次の目標としていた。したがって、ピナトゥボ緑化のためにクズ種子採取運動に参加することほど、同校の目標に沿ったものはなかった。

一九九六年九月に柏原高校で催された「クズによるピナトゥボ噴火被災地の緑化」と題する私の講演会を契機に、柏原高校ではクズの種子採取をやろうという気運が高まってきた。翌一九九七年一月、積雪の中、柏原高校の生徒、教師、保護者合同の種子採取が行われ、フィルムケース三〇〇個分、数にして七五万粒の種子が集まった。三月中旬に私は種子贈呈式に出向き、地球の砂漠化防止のためにクズが広く利用できることを説明した。

ところで、クズの種子採取は大変面倒な仕事である。まず、クズの繁茂《はんも》地はふつう足場の悪い傾斜地ときている。莢《さや》を採るときに、子どもたちが怪我をしないかがまず心配だ。草や木の枝で目を突きはしないかと、付添いの先生や保護者の方はいつも気を配っていなければならない。莢から種子を取り出す作業では、莢から飛び散る微毛を吸い込まないようマスクを着ける必要がある。篩選《しせん》、風選を繰り返して、種子と細かな莢の断片を分別するが、これらの過程で身体中が埃だらけになってしまう。次は、死滅種子と健全種子を水選により分けることになるが、冬場に水を使う作業はつらい。最後に、種子を天日干しして乾燥する。そして、種子は冷蔵庫の中で貯えられることになる。

余談になるが、クズの採取法に関して、小学生と大学生との間でちょっとした論争が起こったことがある。一九九六年一〇月、神戸学生青年センターで開催された「クズの種子採取説明会」において、私（津川）の研究室の学生たちが示した採取法に対して三木市立瑞穂小学校の児童からクレームがついた。子どもたちの言葉の端々に、「私たちの方法は完璧です」といわんばかりの体験に裏打ちされた自信が潜んでいた。大学生たちは、反論できずに顔を見合わせるだけだった。私は、子どもには子どもなりの仕方があり、大人には大人なりの方法があると判定を下し、学生たちを慰めたものである。

一九九九年八月一日にＡＤＡを代表して来日したＤ・ゴンザレス（愛称ブーツ）を囲んで開催された「マブハイ交流パートⅡ」では、小・中・高等学校の生徒、老人会、老人ホーム、関西電力など、一五団体からクズの種子が贈呈された。この中には、遠く宮城県伊具郡丸森町にある丸森小学校羽出庭分校から送られてきた種子も含まれており、相生市立相生小学校と山南町立上久下小学校から始まったクズ種子採取運動が、これだけ大きな広がりの輪になったことには今さらながら驚いている。

3　ＩＫＧＳとＡＤＡによるラハール被災地の緑化活動

ＩＫＧＳの組織づくり

ＩＫＧＳの団体概要は**図５－２**に示した通りであり、本団体の理事会は兵庫県氷上郡山南町民によって組織されている。いかなる団体であれ、それがひとり歩きできるようになるまでにはさまざまな苦しみを味わうことになる。現在、ＮＧＯとして活躍中のＩＫＧＳとて例外ではなかった。

クズの蔓編細工が山南町中央公民館の社会教育講座の課題として取り上げられ、多数の参加者を得

図5－2－1　国際葛グリーン作戦山南理事会組織図

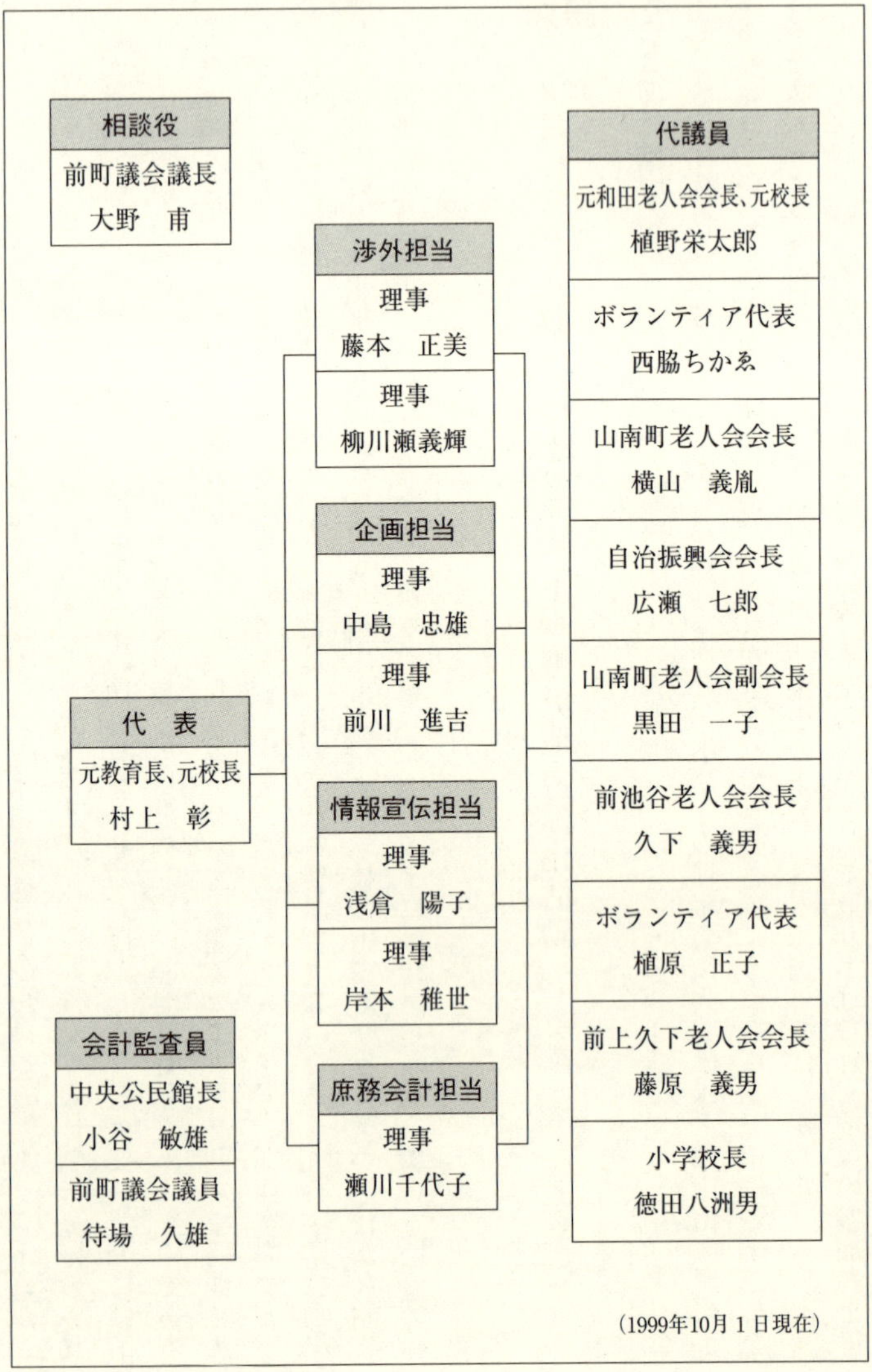
相談役
前町議会議長
大野　甫
代　表
元教育長、元校長
村上　彰
会計監査員
中央公民館長
小谷　敏雄
前町議会議員
待場　久雄
渉外担当
理事
藤本　正美
理事
柳川瀬義輝
企画担当
理事
中島　忠雄
理事
前川　進吉
情報宣伝担当
理事
浅倉　陽子
理事
岸本　稚世
庶務会計担当
理事
瀬川千代子
代議員
元和田老人会会長、元校長
植野栄太郎
ボランティア代表
西脇ちかゑ
山南町老人会会長
横山　義胤
自治振興会会長
広瀬　七郎
山南町老人会副会長
黒田　一子
前池谷老人会会長
久下　義男
ボランティア代表
植原　正子
前上久下老人会会長
藤原　義男
小学校長
徳田八洲男
（1999年10月1日現在）

図5－2－2　国際葛グリーン作戦山南（団体概要）

INTERNATIONAL KUDZU GREEN SANNAN（IKGS）

１９９９．１０．１作成

団体名	国際葛グリーン作戦山南（こくさいくずぐりーんさくせんさんなん）
代表者	村　上　　彰
所在地	兵庫県氷上郡山南町谷川1110（〒669-3131）さんなん町民センター内
連絡先	事務局・瀬川千代子（山南町中央公民館勤務） TEL 0795-77-0310　FAX 0795-77-2825
発足年月日	平成5年12月9日
主な構成メンバー と 人数	町民を中心に代表1人、理事7人、代議員9人、相談役1人、会計監査員2人、賛助会員100人、特別会員3人、種子集めボランティア約800人（小中高校生を除いた人数）、文通参加者約200人 小・中・高校生約2,000人、その他ボランティア多数、フィリピンプロジェクト参加者約300人
育成対象の青少年の概要・地域範囲	山南町内の小中学生　　兵庫県立柏原高校生 兵庫県立篠山鳳鳴高校生　宮城県丸森小学校羽出庭分校 その他地域外小学生・中学生・高校生
年間活動費 の 負担者	代表及び理事、町内外の寄付者、賛助会員、特別会員、環境事業団地球環境基金、財団法人イオングループ環境財団
営利性の有無	無
受賞歴	①平成10年7月　平成10年度ふるさとづくり賞 （兵庫県審査・優秀賞） ②平成10年8月　関西氷上郷友会人づくり大賞 ③平成10年11月　ふるさとづくり賞 （あしたの日本をつくる協会全国審査・集団の部主催者賞） ④平成10年11月　兵庫県社会賞

図５－２－３

活動目的・発足の経緯

1991年６月、フィリピンのピナトゥボ火山大噴火時の噴出物により、半径60㎞以内の自然環境が破壊し尽されました。現在でも雨季の度に火山灰による泥流（ラハール）が起こり、周辺住民の生活を脅かしています。特にピナトゥボの自然に依存して生活していた山岳少数民族アエタ族は、唯一の財産とも言える森林を失い、今なお極限の生活を強いられています。

ピナトゥボ火山噴火の一年後、1992年６月６日に山南町で『わが町の葛を生かそう』という演題の講演会が開催されました。この講演会に参加した私たちは、「日本ではやっかいもの扱いの葛も、生かし方次第で火山灰砂漠の緑化に役立つ」ということを講師の津川兵衛教授（神戸大学農学部）から学びました。そして、この不毛の地に未来を築かなければならないアエタ族の人々のことや、砂漠化の進む地球のことを考え、早く被災地を緑化しなければならないことに気付きました。そこで、日本の山野に自生する葛の種子を被災地に送り緑化を進めようと、葛の種子を集めるボランティア活動に取り組みました。また、葛を通じて知り合ったアエタ族との文通にも参加し、国際理解を深めています。このように山南町内外の多くの人たちが、田舎にいながら、誰にでもできる地球緑化を軸とする国際協力を実践しています。

これらのボランティアを支援し、フィリピンでの葛植栽をはじめ、葛で地球上の砂漠を緑化していく夢を実現する使命に燃えた山南町民の有志が1993年に「国際葛グリーン作戦山南」を設立しました。

1998年２月１日、「国際葛グリーン作戦山南」と現地NGO団体「Aeta Development Association」は、葛グリーンプロジェクトの事業提携をしました。現在では、葛を緑化の第一段階に使い地力を回復させ、「ヒガラ地区のモデルファーム」と「ヤンボ地区の植林」を進めています。

て順調な滑り出しをみせた一九九三年の春、私は中央公民館嘱託の瀬川千代子に、山南町で大量のクズ種子の採取が可能かどうか打診してみた。これは、その前年に始まったピナトゥボ山爆発被災地の緑化には大量の種子が必要になると予想したからである。

このころから、瀬川の東奔西走が始まった。日常の公民館業務の傍らで、「山南町葛のつる工芸研究会」の世話をし、またクズの種子採取の手配をしなければならなかった。当時、氏は両グループの庶務、会計、企画立案の役割を担っていた。クズに打ち込む瀬川を見て、「くずおんな」と陰口をたたく人がいたようだが、この名にご本人は非常に憤慨した様子だった。もっとも、周りの人は悪意をもって瀬川にこの名を付けたわけではない。妙なものに熱中する女性を見て、この名が思わず口をついて出てしまったのだろう。今なら、突然この呼び名を投げつけられても、「葛のつる工芸研究会」ならびに「ＩＫＧＳ」を立派に立ち上げた瀬川は一笑に付しさることだろう。

一九九六年春ごろ、山南町の中央公民館に電話をしたら、「もう、クズの運動はきっぱりやめたので、その件で電話を掛けてこないでほしい」と瀬川からいわれたのには少々驚いた。ＩＫＧＳの支援者で元ＪＯＣＶ、現在は（株）ＣＤＣインターナショナル専務取締役の高田孝充[1]も同様の応対を受けて仰天したという。何があったのかと、ＩＫＧＳの理事である浅倉陽子に問い合せたら、「瀬川さんは、今はいろいろと心労が重なりまして……」と言葉を濁した。義父上のご不幸があったころのことだった。氏は一時、ＩＫＧＳの役職を山南町町会議員の柳川瀬義輝に代わってもらっている。瀬川が

（１）元ＪＯＣＶが多数在籍する企業。開発途上国との事業を展開している。

立ち直るのには数ヵ月を要した。そんなときに瀬川を励ますのは浅倉陽子と岸本稚世（IKGS理事）であった。

そうかと思えば、「浅倉さんが毎日中央公民館へやって来ては、泣いて帰る」という瀬川からの電話を受けることもあった。これは、フィリピンのクズ植栽事情が分からないことに原因がある。

この数年、冬になれば地元の人々にお願いしてクズの種子を集めてフィリピンへ送っているが、本当にクズがピナトゥボで育っていることを確かめた人は山南町には誰もいない。

「神戸のNGOがテレビ番組を通じてクズによるピナトゥボ緑化のキャンペーンを張って、かなりの募金を集めたようであるが、あの緑化に使われるクズは自分たちが集めた種子ではないのか」とか、「募金はどのように使われるのか」という問い合わせに答えるすべがないのがIKGS役員の悩みの種だった。これらのことが、広報・情宣《じょうせん》担当の浅倉にはとくにこたえた。そんな事情があったので、IKGSはクズの種子集めからアエタ族の支援に至るまで、すべて自前で行うことを決意した。

浅倉が困っていると、ほかの二人が慰め役に回った。幸い、決して女性三人が同時に落ち込むことはなかった。もし、三人が同時に挫折感に打ちひしがれていたら、IKGSは分解の憂き目を見ていたかもしれない。

IKGSは、女性が目立つ点からいうと女系集団である。内助の功に徹する瀬川が陰でIKGSを支える一方で、浅倉、岸本両人はこの団体の存在をアピールするのが役目だ。IKGSの主催するイベントは、すべて浅倉の司会で進められてきた。阪神・淡路大震災直後のこと、町おこしNGO明石創造クラブ（ACC）(2)は、復興義捐金を募るためJR明石駅周辺で「絆フェスティバル」を開催した。

そのとき、浅倉は演芸イベント会場の司会役を務めている。プロ顔負けの名調子は観客を引きつけ、会場を盛り上げた。これは、今でも明石で語り草になっている。

ＩＫＧＳは自主事業として開催したふるさと祭り「さんなん里山おいでーな（一九九六年三月一七日）」、アエタ族との交流会「マブハイ交流パートⅠ（一九九八年一〇月一八日）」、「パートⅡ（一九九九年八月一日）」にはＡＣＣ会員を招待している。「さんなん里山おいでーな」では、ＡＣＣ会員は二台の観光バスで山南町へ繰り込み、講演会や餅つきなど盛りだくさんのイベントで歓迎を受け、早春の丹波の一日を満喫した。一方、ＡＣＣによる新年祝賀会「新春のつどい（毎年一月第四土曜日）」には、ＩＫＧＳ役員を来賓として迎えることにしている。このように、ＩＫＧＳとＡＣＣは現在に至るまで催し物があるときにはお互いに出向いて交流を重ねている。

ＩＫＧＳの名がまだ世間に知られていなかったころのこと、岸本はテレビ・ラジオ放送関係の縁故を頼って、この団体が出演する機会づくりに大いに貢献した。氏は絵葉書やパンフレットづくりからイベント会場のレイアウトに至るまで手がけ、豊かな感性を遺憾なく発揮してＩＫＧＳの広報に務めている。また氏は、地元の太鼓打ちグループ「丹南樽太鼓」のリーダーでもあり、震災直後に明石で催された「絆フェスティバル」では打ち手として出演している。ＩＫＧＳ活動とは直接関係はないのだが、岸本は日本舞踊藤間流の名取りであるから、この方面での友人・知人も多い。このような広い

（2）　一九九一年に設立。他地域との交流・連携を図りながら、活力と魅力ある明石の町づくりを目ざすＮＧＯ。明石在住の実業家・会社役員、医師、議員、教育関係者などで結成。会員数約一五〇名。

交友関係を通じて、ＩＫＧＳ支援の輪を広げていった。

もちろん、女性三人だけで組織が活動しているわけではない。男性役員諸氏は常に縁の下の力持ちとなって女性陣をよくサポートした。マスコミに対する説明やテレビ出演にクズの根、蔓あるいは花が入用となれば、それらの採取は男性役員の役目となる。これには、前川進吉、中島忠雄の両人があたる。前川は有機農業の実践者であり、これを生活の原点に置いている。放置すればはびこって害草となるクズを農業・畜産に組み入れて抑え込み、害を外に出さないようにするというピナトゥボ緑化の発想はきわめて有機農業的であり、次世代に誇れる循環型社会を成立させる上でも大切な理念であるから、氏の心の琴線に触れるものがあったのだろう。クズの莢《さや》の乾燥には進んで自分の施設を提供するなど、ピナトゥボ緑化への打ち込み方は並々ならぬものがある。

中島は青田地区公民館主事をされ、町の青少年健全育成委員であり、兵庫県五〇〇人委員会(3)ＯＢ会丹波支部副会長を兼ねている。氏は、子どもたちが学業のみに偏るのではなく、自然、環境、地域のことをよく考え、正しく育ってくれることを願ってやまない人物である。クズの種子採取運動を青少年健全育成事業の一環としてとらえているので、氏の日ごろの地域活動はクズの種子集めには大いに威力を発揮している。

行政への対応は、藤本正美（元銀行員）、柳川瀬義輝両人の担当だ。藤本は丹波日中友好協会事務局長を長らく務め、途上国問題にはとくに造詣が深い。その上、昔取った杵柄《きねづか》で、氏はＩＫＧＳの経理面で頼りがいのある熟達者として信を得ている。柳川瀬は町会議員である立場から、町議会、町ならびに県当局など関係筋への折衝役としてはうってつけの人物である。この二人も、ＩＫＧＳにとっては欠かせない存在となっている。現在は退会されているが町会議員である深田和夫は、ＩＫＧＳ理事として寄付集めや各方面との折衝に大いに尽力してこられた。村上代表は要所要所に目配りしながら、責任はすべて自分が負うが、組織の運営は役員諸氏に任せるという姿勢を貫いてこられた。これは、なかなかできないことである。その他、クズの種子採取の準備から来客の送迎に至るまで、ＩＫＧＳにおける裏方の男性の仕事は山積されている。

中央公民館歴代館長である藤本孝和、吉田良彦、小谷敏雄、垣内宏之らは、瀬川の直接の庇護者でもあった。瀬川は町嘱託の身であるから、本来、館長の許可なくしては勤務時間中にＩＫＧＳの仕事はできないし、ＩＫＧＳ事務局を公民館内に設けることはできない。いわんや、電話、ファクス、印刷機器、そのほか町有の施設・設備などは使えるわけがない。しかし、施設・設備の使用も含めて事が順調に運んだのは、歴代の公民館責任者がＩＫＧＳの活動に理解を示し、支援の姿勢を貫かれたからである。さらに、ＩＫＧＳ発足以来の中央公民館事務局長植木久彌、藤井敏弘、鯉ノ内儀一をはじめ職員諸氏の声援はＩＫＧＳにとって大きな励みともなり、組織が円滑に機能する原動力となった。

ＩＫＧＳをここまでもってこれたのは、役員や支援者がさまざまな能力・才能を自由に発揮できたからだ。その能力・才能というのは、次のようなものである。

❶どっしり構えて、全体のまとめ役を果たす。

❷発想力があり、感受性が高い。

（3）心豊かな人づくりを推進するために兵庫県が主宰し、学習と交流を図る団体。

❸体力に自信があって、動き回れる。
❹絵を描いたり、文章をつくるのが楽しい。
❺人前に出て話すのが好きで、明るい雰囲気をつくる。
❻かなりのお調子者で、他人の話に乗りやすい。
❼汚れる肉体労働もいとわない。
❽目立たないことを、黙々としてやりとげる。

誰がどんな場面で、どんな能力、才能を発揮してきたか、どんな癖が出たか、ご当人は否定してもＩＫＧＳの会員諸氏は当然よく分かっている。役員の中に自分の功績を自慢したがる人は誰もいないが、わが町を愛することでは人後に落ちるものでないことを誰もが自負している。

最後に、もっとも重要なこと述べたい。行政の中で、ＩＫＧＳにとって最良の理解者であり、かつ最大の擁護者は、足立梅治山南町長であることはいうまでもない。私のクズによるピナトゥボ緑化の講話やＩＫＧＳの活動報告会などにしばしば出席されて、ＩＫＧＳの活動を理解しようと努めてこられた。町長のこの積極的な態度こそがＩＫＧＳ活動の大きな推進力となったことは、衆評の一致するところである。さらに、一般会員の協力を忘れてはならない。莢実の採取から種子の調製まで、クズ種子採取は汚くて手間のかかる行程が続く。厳冬下の雪の中で、凍えた手で黙々と莢を集めている多数の人々の支援があってＩＫＧＳ活動は成り立っている。だから、この活動においてはそれぞれの人が独自の逸話を語り、各人が主役を演じているのだ、と私は考えている。

一九九八年にはNPO法が成立し、国や県は行政の中にNPO活動を取り込もうとする姿勢さえ示している。しかし、IKGSはこの恩恵を受けることもできないほどの弱小団体で、とくに財政面では大きな弱点を抱えている。IKGS事務局では、瀬川がもっぱら会計と庶務を担当しているが、もちろんそのほかの雑務もある。活動規模が拡大してきて、公務の片手間では処理しきれなくなってきている。事務量が、瀬川の体力の限界にまで達しているということだ。これがIKGSの内部崩壊につながるのではないかと懸念される。専従職員の確保が急がれる所以《ゆえん》である。しかし、人件費を捻出するあてがない。それでも、ここ数年来比較的安定したADAへの支援活動ぶりを示すことができたのは、環境事業団（一九九八年～二〇〇〇年度、総額約一六〇〇万円）、イオングループ環境財団(4)（一九九八～九九年度、総額一六〇万円）からの助成、そのほか企業や個人の方々からの寄付があったからである。この点に関しても、IKGS役員諸氏の感謝の気持ちには一方ならぬものがあろう。

ふり返ってみると、山南町は行政とNGO（IKGS）がきわめて自然に連携を組んだ典型例であるといえる。クズによるピナトゥボ緑化は環境保全、国際理解・協力、地域活性化の面で山南町民の意識を大いに変化させた。このプロジェクトは、NGOが立案・運営したものであり、そこに行政の支援があったわけだ。

IKGSが実力をつけて、地元民から大いなる支持を取り付け、しかも行政側からは厚い信頼を得

(4)　地球環境保全を目的とする国内外の民間団体などの活動に対して資金助成・支援を行う財団法人。一九九一年に(株)ジャスコの関係者・関係団体からの寄付を得て設立。

られるようになったのは、IKGS現地調整員である冨田一也の貢献によるところが大きい。IKGSへの入会以来、氏はアエタ族の援助にかかわりたい一心でIKGS現地調整員として働いてきた。冨田は、わが国が国際協力を進める上で、現地の援助活動面では掛け替えのない人材である。ところが、氏の給与は物価の安いフィリピンでなら何とか生活できるが、日本ではとてもやっていける額ではない。JOCV時代の貯えを食い潰してしまい、まもなく子どもたちも就学年齢に達するので、自身のNGO活動はもう限界だと感ずるようになってきている。国や地方自治体の力で、冨田のように海外経験が豊かで、わが国農村部の活性化をめざすNGO要員を支援する体制をつくれないものだろうか。冨田についてもしこれが可能なら、山南町は行政とNGOとの間で真にあるべき関係を築き上げたと広く国民から評価され、それを手本にしてあちこちで地域活性化の成功例が出てくるものと思うのだが。

アエタ開発協会（ADA）の組織づくり

ADAの組織図は以下に示した通りである（**図5－3**）。ADAの活動は一九七一年から始められた。当時、サンバレス州サンフェリペ町の有志から国家統合委員会（Commission on National Integration）へ、食糧不足、高死亡率、高文盲率に苦しむ山岳少数民族アエタ族の実態が報告されている。その報告に対応して、地元の有志やスービックの米海軍基地の軍人、教会関係者などの奉仕活動家たちによって「ピナトゥボ山南麓に住むアエタ族の発展と向上を図る」ことを目的に少数民族開発委員会（Minority Development Committee）が結成された。

図５－３　1997年４月以前のアエタ開発協会(ADA)組織図

1.公認評議委員会		
役員	委員長（議長）	アーネスト・デラクルース
	副委員長	エミリアーノ・メリシア
	書　記	サルバドール・カンドゥーリ
	会　計	リト・バクライ
	顧　問	ルイス・ドムラオ ボランザ・ミサ フランシスコ・ラハット バツソン・バクライ アネホ・メリシア
	会　員	ロミオ・レイエス　（カナイナヤン地区長） シオニト・カリノ　（カワグ地区長） ビクトリオ・ビリア　（イラム地区長） エフレン・サンチャゴ　（バウエン地区長） アーネスト・アタナシオ（バリウェット地区長） セシリオ・カリノ氏　（ヒガラ地区長） マルセロ・バラリオ　（ルミバオ地区長） ペドロ・マンザノ　（マカラン地区長） ブレク・バアオ　（イバット地区長） アーネスト・リワナン　（ハヤハイ地区長） フェルナンド・カバリク（フィルセイコー地区長）
2.アエタ開発協会の指導者……………………ルフィーノ・ティマ		
3.各開発計画の責任者		
農業、食料生産 ………………………… エドモンド・ファムラカーノ 植林、森林経営 ………………………… ゴドフレッド・アンドレ 家畜飼育 ……………………………… セビリーノ・マンザノ 医療、栄養改善 ………………………… メラニー・バラオイン 会計、秘書 …………………………… テッシー・ファムラカーノ 組合、生協 …………………………… ビクトリオ・ビリア 識字教育 ……………………………… ヘレン・ファムラカーノ 販売、営業 …………………………… ユージニオ・ガルシア 全8部門　27名のスタッフで構成されている。		

この組織は、まずサンフェリペ町の山中の「カキリガン」と呼ばれる土地にモデル農場を開き、農業指導者を派遣した。そして、近隣で移動生活をしていたアエタ族に五頭の農耕用の水牛を譲与して低地型農業の利点を説き、定住生活を始めるように促した。しかし、サンフェリペ町の政府役人らがアエタ族からこのカラバオ（水牛）を取り上げて勝手につれ去ってしまったため、何らの成果も上げえぬままやがて資金が枯渇してしまい、計画はゆき詰まった。そのため、組織はスイスの財団である世界教会協議会（World Council of Churches）に支援を仰ぎ、約六〇〇〇万円の基金を獲得して、一九七四年に少数部族救済基金（ＥＦＭＤＩ）として拡大改組された。この組織は「攻撃的な平地民グループの戦闘的な圧力に対抗してゆくために、社会的安定性と新しい農業を営む能力を獲得する」ことを目的に、一九七五年から八年計画で農業指導を柱とする開発プロジェクトを実施した。このプロジェクトは、ピナトゥボ火山近隣に住むアエタ族に対して社会的・経済的に多様な影響を及ぼした。何よりも、プロジェクトエリアであったカキリガンに最大級のアエタ族の集落（人口約三〇〇人）ができたということ（定住化）が、目に見える最大の変化であった。その後、「アエタ関発計画（Aeta Development Project）」と名づけられた本計画は、一九九一年ピナトゥボ山の大噴火が起きるまで継続され、以下の目標を達成している。

❶アエタ族の定住化
❷低地型農業の振興
❸手工業の普及
❹食生活（栄養）の改善

❺保健、医療の改善
❻小学校教育の普及
❼コミュニティーの開発
❽生活環境の保全
❾アエタ族としてのアイデンティティーの確立
❿一般社会のアエタ族に対する社会的認知の促進
⓫他の少数民族に対するコミュニティー発展のモデルケース

そんな中で、ＥＦＭＤＩは本プロジェクトへの参加・運営にかかわるアエタ族の人々を増やすことを目的に、寄り合い（Poon）を発展させた形の非営利団体（ＮＰＯ）をアエタ族の人々だけで組織した。この組織は、一九八五年に「ＡＤＡ」という名前で安全取引委員会（Secretaries and Exchange Commission）によって正式に認可された。ＡＤＡは、一二の集落から選出された二四人の代表によって構成される委員会から、議長（Chairman）ら四人の役員を選出している。発足当時のＡＤＡは、ＥＦＭＤＩの行うプロジェクトの運営に参加しているアエタ族の意思決定機関として活動したが、独自の予算や事業をもっていなかった。

一九九一年のピナトゥボ火山の大噴火によって、カキリガンでの開発プロジェクトの継続が不可能となった。スタッフを含む約三〇〇人のカキリガンの住人は家や財産を失い、被災民として街の避難民センターでの生活を余儀なくされた。そんな状況下でもＥＦＭＤＩとＡＤＡスタッフは、自らが避難生活を送る被災民でありながら、避難民センターのアエタ族の人々に医療や食料配布などのケアを行った。

ピナトゥボ山の大噴火から三ヵ月後、ＥＦＭＤＩはスイスに本部を置く教会系のＮＧＯスイス教会慈善協議会（ＨＥＫＳ）から新予算を獲得することによって、新しくアエタ族リハビリテーション計画を開始することになった。新プロジェクトエリアをカステリアホース町の東部山間部の約四〇〇ヘクタールに見つけて、「カナイナヤン」と名付けて開墾した。アエタ族は、最初に政府が用意した再定住地に住むことを、「樹木が少ない、土地が狭い、神が住む山ピナトゥボ火山が見えない、街が近すぎて低地の人の出入りが激しいので静かな生活が望めない」などの理由で拒否した。しかし、アエタ族はこの政府所有のカナイナヤンの土地を見つけて、独力で道を造り、整備して、一九九三年に政府から正式な再定住地としての認可を受けている。これは、アエタ族だけの村である。

現在、カナイナヤンでは、三二〇家族（約八〇〇人）のアエタ族の人々が集落をつくり生活している。ＡＤＡではそれらの人々を対象に、「農業（焼畑から低地型農業への移行と自給自足）」「畜産（財産としての牛、カラバオ、豚の飼育）」「学校教育（小学校教育の実施と識字教室の開催）」「植林（ピナトゥボ火山噴火後のリハビリテーション）」「医療（公衆衛生の普及と基礎医療の実施）」「生協（正しい価格を知ることと、実際に買物をする場としての売店経営）」の六つの部門を柱とするアエタ族リハビリテーション計画を実施している。そして、ＥＦＭＤＩは、ＡＤＡの活動目的である「アエタ族による、アエタ族のためのプロジェクトの運営と継続」を遂行すべく、その全権をＡＤＡに委託して一九九四年に解散した。それ以降は、ＥＦＭＤＩのスタッフがＡＤＡに再雇用される形をとってアエタ族リハビリテーション計画を継続している。

一九九九年一二月には、ＡＤＡのほかにアエタ族の有志による葛委員会が設立され、ＡＤＡの前理事長であったＶ・ビリア氏が本委員会の理事長に就任し、二人の理事と四人の地区長が会員として名をつらねている。今後、ＩＫＧＳの事業は葛委員会を通して行われる。すでにＩＫＧＳとＡＤＡの共同緑化事業である「葛グリーン作戦ヤンボ」において、植栽されたマンゴー樹の管理ならびに収穫物の配分についての契約書作成の際にもＡＤＡ理事会と葛委員会が証人として立会っている。

ＡＤＡの組織は一九九七年四月に変更があり、**図５－４**のようになった。ＡＤＡの最高意思決定は、通常理事会の五人と一六人の地区長計二一人の合議によって行われる。場合によっては、長老の意見を聞くこともある。なお、葛委員会は、理事長一名、理事二名、地区長四名から構成される。

Ｒ・ティマは、約二〇年間にわたってＡＤＡ指導者として海外からの支援（外国の教会関係筋、日本のＯＤＡなど）を受けてＡＤＡを育ててきたが、政府機関からスービック行政区域の旧米海軍軍港跡地再開発の計画づくりを依頼され、二〇〇二年には再開発事業の責任者になる予定である。ＡＤＡは、指導者なしでは運営が難しいので二年後には解散するが、ＩＫＧＳの諸事業は葛委員会に引き継がれ、これまでと同様な形で履行される。

ＡＤＡへは、一九九〇年から一九九六年にかけて、五人のＪＯＣＶ隊員が交替で派遣されている。隊員の専門分野は村落開発、健康管理、家畜飼育、食用作物栽培であったが、長谷部康弘隊員がヒガラ基地でのクズ栽培を最初に手がけ、それを冨田一也隊員が受け継いだものである。

図5－4　1997年4月以後のアエタ開発協会（ADA）の組織図

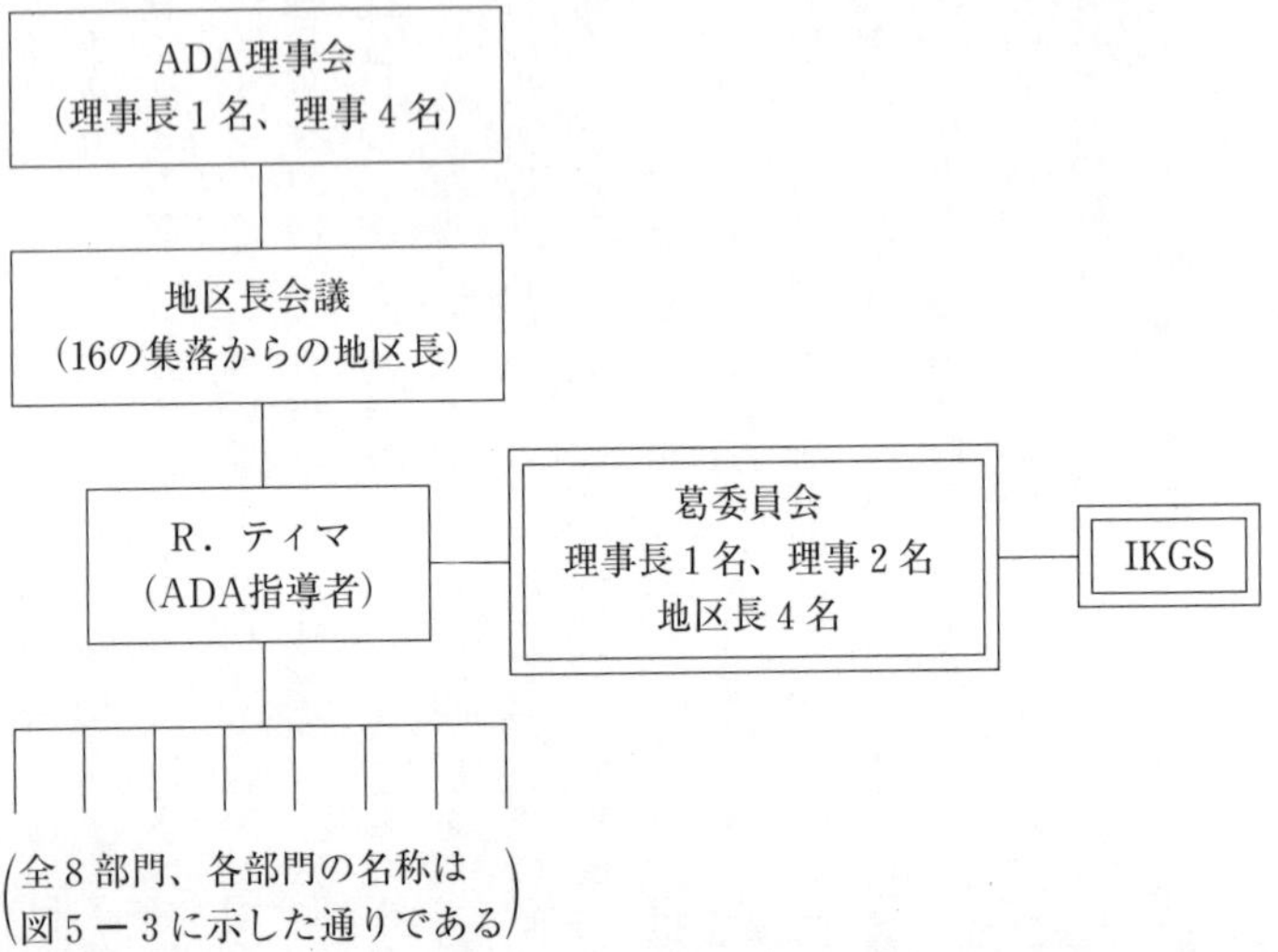

ピナトゥボ噴火被災地共同緑化事業――その背景と実施方法――

　ＩＫＧＳとＡＤＡの緊密な連携は、元ＪＯＣＶ隊員の冨田一也が一九九七年九月にＩＫＧＳに入会することにより可能になった。氏は、一九九四年から一九九六年にかけて青年海外協力隊員としてフィリピンに派遣され、ＡＤＡに駐在してアエタ族の再定住地カナイナヤンで作物栽培の指導を行う傍ら、ヒガラ基地でのクズ栽培にも従事していた。ヒガラでのクズの事情を熟知している冨田がＩＫＧＳに参加することになり、ＩＫＧＳの活動が急展開を見せた。

　一九九七年一一月には、冨田は、ＩＫＧＳの村上彰代表からＡＤＡのティマ宛の伝言を持ってフィリピンへ赴いた。

　一九九八（平成一〇）年二月には、村上代表自らが瀬川理事とともにサンバレス州スービック行政区域にあるＡＤＡ本部を訪れ、共同緑化事業計画に調印した。本事業に関しては、環境事業団からの助成を受けて一九九八年四月にヤンボ（ヒガラの北東の隣接地）地区でクズの育苗を開始し、八月上旬には七ヘクタール以上の面積に苗が植栽され、以後順調に育っている。翌一九九九年の雨季にはその葛原を刈り取り、マンゴーなどの果樹とマツの苗木を植え付けた。二〇〇〇年一一月現在、それらの苗木は活着して生長を始めているとの報告がもたらされている。クズは再生して、果樹園のカバークロップとして土壌侵食を防いでくれるであろう。

国際葛グリーン作戦山南（ＩＫＧＳ）は、一九九三年の「私たちの町に自生するクズでピナトゥボ火山爆発の被災地を緑化しよう」という私の提案をきっかけに、山南町の町会議員、町職員や教育関係者などの有志が集まって結成された。これまで、町ぐるみでクズの種子採取、クズの研究、そして、神戸のＮＧＯとの提携によるピナトゥボ火山被災地におけるクズの植栽計画への参加などの国際協力活動を実施してきた。一九九六年から、ＩＫＧＳは神戸のＮＧＯとの提携を取りやめ、独自の事業を展開している。

一九九七年になって、ピナトゥボ火山の被災地で実際にクズの植栽を行っていたＡＤＡの職員から直接面接を受けた際に、「クズによる緑化計画が頓挫している。一九九六年から完全に支援が途絶えている」という嘆きの言葉を聞いた。この話は、ＩＫＧＳにとっては大ショック

資料5－1　書簡　INTERNATIONAL KUDZU GREEN SANNAN

INTERNATIONAL KUDZU GREEN SANNAN

1110 Tanigawa Sannan-cho Hikami-gun, HYOGO-ken, JAPAN

１９９７．１１．１２

Aeta Development Association Inc
340 National Rood Mangan-Vaca
Subic Zambales　Philipine
Dr. Rufino G. Tima

国際葛グリーン作戦山南からご挨拶申し上げます。

ピナツボの爆発のために荒れ果てた大地に向かって根気よく緑化運動を続けておられたことに、深い敬意と非常な喜びを感じます。

我々は過去５年間にわたって葛の種を採取し貴地に届けてまいりました、山南町のボランティアの小学生、高校生、老人会等々の協力によってその運動の輪が広がっています。

いまや山南町とアエタの人々の間に固い絆ができていることを信じています。

さらに今年は、富田一也氏が会員に加入され山南町の様子や協会の運動状況を知らせてくれる架け橋になってくれています。我々は千万の味方を得たような気持ちで新しく意気高く強い団結をもって活動することを誓っています。

このたび、富田会員の派遣によって我々は多くのことを知り、さらに努力を続けていくことになるでしょう。

アエタ開発協会のみなさん、共に生きる人類の世紀です。

共に頑張って生きて行きましょう。

共に熱いＨｅａｒｔを持って…。

終わりに、アエタ開発協会の発展とアエタの人々の健康と復興への努力をお祈りします。

緑の森林に変わっていく大地を夢みつゝ…。
国際葛グリーン作戦山南
代　表　　村上　彰

資料5－2　アエタ開発協会と国際葛グリーン作戦山南の提携同意書

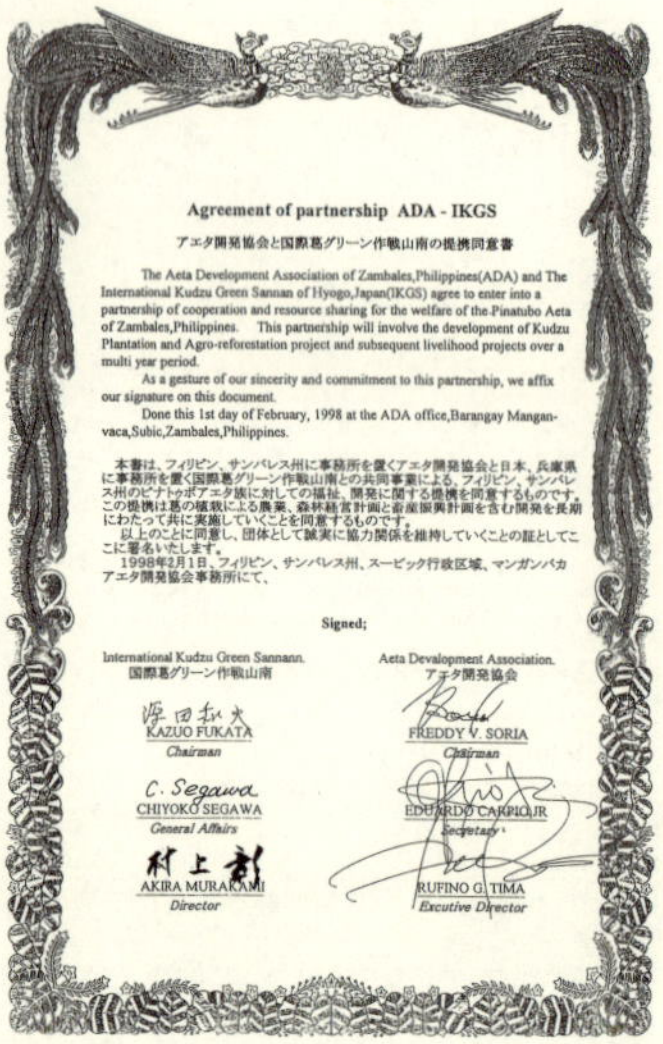

Agreement of partnership ADA - IKGS

アエタ開発協会と国際葛グリーン作戦山南の提携同意書

The Aeta Development Association of Zambales,Philippines(ADA) and The International Kudzu Green Sannan of Hyogo,Japan(IKGS) agree to enter into a partnership of cooperation and resource sharing for the welfare of the Pinatubo Aeta of Zambales,Philippines. This partnership will involve the development of Kudzu Plantation and Agro-reforestation project and subsequent livelihood projects over a multi year period.

As a gesture of our sincerity and commitment to this partnership, we affix our signature on this document.

Done this 1st day of February, 1998 at the ADA office,Barangay Manganvaca,Subic,Zambales,Philippines.

本書は、フィリピン、サンバレス州に事務所を置くアエタ開発協会と日本、兵庫県に事務所を置く国際葛グリーン作戦山南との共同事業による、フィリピン、サンバレス州のピナトゥボアエタ族に対しての福祉、開発に関する提携を同意するものです。この提携は葛の植栽による農業、森林経営計画と畜産振興計画を含む開発を長期にわたって共に実施していくことを同意するものです。

以上のことに同意し、団体として誠実に協力関係を維持していくことの証としてここに署名いたします。

1998年2月1日、フィリピン、サンバレス州、スービック行政区域、マンガンバカアエタ開発協会事務所にて、

Signed;

International Kudzu Green Sannann. 国際葛グリーン作戦山南	Aeta Devalopment Association. アエタ開発協会
深田和夫 KAZUO FUKATA *Chairman*	FREDDY V. SORIA *Chairman*
C. Segawa CHIYOKO SEGAWA *General Affairs*	EDUARDO CARPIO JR *Secretary*
村上彰 AKIRA MURAKAMI *Director*	RUFINO G. TIMA *Excutive Director*

であった。というのは、クズの植栽による土壌改良計画や緑化計画でもっとも重視しなければならないことは、長期の観察とメンテナンスであることを知っていたからである。ピナトゥボ地域へ日本の雑草クズを放置するということは、外来の植物が現地の自然体系にどのような影響を及ぼすのかをまったく考えていないということである。最悪の場合、現地の人々の生活にまで悪影響を及ぼすかもしれない。

ＩＫＧＳでは、一九九七年一一月に冨田を現地調査のためＡＤＡに派遣した。そこで分かったことは、この計画が途中で放棄されていること、クズが五年の歳月をへて現地の自然体系に取り込まれようとしていること、クズによる緑化計画が直接人々の生活に役立つような最終的な目標を見失っているということであった。これらの問題を抱えながらも、現地で極限生活を送っているアエタ族の人々は、「日本のクズを植える前は不毛の地だった。日本のクズを植えたら雑草がたくさん集まってきた。日本のクズが、私たちの土地を豊かにしてくれる。日本のクズなら家畜も喜ぶ。また、日本のクズを植えよう」といっている。これらの言葉が、ＩＫＧＳの会員に勇気を与えた。

「葛グリーン作戦」によって集められた種子は、クズを植えたことによって現地の人々が幸せになれ

ることを大前提としている。そうなることによって、クズの種子を集めた人たちも幸せになれると信じているからである。しかし、ピナトゥボのクズをこのまま放置していてもクズによって現地の人々が幸せになれはしない。外国からの雑草を現地に持ち込む以上、最後までかかわり続ける責任があるはずだ。

「葛グリーン作戦」にかかわるすべての人が幸せであり続けるため、ＩＫＧＳは、この計画が一度日本のＮＧＯが放棄した計画であることを知りながら、ピナトゥボ噴火によりできた火山灰地帯で「葛グリーン作戦」を展開することを決意した。

「葛グリーン作戦」は、フィリピン・サンバレス州東部のピナトゥボ山噴火による被災地内にある少数民族アエタ族の居住地区ヒガラおよびヤンボを対象地域とする、大規模な被災地復興計画である。これは、兵庫県氷上郡山南町民を中心とするボランティアと被災地に住むアエタ族の人々との連携による市民参加型の国際協力活動で、以下の四項目を柱に実施されている。

❶「葛グリーン作戦種子採取」——これは、山南町民が地球環境問題や途上国問題を考えるきっかけづくりの一つとして始まったボランティアワークである。種子採取は、主にＩＫＧＳの呼び掛けで集まった丹波地方の人々によって冬季に実施されている。山野に分け入って小さな莢実を採取することは、寒さも手伝って容易ではないため、比較的若い人たちのグループで行われている。種子の調製作業は埃にまみれ、とても根気のいる作業であるが、老人会、小学生、ＰＴＡなどの団体が中心になって行われている。地球緑化という同じ目的をもった老人会と小学生が一緒に作業をすることで、世代

間交流が自然発生した。また、老人会の人たちは、年老いた自分たちでも国際協力ができることに喜びと誇りを感じるようになった、と話している。中学生や高校生も冬季に予定されている種子採取に備えて、夏にはクズの花の在処《ありか》を探す。これをきっかけに地域の自然に対する観察力が深まり、身近な環境問題に関心をもつようになった若者が増え始めた。この「葛グリーン作戦種子採取」は、誰でも気軽に参加できて、環境問題や国際協力についても考えることができ、そのうえ体験することもできる学習会である。

❷**「葛グリーン作戦ヒガラ」**——ヒガラ地区は、IKGSが結成される切っ掛けになった緑化対象地区である。ピナトゥボ山噴火時に大量の火山灰によって砂山と化したヒガラの約一ヘクタールの斜面に、ラハール流出を防ぐ目的で、神戸のNGOと提携して山南町で採取したクズの種子を植栽

老人会と小学生によるクズの種子取り出し作業

したことがＩＫＧＳの初めての国際協力事業への参加であった。クズはその後順調に生長し、当初期待されていた以上の効果を発揮してヒガラに定着した。それから、大きなクズの葉の下にできた日陰に在来の雑草が集まって、現地の自然に適応した草原ができ上がった。このことをＡＤＡからの報告で知り、さらに現地の人々との直接対話で詳細が明らかになった。

　現地民との対話によって、クズのもつ新しい可能性を考え始めた。それは、日本のクズが呼び込んだ現地に適した草で草地を造成し、少しの工夫と労働力で人々の生活に役立つような農業基地をつくることであった。もともと不毛だった土地にクズを植栽することで、種々の雑草が生い茂る土地が生まれた。雑草が繁茂《はんも》するなら野菜も育つに違いない。野菜が育つなら樹木も育つに違いないという考えのもとで、もっと計画的にクズを植えていく必要があることに気がついた。この「葛グ

７年前に植えたクズの力でできた作物

リーン作戦ヒガラ」は、七年前のクズの植栽によってでき上がった草地に野菜を混作したり、本当の意味での緑化計画といえるような植林と、それらの樹木を利用した**アグロフォレストリー**を行う作戦である。そして、このヒガラの計画農園は、最終的にはクズを人々の生活に役立たせる方法を提案・実践するモデル地区ともなり、本作戦と同時進行で実施されるクズの植栽による大規模な緑化計画「葛グリーン作戦ヤンボ」の指針となるものだ。

❸「葛グリーン作戦ヤンボ」――ヤンボ地区は、ピナトゥボ噴火直後の数年間は川原だった場所であるが、たび重なる火山灰の流出で地形が変わり、現在ではわずかな水の流れと大量の軽石が残る「使えない土地」となってしまった。その上、ヤンボ地区に生育する雑草は毒性をもつものがあるので、放牧された家畜が下痢を起こして衰弱するなど、地元の畜産従事者に大きな損害を与えている。

今回の「葛グリーン作戦ヤンボ」は、この「使えない土地」を果樹園にするという最終目標を掲げ、一〇年以上の長い歳月をかけて実施される予定である。一九九八年度には約一〇ヘクタールにクズの植栽を行い、翌年度からは状況に応じてその規模を拡大してゆく。繰り返しいうことになる

アグロフォレストリー

材木と作物の生産、あるいは畜産を両立させ、ときにはこれら三者を組み込んで行う複合型営農体系で、環境保全に留意した持続的農業として注目されている。たとえば、傾斜地の上下で育林地を造成し、土壌流亡を防止しながら、育林地内の雑潅木を抑制する効果を狙って下草を放牧利用する。同時に、育林地の間で畑作・牧草栽培を行う。

クズ苗の運搬

ヤンボへのマンゴー苗木の運搬

が、一九九九年の雨季にはヤンボの葛原の中へマンゴー、パパイアなどの熱帯果樹ならびに建築用材となる樹種四五〇〇本の苗木を植えた。クズはカバークロップの役割を果たし、苗木は順調に育っている。

極限の生活を続けるヤンボ地区周辺に住むアエタ族にとって、クズと果樹などの植栽およびクズの刈り取り作業で現金収入が得られるだけでなく、長期にわたって継続してゆくことで自給自足の生活が可能になる土地をつくり出すことにもなる。これは、ADAとアエタ族の共同作業による長期の土地改良計画である。その他、本計画の実施により、有毒雑草をクズによって排除できる可能性があることや、大量の軽石の撤去が期待でき、現地の人々の生活向上にとって非常に効果的なものである。

このようなわけで、ヤンボ地区の緑化はピナトゥボに住む人々の切実な願いである。しかし、まだピナトゥボ地区には約五〇〇〇ヘクタールの火山灰砂漠が残されていて、これらは年々拡大を続け、低地の人々の生活にまでも深刻な被害を与えている。この「葛グリーン作戦ヤンボ」は、ピナトゥボ五〇〇〇ヘクタールを緑化する第一歩として期待されている計画なのである。

IKGSとADAが実施している「葛グリーン作戦ヤンボ」において、サンマルセリーノ行政区域サンタフェ町のブアグ、バリウエット、バナバおよびバクシル地区一帯のバクライ一族所有の土地（アエタ族レザベイション内）に植栽されているマンゴーなどの果樹に関して、**資料5-3**に示されている契約が取り交されている。

❹「葛グリーン作戦文通計画」——IKGSは、文通によるアエタ族との交流を考えている。この文

資料5－3　マンゴー苗木の管理と収穫物に関する契約

1．本契約書は3年もしくはそれ以上の年月を要して、すべてIKGSの資本によって10haの土地に植栽されたマンゴー苗木にかかわるものである。

2．本計画が終了した暁にはADAに全権委託され、本団体がマンゴーの収穫時期までのメンテナンスと収穫物についてバクライ一族との公正な分配を監督するもので、分配の内訳は以下に示す通りである。

a．40%はバクライ一族
b．30%はアエタ開発協会
c．30%は地域住民（ブアグ、バナバ、バリウェット、バクシル集落）

3．ADAとバクライ一族は本計画が円滑に進行するように保証する。
本事項の契約の証人はADA理事会と葛委員会であり、1999年12月10日サンバレス州スービック行政区域マンガンバカ国道沿い230番地にあるADA事務所にて調印された。

フレディー・ソリア（ADA理事長）	エフレン・サンチャゴ（葛委員会理事）	ホルデン・コスメ（葛委員会員）
エドワルド・カピオ（ADA書記）	リト・バクライ（地主代表）	アントニオ・ソリア（葛委員会員）
フレッド・ラブサン（ADA理事）	ロミオ・レイエス（地主代表）	アーネスト・アナタシオ（葛委員会員）
トロリー・ロマルド（地主代表）	バツォン・バクライ（地主代表・葛委員会員）	セシリオ・カリーニョ（葛委員会員）
ビクトリア・ビリア（葛委員会理事長）	冨田一也（IKGS調整員）	ルフィーノ・ティマ（ADA指導者）

フィリピン共和国
オロンガポ市　　　　　　　　　　　　　ルペリオ・ビラヌエバ
公証：1999年度版製本56号18ページ公証番号404　　　　公証人

通計画では、一枚の紙の上に表現された自分を、できるだけ他人（通訳や翻訳）の手を通さずに相手に理解してもらうため、イラストや写真などを多用したメッセージを奨励している。また、この文通計画によって言語も文化も異なる日本人とアエタ族の人々が、ともに手をつないで地球緑化のためにクズの植栽を行うという「葛グリーン作戦」の実施にあたって、参加者はお互いを知り合うことができる。「葛グリーン作戦」は、クズの種子採取から始まって、植林や畜産などへの有効利用まで一〇年から二〇年以上の期間を必要とする長期地球緑化計画である。つまり、「葛グリーン作戦」が実施されている期間中は言語や文化の違いに関係なく、われわれは地球の緑化をめざす同志なのである。そんな同じ志をもって、手をつないだ仲間がもっと相手のことを知りたいと思うのはとても自然なことではないだろうか。この文通計画は、現在われわれが知っているかぎりの表現法を使って、相手に自分のことを知ってもらい、またその相手からの返事を受け取っている。そのような、言語の壁を越えようとする新しい国際交流の試みである。外国語を知らなくても地球緑化計画を実施することができ、現地の人々とも友達になることができる。「葛グリーン作戦文通計画」は、クズの種子とともに、その種子にかかわった人々のメッセージを送り合う計画である。

ここで、年次計画を簡潔に示しておく。

- 一九九七年度——フィリピン・ピナトゥボ火山噴火被災地における「葛グリーン作戦」の実施を決定。
- 一九九八年度——現クズ植栽地ヒガラでの植林と農業経営の実施、ならびに新規クズ植栽地ヤンボでのクズの植栽実施、それらにかかわる人材の派遣。
- 一九九九年度――ヒガラでの植林と農業経営の継続、ヤンボでのクズの植栽の継続、それらにかかわる人材の派遣。
- 二〇〇〇年度――フォローアップ調査と状況に応じて専門家の派遣。
- 以降、継続するか否かについて毎年調査を行い、現地の要望に答えて計画の修正などを考える。

4　マブハイ交流

パートI

「マブハイ」というのは、フィリピンの公用語タガログ語で「幸せ・健康・長寿などを祈る」という意味をもつ挨拶の言葉である。やっと、丹波の人たちがピナトゥボへ行き、アエタ族の人たちが丹波へやって来て、お互いに「マブハイ」の言葉を交わす交流のときを迎えた。ＩＫＧＳは、アエタ族の人たちを山南町へ招くことを計画したとき、アエタ族親善使節団一行の出国に際し許可が下りなくて困ったそうだ。

アエタ族の人たちは生年月日が不明で、戸籍がない。弁護士に依頼して生年月日を確定してもらい、まず市民権を得るために、スービック行政区域の住民票を取得するところから始まった。次に、冨田がフィリピンの関係官庁に何度も足を運び交渉を重ねて、数ヵ月かけてパスポートを手に入れるところまでこぎつけた。しかし、政府は子どもの出国は認めないという。かつて、子どもの人身売買事件があったからだ。大阪のフィリピン領事館に招請理由を説明し、その旨をフィリピン政府に伝えてもらい、お百度参りを重ねてやっと子どもの出国許可が下りた。その後は、兵庫県知事公室国際化担当者から適切な指導を受けてＩＫＧＳが身元引受人になり、手続書類を作成してビザ申請を行った。現地の日本大使館の迅速な対応のおかげで無事ビザが下り、アエタ族代表団一行の来日が可能になった。このときの苦労は相当なもので、「もう二度と外国から人を呼ぶのはごめんだ」というのが、担当したＩＫＧＳ瀬川理事の弁である。しかし、この招請ノウハウは貴重なものであった。それは後で述べる「マブハイ交流パートⅡ」で見事に生かされることになる。

一九九八年一〇月一三日、心待ちにしていたピナトゥボからの親善使節団一行が、ＩＫＧＳの現地調整員冨田一也に伴われて関西空港に降り立った。来日したのはＡＤＡ理事長Ｆ・ソリア、同協会前理事長Ｖ・ビリアとそのご子息のマリオであった。一行は直ちに丹波入りしたが、一〇月半ばの丹波の気候は、ピナトゥボで生活するアエタ族にとっては未体験の寒さだったと思う。

一四日から「マブハイ交流」が始まった。ＡＤＡ一行の最初の訪問先は、七年前からクズ種子採取に取り組み、アエタ族の小学生たちと文通をしている上久下小学校（徳田八洲男校長）であった。ビリア氏は児童からの質問に答えながら、アエタ族の生活ぶりやクズの生育について話した。「水の代わりにバナナのジュースを飲んでいる」という説明には、生徒たちから羨ましげな溜め息がもれたが、子どもたちはアエタ族の清流への渇望を知る由もない。ソリアによるアエタの民族楽器「ギターラ」の伴奏で、ビリア父子が民族舞踊の「タリピ」を披露すると、児童も進んで踊りに加わるなどして和やかなひとときを過ごすことができた。上久下小の各学年からはピナトゥボの小学校へのメッセージ、上久下幼・小のPTAからは約三二〇枚のTシャツが手渡された。

一八日は、山南町和田の薬草薬樹公園アラヤホールで「マブハイ交流」のメーン交流会が開催された。私は、ピナトゥボ緑化運動の当初よりIKGSを支援する明石創造クラブ（ACC）の役員とともに参加した。アエタ族の研究者である清水展九州大学教授にも遠方からご足労を願い、また私の研究室の学生たちも参加してくれた。あいにくと台風の接近で雨天のため、フリーマーケットなど一部の催しは中止となったが、丹波各地から約二〇〇人の参加を数えることができた。

ビリアは年のころは五〇すぎ、精悍な風貌を備えた、アエタ族の長老にふさわしい落着いた物腰の人物である。マリオは、愛くるしい瞳の少年だ。ソリアはADA理事長だから少し尊大に構える風があるのか、あるいは大勢の異国人の前で緊張したのか、ステージ上で腕組して観衆を睥睨《へいげい》するような態度を見せたので冨田がたしなめる場面があった。ソリアは、冨田の穏やかな叱責を素直に受け入れた。冨田はアエタ族と生活をともにするうちに、アエタ族の人たちの信望を得るとともにカリスマ性をも培ってきている。

「日本の皆さんが送ってくれたクズの蔓がどんどん伸び、日本とピナトゥボをつないだ。私たちは、ちょうどサルが渡るようにその架け橋の上をやって来た」

というビリア氏の挨拶を聞いて、山南町和田のボランティア・リーダーの西脇ちかえのように、雪の中でクズの種子を集め回ったことを思い出しながら感慨にふけった人は多かったに違いない。この会場でも、「タリピ」や「デカンショ節」を輪になって踊った。

アエタ族の人たちはピナトゥボでどんな暮らしをしているのか。これが、私たちにとって一番興味を引くところだ。狩猟に使う弓矢は見かけは貧弱だが、その飛翔距離には驚いた。また、狩猟には吹き矢もよく使うとのこと。彼らの視力はきわめてよく、四・〇もあるという。

アエタ族の火おこし道具は木ではなく、竹製である。古くから焼畑農耕によりピナトゥボ山地では樹木は焼き尽くされているが、生長の早いバンブーは豊富にある。竹は、細工が容易だ。アエタ族の人たちは、まるでマッチを擦るようにこの竹の道具で楽に火を起こす。

会場からは、次々と珍問奇問が飛び出した。篠山鳳鳴高校インターアクト部員が「私たちの中で誰が一番美人ですか」と問いかけると、アエタ族の三人はそれぞれ別の女生徒を指さした。すると、すかさず「日本人とはだいぶ好みが違うようだ」とヤジが飛んだので、会場は爆笑の渦に巻き込まれた。同じくインターアクト部員から、「奥さんは何人もてるのですか」という質問も出た。これは、男の甲斐性次第ということらしかった。私は、隣に座っておられる清水九州大学教授に、かつてパンパンガ州のパスブル再定住地で聞いた「奥さん一人に旦那三人」の話を思い出して、その真偽について尋ねると、先生は「逆はない」と即座に否定された。このように、誠に愉快なひとときが過ぎていった。

アエタ族代表団一行は一〇月二一日に帰国したが、一週間の滞在中に、丹波地方の小・中・高一〇校を訪問し交流を深めた。また、四ヵ所の老人クラブも表敬訪問した。農園で枝豆の収獲や薬草栽培も手伝い、トラクターなどの農業機械の操縦をも体験した。ライスセンターの設備にはびっくりしたそうだ。IKGSの呼び掛けで集まった一万着以上のTシャツと、クズ育苗用の一万個以上の紙コップがピナトゥボへの何よりのお土産となった。熱帯のことだから、アエタ族の「衣食住」のうち、「衣」

に関してはTシャツとズボンがあれば十分である。改めて、「ズボン一万枚運動」を計画してはどうか。ピナトゥボへの輸送にはかなりの費用がかかるので、ズボン一枚につきいくらかの募金をお願いしなければならないが、試みる価値のある事業だと思う。なお、山南町西谷の篤農家山下幸治から譲り受けた町特産の薬草オウレンの種子もピナトゥボへ持ち帰っている。

後日談になるが、日本へ来る前は学校嫌いだったＡＤＡ前理事長の子息マリオは、帰国後は毎朝いそいそと登校するようになったとの便りがＩＫＧＳに届いている。どうやらマリオは、山南町の小学校を訪問して学校生活の楽しさを知ったようだ。また、外国人と付き合うためには読み書きを習い、自国とアエタ族の歴史をもっと勉強しなければならないことにも気づいたようだ。

篠山鳳鳴高校インターアクト部員のピナトゥボ訪問

ＩＫＧＳの冨田一也、瀬川千代子両人の案内で、兵庫県立篠山鳳鳴高校教諭重入廣行に引率された同校インターアクト部員の小谷奈津子、赤松佳美、志原奈津子らは、一九九九年三月二四日から二九日にかけてピナトゥボを訪れ、アエタ族と生活をともにした。これは、ＡＤＡ理事長Ｖ・ソリアの招きに応じた形で進められた。昨年は、クズの蔓でできたサルの渡るような架け橋を伝って日本へ行ったので、今度は同じ橋を伝って日本からピナトゥボへ来てほしいというのである。篠山鳳鳴高校は直ちにこの申し出を受けて、上記三名を選びピナトゥボへ送った。

スービックからピナトゥボへの途中、サンマルセリーノの町を通り抜け、セント・トーマス川を渡るとサンタフェの町がある。爆発後数年間は人家が残っていて、夕餉の煙も立ち上っていたが、今ではこの村落は一〇メートル以上の厚さのラハールの下に埋もれてしまっていると聞いても、三人はなかなか信じられなかった。ヒガラでは、カラバオ（水牛）に引かせた牛車に乗った。でこぼこ道でも坂道でも転覆しないような構造になっていて、見かけよりは安全なのである。名称は不詳だが、クズの蔓に似たツル植物の旧茎を叩き潰して石鹸の代わりとしている。これは泡がよく立ち、汚れが本当に落ちそうだ。アエタの人たちの知恵と技は驚異的だ。

クズの生育状況も確認できた。堆肥を混ぜ込んだ土を紙コップに詰めて、クズの種子をまいてもみた。炎天下の作業はとてもきつかったが、アエタ族の人たちがそれらを立派な苗に育てると約束してくれたので、疲れはいっぺんに消し飛んだ。

三人には、大事な仕事が残っている。宮城県の丸森小学校羽出庭分校から言付《ことづ》かってきた生徒たちの描いた絵画やはり絵を、バリウェット小学校へ届けなければならなかった。そこでは、三人は「一日先生」を体験し、絵の具を使って絵の描き方を教えた。絵の交換は、きっと両校の交流の手助けになるに違いない。これで、「葛グリーン作戦文通計画」はスムーズに進むであろう。

以上のように、三人は何ら臆することもせずピナトゥボの大地に身をゆだね、アエタ族の生活を受け入れてみようとした。こんなひと時をもてたことは、三人の若者にとって、自らの将来を考える上で大切な経験だと思う。

これで、何とかインターアクト部としての交流の目的は果たせた。部員一同、次のステップに熱い思いを馳せている。二〇〇〇年三月二四日には、兵庫県篠山市にある篠山ロータリークラブ（樋口紀男会長）から助成を受けて、篠山鳳鳴高インターアクト部顧問近成俊昭、久保哲成両教諭が志原奈津子ら部員一〇人を引率して再びピナトゥボを訪れ、アエタ族と生活をともにし、交流を深める機会をもつことができた。今回は、インターアクト部員はカラバオに引かせた牛車に乗ることもなかった。IKGSが篠山ロータリークラブから寄贈された4WD車で「葛グリーン作戦」の現場まで運んでくれたからである。なお篠山鳳鳴高校は、地元のIKGSと全面協力して国際理解教育の実践を積んできたとして、一九九九年一〇月に「第一〇回馬場賞」（国際教育交流馬場財団）を受賞している。

神戸大学自然科学研究科院生ピナトゥボ訪問

私（津川）の研究室の修士課程二年生の中堀宏彰、矢崎雅則両名は、二人だけで一九九九年三月一日から一一日にかけてクズの調査のためピナトゥボへ出掛けた。このクズは、私が一九九二年暮れに種子を持参し、翌年育てたものである。アエタ族の人たちにクズの根掘りを手伝ってもらい、二人は長さや太さの測定に回った。村民が総出で見物にやって来る。まるでお祭り騒ぎとなり、立派な「マブハイ交流」の場が生まれた。

アエタ族の人たちは、律儀にも二・五メートルもある深い穴を掘ってクズの根を取り出した。根の直径はもっとも太いところで六センチメートルにもなっており、その太い旧茎は節から根を下ろし、大地をしっかりとつかんでいる。大きな株の根は今回の火山灰層の下に潜り、六〇〇〇年前に積った火山灰層をも突き抜けてその下の土層に達している。また、若い茎葉は火山灰の積もった地面を被覆している。クズの網目状構造と厚い草冠が形成され、火山灰の流出防止に貢献していることは間違いなかった。そして、毎年クズの枯死部分が大地に還元されているので、火山灰の上層部には有機物がたまり黒く変色している。このことから、クズは土壌改良にも役立っていると思われた。土は痩せて、水もない。厳しい熱暑の環境下でもクズは立派に生育して、不毛の土地を肥沃化していることに若い二人は感動した。

このとき二人はヒガラ村の丘の上にある集会所に宿泊し、まさしくアエタ族の人たちと寝食をともにした。日本では決して味わうことのできないアエタ食を食べ、竹で編んだベッドで寝た。生水は飲むなと注意しておいたが、これも気にしなかったそうだ。私は、二人が怪我をしていないか、病気になっていないかと心配だったが、冨田一也の指導のおかげで無事に滞在を終え帰国することができた。

二人には、クズの調査以外にそれぞれ目的があった。中堀は就職先としてＪＩＣＡを志望しており、面接時に問われる海外体験を充実させることを狙ったものだった。彼は、前年にもタンザニアへ私と同行している。これらの体験が役立ったのか、同君は見事に希望を実現した。中堀は、ピナトゥボ体験に基づき、斜面緑化基礎工（フリーフレーム工）にクズの植栽を組み込んだ海外向け新規緑化工法を提案する論文を書き上げ、ＪＩＣＡが主催する「第三回国際協力大学生論文コンテスト」に応募し、見事に入選を果たしている。

一方、矢崎は青年海外協力隊（ＪＯＣＶ）として国際協力の現場で活躍できることを望んでいる。ＯＢの冨田一也に同行して、氏の体験談を聞くのが楽しみだった。そして、ＪＯＣＶの仕事を見てみたかったようだ。彼は現在、ＪＯＣＶとしてネパールへ赴任することを希望している。それにしても、彼の人生で最初の海外渡航先がフィリピンのピナトゥボになるとは本人も考えてもみなかったことだろう。ヒガラでの体験が、彼の気持ちをＪＯＣＶ志願の方向へ向かわせたようである。

パートⅡ

「マブハイ交流パートⅡ」は、一九九九年八月一日、ＩＫＧＳがＡＤＡクズ植栽プロジェクトのリーダーであるＤ・ゴンサレス（愛称ブーツ）を招いて、氷上郡柏原町丹波の森公苑多目的ホールで開催された。前年の「マブハイ交流パートⅠ」の経験があるので、来日手続はスムーズに進んだ。ゴンサレスは、大学で農学を修めたアエタ族のエリートの一人である。氏は、ルソン島の平地民と見まがう容貌の明朗快活な好青年であった。一九九八年のマブハイ交流パートⅠでは、来日したＡＤＡ理事長の一行は、アエタ族以外の人々との交流経験が乏しいために人見知りするところがあった。ましてや、外国人にはなおさらである。だから、来日してもなかなか打ち解けず、ＩＫＧＳ役員を面喰らわせる場面がしばしばあった。しかし、今回来日したインテリのゴンサレスは招請者側を煩わせることもなく、関係方面への表敬訪問に始まる日程をスムーズにこなしていった。

交流会場入り口には、いつものようにクズの蔓編み細工、可愛いい山野草の押し花、草木染めのスカーフなどが展示され、奈良の製葛本舗（株）井上天極堂[5]から寄付を受けた多数の葛粉製品が売り出されていた。

私は、明石創造クラブ（ＡＣＣ）の役員とともに参加した。講演では、ゴンサレスは火山灰で覆われた土地にクズを植えることによって野菜栽培が可能になったと語り、ＩＫＧＳの支援に対してまず謝意を表した。クズを植えると、雨季に周囲の斜面から火山灰が流れ込まなくなったとのことである。

（5）　葛粉づくりを本業とする食品総合商社。

また、クズのないところでは乾季には火山灰が舞い上がり、野菜は灰まみれになって生育が悪いが、クズと一緒なら、その厚い葉冠によって地面の乾燥が防がれ、灰が舞い上がることもなく野菜類の作柄は良好だという。これを聞いて私は、米国では一九三〇〜四〇年代にトウモロコシとクズを混作していた例があったことを思い出した。両方の場合とも、クズはカバークロップとして使われているのである。また氏は、飼料としても、緑肥・堆肥としてもクズが優れていることを指摘していた。ゴンサレスは農学出身だけに、この辺の事情がよく分かっているようだ。

フォーク歌手高石とも也の弾き語りを混えた司会で、一九九九年二月にピナトゥボを訪れた篠山鳳鳴高インターアクト部員三名が、アエタ族との生活体験を披露した。さすがに司会者は話を引き出すのがうまく、人前で話し慣れていない高校生の口からも思い出話は尽きなかった。最後にクズの種子贈呈式があって、各種団体から前年採取した種子がゴンサレスに贈られたが、こんなに多数の日本人が自分たちのことを見守ってくれていることを知って、アエタ族の若者は大感激の面持ちであった。

マブハイ交流パートⅡに引き続き、ピナトゥボ体験をした篠山鳳鳴高インターアクト部員三名による、宮城県伊具郡丸森町立丸森小学校羽出庭分校（斉藤武司校長）への訪問が予定されていた。ゴンサレスは、急きょこれに参加することになった。羽出庭分校では、一九九八年に斉藤校長がクズの利用についての授業を思い立ち、教材を集めているうちに、インターネットのホームページ上でＩＫＧＳが発したクズ種子採取キャンペーンの呼びかけを見つけられたといういきさつがあった。この呼び掛けに応じ、同年末にフィルムケース一五個分の種子を集め、生徒たちの描いた絵や手紙とともにピナトゥボへの送付をＩＫＧＳに依頼していた。絵や手紙は、一九九九年三月に篠山鳳鳴高の三人のインターアクト部員によってピナトゥボのバリウエット小学校に届けられていることは先に述べた。今回の三人の来訪によって、羽出庭分校の子どもたちにアエタ族の小学校の様子が伝えられる予定になっている。

八月二日、ゴンサレス、インターアクト部員の小谷、赤松、志原、引卒の同部顧問の近成教諭、そしてＩＫＧＳ現地調整員の冨田の一行が羽出庭分校を訪れた。ゴンサレスは、羽出庭分校の児童が集めた種子から苗を育てて緑化対象地へ定植されていることを紹介し、インターアクト部員はバリウエット小学校での「一日先生」の体験を語った。分校の子どもたちは、お礼に一輪車乗りを見せてくれたり歌を聞かせてくれた。夕食会には、竹筒の器に盛ったカレーや竹筒の中で焼いたパンが出された。

一行の羽出庭分校への訪問は大成功だった。「マブハイ交流――羽出庭」の明るい将来展開を予感させる楽しい滞在を終え、帰途には、東京のピナトゥボ救援の会（通称ピナＱ）へも立ち寄った。このＮＧＯは、第4章などで詳述されたように、マニラ駐在員のご夫人方を中心に結成され、ピナトゥボ爆発の当初からアエタ族の救済にかかわってきた団体である。

八月七日にはゴンサレスは再び山南町へ戻り、「アエタ族の文化について」の演題でビデオを使って講話した。フィリピンの名物料理「シニガンスープ」の試食もあった。未熟なタマリンドの莢と種子で酸っぱく味付けしたこのスープは、暑気払いにもってこいだと参加者の評判はよかった。

翌八日に、ゴンサレスは帰国した。「マブハイ交流パートⅠ」とは異なり、静かな来日であり静かな離日であった。しかし、クズによるピナトゥボ緑化運動の将来を考えるとき、パートⅡは私の肩にまた一つの重荷を乗せていったような気がしている。

5 ピナトゥボ緑化を振り返って

これまでに、各方面からの招きで、幾度となくクズによるピナトゥボ緑化の話をしてきた。講演の後で、決まってクズをピナトゥボへ持っていくようになったきっかけについて尋ねられる。

クズは土壌流亡・泥流防止に必ず役立つはずだから、機会があったらいつかクズを使った緑化を試みたい、そして家畜を用いて、クズが大繁茂して逸出しないようにコントロールしながら牧畜を行う方法を確立したいと、私は常々チャンスにめぐり逢えることを願っていた。これ以外には、とくに確たる動機というほどのものはなく、ピナトゥボの泥流問題が発生したとき、好機到来とばかりついつい人の口車に乗ってピナトゥボへ出掛けることになってしまったのだ、というのが本音である。無鉄砲のそしりを免れない出だしであったが、九年の歳月をへて、ピナトゥボ緑化が多数の人々に支えられた大きな運動にまで発展したことには今さらながら驚いている。しかし、クズの新たな用途（緑化・牧畜）を日本国内ではなく、海外に求めてきた私たちの姿勢は間違いではなかったようだ。

思い起こせば、一九九二年二月半ば、フランスの植物育種学者D・ブレトンから、クズの育種学的研究で私（津川）のもとに留学したいという申し出を受けた。氏の目的からすれば、私の研究室への留学ではあまり成果が上がらないと判断したので、結局この件はお断わりすることにした。ところが、手紙のやりとりの中で、氏は前年に大噴火を引き起こしたピナトゥボ火山の泥流防止にクズ植栽の有効性を指摘し、協力体制を組めそうなフィリピンの政府機関を知らせてきた。ブレトンのアドバイスにしたがって、私たちは同年三月にフィリピン農業省海外協力調整室の担当官であるT・C・カペランに、泥流防止のためにピナトゥボ山地へのクズ植栽を提案する手紙を書いた。フィリピンでストリート・チルドレンの援助活動を行っている知人の紹介もあって、五月にはカペランから招請状が届いたので、六月上旬にフィリピンへ出掛けることにした。

一九九二年、雨季入りの直前に当たる六月上旬のマニラは酷暑の最中にあった。空港に降り立った私は、暑い蒸気を目いっぱい溜め込んだ大気に圧倒され、息苦しさに目まいがした。空港に到着後、直ちにケソン市にある農業省へ直行した。道路事情が悪く小一時間もかかったが、なんとか退庁時刻までにたどり着き、フィリピンへのクズの持ち込みについてカペランから了解を得ることができた。帰路、名高いマニラ湾の落日を見るためにロハス・ブルバードをドライブし、その夜はマカティ、ベル・エア・ビレッジにあるJICAフィリピン事務所次長の吉川浩史邸に泊めてもらった。

吉川邸の裏庭のプールサイドで、私のために歓迎会を催していただいた。ご家族のほかにJICA専門家、JOCV、マニラ在住の商社員など十数名の参加があった。私の来訪を心待ちして下さっていたのは、草地土壌学の権威である高橋達治であった。氏は農水省熱帯農業研究所を退官され、JICA専門家としてピナトゥボ爆発で生じたラハールでの作物栽培の可能性を検討するためにマニラに滞在されていた。私が持参したクズ種子を早速実験に供したいといわれた。親切なもてなしを受け、JICA専門家の方々から賛意を得たものであるから、ピナトゥボ緑化について明るい予感をもって眠りについたのを覚えている。

この旅行では、パンパンガ州側のピナトゥボ噴火被災地を視察し、アエタ族の再定住地の一つである「パスブル」を訪問することができた。短かったが、有意義なフィリピン滞在を終え、年内の再来訪を約束して帰国した。

同年一二月下旬にも渡比し、今度はタルラック側の噴火被災地を視察しながら北上し、バギオまで足を運んだ。一九九〇年に受けたバギオ周辺の震災の爪跡は、まだまだ生々しいものがあった。キャノン・ロード沿いの断崖では、今にも落石が発生しそうな崩壊箇所が至る所で見かけられ、土砂流出の防止にクズを植栽してみたい思いにかられた。その滞在期間中にはピナトゥボ周辺での適当な緑化試験地を決められなかったが、吉川から次回までに場所を決定するとの約束を取り付けたので、大いに期待しながら次の渡航を待つことにした。翌年二月に要請を受けて現地へ出向いた。そこは、サンバレス州スービック行政区域に本拠を置く少数部族救済基金（EFMDI・現ADA）のヒガラ基地であった。

クズによるピナトゥボ緑化は一九九二年にヒガラで始まり、一九九八年にはヤンボへと進んだ。この間、私たちは、IKGS事務局と緊密に連絡を取り合いながら九回にわたってフィリピンへ出掛けている。緑化に携わるフィリピン側のアエタ開発協会（ADA）は、地域に密着した、歴史と実績のあるNGOである。一方、カウンターパートの国際葛グリーン作戦山南は新興ながら国内外での活動が認められて、「平成一〇年度兵庫県ふるさとづくり優秀賞」受賞の栄誉に浴した団体である。

一九九七年九月にこのIKGSに入会した冨田一也は、一九九四〜一九九五年のJOCV当時ヒガラでクズの栽培にも従事している。前述したように、氏はADA日本駐在員でもあって、IKGSが一九九八年一〇月一四日から一週間、ADA代表団（V・ビリア他二名）を親善のために山南町へ招請した際（マブハイ交流パートⅠ）には各方面への折衝に手腕を発揮し、来日を成功に導いた。また、関係筋への表敬訪問には必ず同行し、通訳兼調整員として活躍した。一九九八年八月上旬にアエタ族の親善大使D・ゴンサレスを招いたとき（マブハイ交流パートⅡ）にも、関東、東北地方にあるIKGSと連携する自治体・NGOへ一行を案内し、見事にスケジュールをこなした。この「マブハイ交流」を機に、冨田に対するIKGS会員の信頼と期待が一段と高まった。氏は、両団体の舵取り役をこれからも立派に果たしてくれるはずである。ピナトゥボ緑化の今後の展開が楽しみだ。

IKGSは、これまでの功績によって「平成一〇年度兵庫県社会賞」を受賞することになった。受賞式は一九九八年一一月四日に兵庫県公館で行われ、村上代表と岸本理事が列席した。また、読売新聞社、ふるさとづくりを目ざす全国レベルの団体「あしたの日本を創る協会」などが共催する「ふるさとづくり賞」では、集団の部で「平成一〇年度ふるさとづくり奨励賞」に選ばれた。さらに、関西氷上郷友会創立百周年記念事業の「ひとづくり大賞」コンクールで大賞の金的を射止めた。山南町の関係者は、このトリプル受賞の喜びを心底から噛み締めたことだと思う。

一九九九年一二月、京都精華大学人文学部環境社会学科からIKGS宛に一通の手紙が届いた。それは環境保全活動や自然保護、自然観察を行ってきた実績のある大学受験者の推薦を依頼するものであった。いわゆる、NGO推薦といわれるものである。IKGS役員諸氏はまるで青天の霹靂に出合ったかのように驚いていたが、これも過去の活動実績が世間に認められていることを示すものである。

第6章 フィリピンNGO活動から見たピナトゥボ災害

――PBSPの活動から――

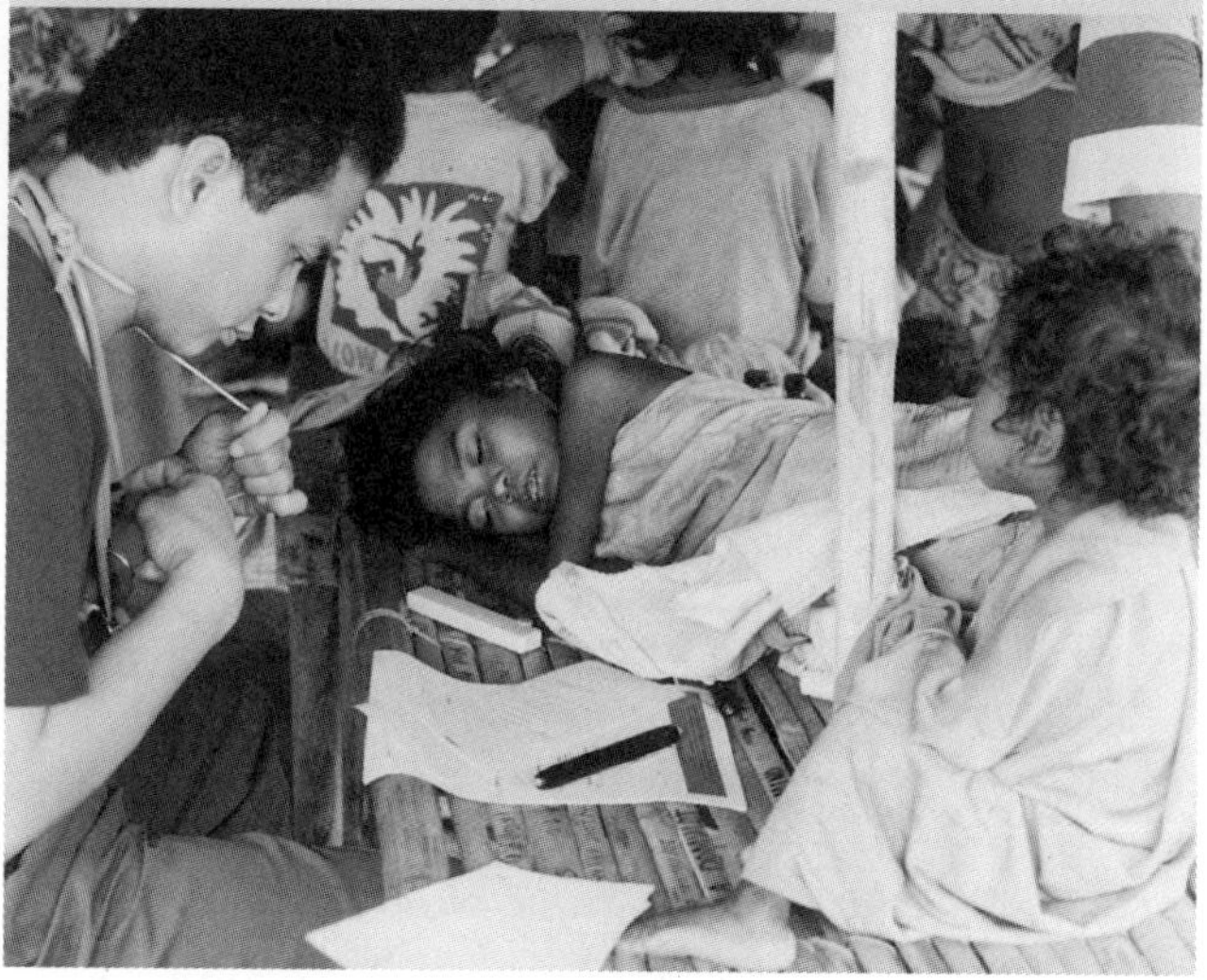

避難キャンプに医者が来た

本章では、ピナトゥボ火山の噴火で引き起こされた惨事に対応した非政府組織および市民社会(civil Society)の活動として、「社会進歩のためのフィリピン・ビジネス」(PBSP)を取り上げる。PBSPとは、社会進歩のためにフィリピンの事業家によって創設された開発NGOである。とくに被害を被った地域で実施されたPBSPの活動を、「緊急救援」「一時的な避難所プログラム」「再定住地プログラム」の活動を中心に取り上げる。

私たちは、今回の噴火が一〇〇万人以上の人々の生活にどのような影響をもたらしたのかを目撃した。この噴火により、景気は行き詰まり、何千という家屋が破壊された。多くの人々が、長年働いて手に入れた家屋を瞬時に失ってしまったのである。そして、山の傾斜に堆積している火山灰により、今後も多くの人々が住居を失うかもしれないのだ。

1 PBSPを中心とする民間活動の概要

PBSPは、フィリピンの事業家により、企業の社会責任を追及することを目的として、一九七〇年に設立された非政府・非営利の民間団体である。PBSPは、貧困層の自助努力を支援することが貧困を軽減し、人間の可能性を解き放ち、社会経済の公平を達成するためにはもっとも効果的で持続可能なアプローチであるという信念のもとに活動を行っている。そして、この財団は以下の信条をかたくなに支持している。

❶市民的な活動をすることは、企業の社会的責務であること。
❷ビジネス部門のもっとも大きな貢献は、金銭力によるのではなく独自の能力によるものである。それは、資源をプールする能力、実用的な目的を計画し実行する能力、そして、企業の精神を育成する能力である。
❸開発事業は大規模なので、包括的なアプローチが必要である。PBSPの構成企業は、年間純収益の一％の二割に当たる金額を拠出し、これが開発プログラム支援に当てられる。

PBSPは、一九七〇年に五〇の企業により設立された。その時代には、企業は悪者や暴君として描かれる風潮があった。PBSPは、民間企業が社会の発展や幸福のために、きわめて重大な貢献をなし得るという主張を押し出した。

PBSPの構成企業は、企業の経験や技術および専門知識が、貧困層の生活の向上に貢献するであろうと考えた。この企業家集団は、たとえ経済的な困難につきまとわれたとしても、PBSPの資源を社会開発のために利用すべきであると信じている。四半世紀を越えて、PBSPはフィリピンでもっとも影響力のある非営利団体の一つとなった。今日では、実に多様な活動をしており、開発途上国の中でも最大規模のNGOである。

災害が起こると、どの国の政府も、被災者に対する救援活動を迅速に行うことが期待される。これは、政府に備わっている責任である。フィリピン政府は、災害関連の活動のために特別な基金を設置し、被害を軽減するためにできるかぎりの努力を試みている。ピナトゥボ火山噴火の被害が大きかったので、政府は再定住地開発基金として知られている法令七六三七号を通過させた。この法令を通して一〇〇億ペソが、ピナトゥボ災害による被災者のための緊急救援や再定住地の建設、復旧事業およびインフラ整備に使われた。そして、政府のプロジェクトを監督するピナトゥボ火山災害対策本部（MPC）が創設された。

MPCの目的は、緊急救援のための追加基金を供給すること、再定住地を建設すること、生計や雇用機会を提供すること、噴火により損害を被った公共のインフラの修理をすること、コミュニティに必要な新しいインフラ設備を建設することである。

しかしながら、たとえ法令七六三七号があっても、政府単独ではすべての被災者への支援や再定住地建設などの十分な対応を行うことは難しいであろうと予測された。政府は、ピナトゥボ災害によって引き起こされた荒廃から復興するためには、市民社会の参加が必要であると考えていた。民間部門で構成されるPO（大衆組織）とNGOは、政府レベルの支援とは別に被災者に支援を行っていた。

ピナトゥボ火山が最初に噴火を起こしたとき、すでに大規模な災害になることは明らかであった。PBSPのトップ経営陣は、一九九〇年に発生したフィリピン北部の大地震の際に、災害関連に対する活動の計画や実施に携わったスタッフを召集した。彼らは、今後のPBSPの取り組みについての議論をし、計画を練った。地震の際に活動を計画したグループは、今回の災害への対応や管理のプログラムの仕事を課された。現場責任者が被災地に送られ、被害の大きさや、PBSPが行い得ることの判断を下した。そして、現場から送られてきたデータをもとにして全体的な計画が決められた。その結果、緊急救援と住居を失った家族のために一時的な避難所を提供することが早急に求められた。

また、海外の援助団体に寄付の請願がなされ、構成企業には被災状況と必要な支援に関する情報が伝えられた。

ＰＢＳＰは、一九九〇年六月の大地震の際と同様に、「災害復興のための企業間ネットワーク」（ＣＮＤＲ）および「災害復興のための相互媒介ネットワーク」（ＩＡＮＤＲ）と連携して救援活動を行った。ＩＡＮＤＲは、防災分野において実績をもつ全国レベルの九つのＮＧＯが相互の協力・連携を図るために設立したネットワークである（のちに構成団体は一〇に増大）。ＣＮＤＲとＩＡＮＤＲは、いずれも一九九〇年六月の大地震をきっかけに、ＰＢＳＰのリーダーシップのもとで設立された。両ネットワークの設立は、企業部門とＮＧＯの協力・連携の強化を大きな目的としていた。両者のネットワークは、ピナトゥボ災害においても大変重要な役割を果たした。企業とＮＧＯが連携したこのネットワークのもとで、ＩＡＮＤＲはＣＮＤＲの資金を草の根のコミュニティーに適正に配分したので、能率的な緊急援助が可能となった。

ピナトゥボ災害が大規模であったので、ＰＢＳＰはさまざまな機関との連携を必要とした。一九九一年七月に、ＰＢＳＰの最初の活動が行われた。ＰＢＳＰの後援のもとで、情報交換、資金動員、防災、アドボカシーの分野など、災害マネジメントにかかわる政府、企業、ＮＧＯ間の会談が開かれ、三者間の協力体制が進められた。ＩＡＮＤＲから一五人、ＣＮＤＲから一〇人、そして政府からは四人が参加した。主に、災害準備施策、訓練、そして教育の分野においてＮＧＯと企業の役割が期待された。

タルラック州、サンバレス州、パンパンガ州の幾つかの地域で、被災者に対する緊急救援がなされ

表6－1　PBSPの救援キャンペーン

分　類	合　計
外国のドナー カナダ国際開発庁（CIDA）, Royal Danish Embassy、Royal Netherlands Embassy, 欧州委員会（CEC）, アメリカ国際開発庁（USAID）	30,387,859
PBSP構成企業	791,940
非構成企業／個人	2,630,591
合　計	33,810,390

（単位 ペソ）

た。基本的に緊急救援は、食料、薬、その他の生活必需品を供給することが目的であった。救援活動は、ＩＡＮＤＲのもとに、社会行動のためのルソン事務局（ＬＵＳＳＡ）、フィリピン農村再建運動（ＰＲＲＭ）、市民災害復興センター（ＣＤＲＣ）、民衆開発センター（ＣＰＤ）、フィリピン赤十字社（ＰＮＲＣ）、ＡＤＲＡなどのＮＧＯとの協力のもとで実施された。ＰＢＳＰの救援キャンペーンは、**表6－1**に示すように、外国のドナー、ＰＢＳＰ構成企業、非構成企業および個人から合計三三八一万三九〇ペソを集めた。

緊急救援活動が継続する一方で別の問題が浮上し、さらなる迅速な対応が求められた。それは、激しい雨によってもたらされるラハールで家を失った避難民に対して、どのように避難民センターを提供するかという問題である。地方自治体が提供する避難民センターでは、増え続ける避難民に十分な対応ができなくなっていた。伝統的、歴史的には、学校の校舎が避難民センターと見なされていた。より多くのコミュニティ、とくに支流や川岸に沿った村々が、ピナトゥボの斜面を流れてくるラハールの脅威に脅かされていた。例えば、ポーラック、バコロー、サンマルセリーノでは、村の大部分がラハールによって一掃された。

ＰＢＳＰは被害を受けた人々に対して、一時的な避難民センターを迅速に提供する必要があると判断した。被害を受けた家族があまりに多いので、地方自治体が提供する資源では間に合わなかったのである。ＰＢＳＰは、救援計画を延長するためにスタッフを動員した。そして、一時的な避難民センターを建設するための資金拠出を外国のドナーや構成企業に申し入れた。一時的な避難民センタープログラムでは、避難民のための保健衛生の設備、フード・フォー・ワーク（food-for-work）[(1)]、雇用機会を提供することが計画された。そして、宿舎、共同トイレ、深井戸を備えた一時的な避難民センターが設立されたが、これは政府による避難民センターの設置を補うものであり、ＭＰＣや地方自治体や社会福祉・開発省（ＤＳＷＤ）との協力のもとで行われた。

ピナトゥボの噴火により、実に多くの問題がもたらされた。第一に考えなければならないのが、もっともひどい被害を受けた三州の何千人という避難民にふりかかった荒廃にどのように応じるべきかということである。一九九三年一月二〇日に、アメリカ国際開発庁（ＵＳＡＩＤ）は「ピナトゥボ災害被災者のための復興案と新生活への選択」（Rehabilitation Options and Alternatives for the Mt. Pinatubo）』と名づけられた調査プロジェクトのために、一五万ペソをＰＢＳＰに贈与した。この調査により、外国のドナーやＮＧＯおよびフィリピン政府による再定住地や経済復興のためのオルタナ

（1）仕事（家庭菜園・共同菜園・排水溝掘り・トイレの建設・公共施設の清掃・火山灰の除去など）を与え、その報酬として食糧（米・干魚・缶詰など）を支給するプログラム。

ティブな支援が展望された。調査が完了した後、その結果がドナーやNGOおよびフィリピン政府に提出された。その結果は、以下に挙げるものを推奨している。

A・再定住地

●再定住地に適した場所ではない所に移住せざるを得ない人々の自助努力を優先的に支援する。
●収入向上の機会が得られるならば、避難民センターが再定住地になる可能性がある。
●NGOやPOや民間部門と被災者との協力関係が築けそうな再定住地を開発する。
●地方の主導権を支援することで、地方分権の再定住地政策を奨励する。
●さまざまなグループの成果を調整し、開発のマスタープランを準備する。
●再定住地計画に積極的に参加する住民を奨励し、コミュニティの組織化を図る。
●パンパンガやバタアンでは、政府は住宅の不足を解決するために、用地の選択や、一区画の大きさや、アクセスのしやすさや快適さを考慮に入れるべきである。
●タルラックでは、コスト、デザイン、ローン、住宅利子の面での実行可能性を考慮して、住宅の設計が行われるべきである。
●サンバレスでは、再定住地を経営するために、多分野にわたる経営マネジメントが編成されるべきである。同時に、共同のマスタープランが提出されるべきである。

B・生計

●ミクロからマクロレベルに至るまで、実行可能でふさわしい事業を強固に追い求めなければならない。
●被災者の生活の要求に見合うように、貸付の有効性を高めるべきである。
●女性の貢献を見落としてはいけない。過度に女性たちに負担を負わせるべきではないが、最大限の技術と能力を追求したプログラムが開発されるべきである。
●国家労働青年委員会（NMYC）、教育文化省（DECS）、技術生計資源センター（TLRC）、DSWD、NGOのプログラムでは、被災者の要望に見合うような職業訓練が行われるべきである。
●タルラックでは、被災者が新しい仕事を始められるように、技術向上の訓練が組織されるべきである。
●スービックとクラークは、とくに非農業のプロジェクトでの収入源が確保されるべきである。
●サンバレスでの政策では、現存する資源に最大の焦点が当てられるべきである。また、生産を行うための土地が与えられ、生産物のための新しい用地が鑑定され、人々の参加が促されるべきである。

2 復興へのチャレンジ——RAPプログラム

噴火が起きた当初は、アンドレス・ソリアーノⅡ世財団（ASJRF）とマザー・ロサ・メモリアル財団（MRMF）という二つの財団が、政府や企業部門およびNGOや被害を受けたコミュニティとともに働き、PBSPの仕事を補足すると見なされていた。それらは、緊急救援を提供したり、一時的な避難民センターを建設したり、小規模なインフラを修復する支援活動を行った。その活動により、基本的な社会サービスが提供され、被災者の社会復帰が促された。

救援活動が一年間続いた後、政府・NGO・ドナー間のより密接な協力が必要であることが明らかになった。ピナトゥボの被害に対して、災害準備施策（preparedness）、被害軽減施策（mitigation）などの復興に関する多種多様な対応がなされるべきであると考えられた。まず初めに、増え続ける避難民に再定住地を提供する政府の取り組みを補わなければならないとの認識が広まった。そして、この認識が共有されて、ASJRF、MRMF、PBSPの三者間で連合団体（consortium）が形成された。一年間の協力活動により相互の信頼が増したことも、連合団体の形成に大きな影響を及ぼした。また連合団体は、ピナトゥボ災害の被災者のために新たな災害プログラムの実施を計画した。

連合団体は、一九九三年一月二九日に正式に設立された。各組織の役員によって署名された協定覚書（Memorandum of Agreement）に、各組織の役割が以下のように記されている。

ＡＳＪＲＦ
●連合団体の事務局を務める。
●資金動員に責任をもつ。
●土地の取得、用地開発、住宅・設備建設において指導的な役割を果たす。

ＰＢＳＰ
●プログラムを組織する。
●ＭＰＣ、フィリピン火山・地震研究所（ＰＨＩＶＯＣＳ）、通商・産業省（ＤＴＩ）などの関連する政府機関と技術的な協力を行い、調整を図る。
●受益者の収入を回復するための生計プログラムを開発する。
●ＡＳＪＲＦの資金動員の支援を行う。
●土地の証明や選択に責任をもつ。
●コミュニティー連合によって強化されうる住宅政策やガイドラインを開発する。
●受益者にとって手ごろな価格であり、緩やかな住宅ローンの払い戻し計画や償還スケジュールを開発し、社会住宅基金（ＳＨＦ：Social Housing Fund）を設立する。そして、住宅と敷地のローンを利用して、ＳＨＦを再定住地を拡大するために使用する。また、ＳＨＦの政策やガイドラインを開発する。

MRMF

●担当するコミュニティ組織を包括して、コミュニティが再定住地プログラムに積極的に参加することを保証する。

●包括的なコミュニティ開発プログラムを計画し、実行するコミュニティ連合の組織化を図る。そのプログラムには、住宅改良や用地サービスや生計向上が含まれる。

●受益者からのローンの収集に責任をもつ。また、コミュニティに存在する労働力の中から、熟練労働、半熟練労働の建設労働者を選抜し動員する。

もし、PBSPの理事会の手助けがなければ、連合団体を設立することはできなかったであろう。ASJRFとMRMFが一緒に連合団体を形成するというアイデアは、理事会によって承認された。理事会は連合団体を主導するために、PBSPの一般基金から、資金創出のための計画、活動、プロジェクトを行うことを認めた。同様に、理事会は、連合団体が直面する問題への対応や、PBSPの構成企業や非構成企業からの資金調達に関する適切な介入や忠告を行った。また、連合団体が行っているプロジェクトを個人的に訪れる理事会のメンバーもいた。

連合団体のプログラムは、「ピナトゥボ再定住地支援プログラム」（RAP：Pinatubo Resettlement Assistance Program）と呼ばれた。このプログラムは、被災者が安定・自立したコミュニティをつくっていくことを目指したものである。これは、土地の取得や開発、住宅、基本的な社会サービス、能力の構築、生計向上を統合した包括的な再定住地プログラムとなった。プログラムを実行するためには、八〇〇〇万ペソの資金が必要であった。連合団体のメンバーは、プログラムの財源を確保するために、協力して資金を集めた。

ＲＡＰは、ラハールによる避難民が増加して、緊急に再定住地が必要になることを考慮して考え出されたプログラムである。ＲＡＰは、被害を受けたコミュニティに対する再定住地での政府の取り組みを補完するように努めた。連合団体は、被害を受けた家族とのかかわり合いを最大限に生かすという視点から再定住地の支援を実施した。それは、被災者が単なる受益者ではなく参加者であるという視点である。つまり、外部からの支援に依存させるのではなく、コミュニティの長期的な発展に貢献するような支援が計画された。

ＲＡＰのプログラムのもとで、パンパンガ州とタルラック州に、九〇〇世帯を収容する四つの再定住地が建設された。受益者が安定したコミュニティで暮らせるようになるために、コミュニティの組織化、土地の取得、用地開発、中核となる住宅の建設、社会サービスへのアクセス、生計向上の支援が行われた。

このプログラムは四段階で実行された。第一段階では、一九九三年に、ブエンスセソ、アラヤット、パンパンガのバランガイに、四四九の家族が収容できる七・八ヘクタールの実験的な再定住地を取得した。ブエンスセソの用地開発は第二段階で行われた。第一段階の主なドナーは、欧州委員会（ＣＥＣ）と独社会住宅開発援助協会（ＤＥＳＷＯＳ）で、第二段階では、ＣＥＣとＡＳＡＭＥというフランスのＮＧＯがドナーとなった。第三段階と第四段階は、ＣＥＣ、スペインのＮＧＯであるＣＯＤＥＳＰＡ、ＵＳＡＩＤなどがドナーとなった。

このプログラムを実施するために、連合団体の役員からなるプログラム運営チームが結成された。そのチームは、プログラムコーディネーター、コミュニティオーガナイザー、会計事務、行政補佐役で構成され、現地事務所はアンヘレス市に設立された。

ＲＡＰは、再定住地建設に向けた包括的なプログラムであり、以下の内容により構成される。

❶土地の取得と用地開発

フィリピン火山・地震研究所（ＰＨＩＬＶＯＣＳ）により、ラハールの脅威を免れると認定された土地を得て再定住地に転換した。その土地を、低コスト住宅の政府命令（法令二二〇号）をもとに、共有スペースをもった住宅区画に分割した。そして、道路の建設や上下水道の整備、飲料水システム、電気の供給のような物質的な面での整備が図られた。受益者の生活を考慮すると、今後ラ

ブエンスセソ再定住地

ハールに脅かされる心配がなく、商業・ビジネス地区に隣接している場所が再定住地に適している。同様に、ホストコミュニティや地方政府の受け入れ態勢も重要視された。また、関連する政府機関から必要な開発の許可を手に入れた。

❷中核となる住宅の建設

このプログラムの受益者のために、個々のトイレが備わっている二五平方メートルの中核となる住宅を建設した。この住宅はコンクリート製で、受益者の了解を得て設計された。

❸コミュニティの組織化および能力の拡充

組織の構成（家主協会のようなもの）と適切なトレーニングの指導がなされた。この組織は、用地保全、コミュニティの調和、住宅と用地の債務返却のような不動産マネジメントを引き受けることになった。また、トレーニングは、プログラムの実施においてパートナーとなる人々の能力を高めることを目標として行われた。

❹基本的な社会サービス

ＲＡＰの中で早急に進められたプログラムとして、教育や健康のための基本的な社会サービスの提供がある。基本的な社会サービスとして、学校やヘルスセンターのような施設が設立された。政府による再定住地の基本的な社会サービスの提供は、十分に行われているとは言い難いものであった。

❺生計向上と開発

ＲＡＰの核となるプログラムとして、受益者が再び働けるように、再定住地の内外に雇用機会を設けることが挙げられる。受益者は、復興策の単なる受け手というよりも、むしろパートナーになる機会であると考えられていた。現実的には、財源が乏しいために被災者のすべての要求には応じられなかったので、受益者自身の自助努力が奨励された。

外国のドナーによる資金援助を受けて、再定住地の土地の取得と用地開発、核となる住宅の建設が行われた。ＰＢＳＰの構成企業、非構成企業、各国ドナーおよび個人により、コミュニティの組織化や能力の構築、基本的な社会サービス、生計増進と開発事業への資金援助を受けた。さらに、プログラムの支援を求める受益者や避難民が増えたので、中核となる住宅を増築するための資金を企業から受けた。ＰＢＳＰの再定住地支援プログラムを実施するために、外国からのドナー、構成企業、非構成企業、個人から、合計三八九五万三五三三ペソの寄付が集められた（**表６－２**）。

再定住地基金は、ＡＳＪＲＦとＭＲＭＦの寄付を合わせる

表６－２　RAPプログラムの資金源

分類	合計
外国のドナー USAID, ASMAE, DESWOS／欧州委員会（CEC） Foundation CODESPA	29,856,813
PBSP構成企業	6,438,564
非構成企業／様々な援助団体	2,658,156
合計	38,953,533

（単位 ペソ）

と、合計で六〇〇〇万ペソに達した。ＰＢＳＰはこのプログラムを継続するために、一般基金から合計三一六万ペソを提供した。緊急救援プログラムや一時的な避難所プログラムに比べると、再定住地基金では、運営サービスや設備、日用品の使用のような費目に多くの資金が使われた。

再定住地の敷地や建設された住宅は、受益者に無償で提供されたわけではなかった。住宅と敷地の費用は、基本的に、用地取得や材料の費用と住宅を建築するための労働コストによって算出された。それには、政府の低コスト住宅プロジェクトや民間の開発業者が適用している用地開発のためのコストは含まれていない。このサービスには、電力供給、上下水道設備の建設、道路、公園、広場や多目的施設そのほかの娯楽施設の建設も含まれている。

受益者は、年一二％の利子を支払うことが義務づけられた。しかし、確実な収入が得られない場合には、一定の猶予を与えるプログラムが考えられた。そのプログラムでは、一年目には利子分を支払わなくてもいいという利点が与えられ、翌年から一二％の利子のうちの数％が徴収される。二年目には一二％の利子のうちの三〇％が徴収される。受益者は徐々に収入手段をもつであろうと予想されるので、利率は毎年一割ずつ上昇していき、一五年後に返却される利子の総額が毎年一二％の利子を徴収した場合と同じ結果になるようにした。追加計画として、利子の半分は家主協会の資金になり、再定住地の維持費や生計向上プロジェクトの支援、家主協会の活動の維持費にあてられることになった。

敷地の権利は、理事として活動した連合団体とＡＳＪＲＦの名義になった。受益者が返済を終えたら土地は受益者の名義になり、譲渡されることになった。受益者からの返済によって得た資金は、連合団体による永続的災害基金（ＰＣＦ：Perpetual Calamity Fund）の設立に回された。ＰＣＦの目的は、被災者の生活を正常に戻すためのプログラムやプロジェクトを永続させることにある。これらのプログラムやプロジェクトは包括的なものであり、住宅建設、基礎的な生活支援、公共施設の再建、雇用機会の回復、災害準備施策、被害軽減施策、防災などに関することが含まれている。

一連の議論の後、連合団体は、このプログラムの運営を続けていくにはコミュニティの組織化や払い戻しの回収を行うための専門の機関が必要であることを認識した。この仕事は、最初の段階から活動にかかわっていたNGOのネットワークである災害復興のための企業間ネットワーク（CNDR）に任されることになった。

RAPのプログラムを継続する一方でPBSPは、パラヤン市の再定住地や他の再定住地での活動も行った。構成企業と非構成企業の資金援助を通して、PBSPは避難家族のために、能力の拡充活動、トレーニングセンターの建設、新しい生計手段などの基本的な社会サービスを供給した。また、サンバレス州やタルラック州でも再定住地コミュニティへの生計支援を行った。ラハールによって損害を受けた学校の修築や校舎の建設を行う企業もあった。

国家経済・開発庁（NEDA）は、RAP以外にも、再定住地のための生計開発プログラムを行うことをPBSPに依頼した。それらは、国連開発計画（UNDP）の技術支援プログラムの資金援助を受けて実施された。この一年間の能力構築トレーニングは、一一の再定住地で働いている政府機関や地方のパートナーのNGOを選抜して行われた。そのトレーニングは、開発にあたる職員の能力や地方自治体の計画を発展させ、各地域でプロジェクトが引き継がれることを目的として行われた。なぜならば、地方政府が被災者の生活支援に応えることが最善の策であると考えられたからである。

3 PBSPおよび市民社会の貢献

これまでの記述で触れていないPBSPの活動として、以下のような形態で生計向上の支援を提供してきたことがある。それは、家主協会による金貸し、売店の建設、アヒルの飼育、衣服生産事業への資本提供（日本シルバーボランティアズによって一二台の高速の縫製機械が贈与された）、陶器・陶磁器製造、紙袋製造、米の売買、古着の売買、電気店、小さな食料品店への資金の融資などである。また、被災者の新しい生計手段を支援するために、アンヘレス市にある企業資源センター（ERC）に対する資金を提供した。

再定住地を支援してきたPBSPのプログラムについては、以下のようなまとめができるであろう。

❶再定住地の居住者の間で、提供された社会サービスと施設への関心が高まった。しかしながら、そのようなサービスと施設の使用は、多目的センター、地域の公園、広場および保健所など、かなりかぎられたものであった。それでもなお、好意的な評価を得ている。

❷連合団体の重要な功績は、再定住地の供給に加えて、上下水道設備や電力供給、幹線道路などの基本的なインフラストラクチャーを整備した点にある。

❸再定住地における生計支援プログラムは、多くの再定住者に収入向上の機会を与えるという目的を成し遂げた。

❹受益者自身による選択に留意した政策が出され、実行されたため、多くの申込者が賛同した。

❺再定住地は多くの被災者に利用された。政策が策定されると同時に、住宅相互開発基金や他の組織を通じて、支払い期間、利子率や支払い方法などに関する対話が試みられた。そこではプログラム策定者の努力が要求される一方で、プログラム受益者のさらなる努力も必要とされた。
❻地域のリーダーのもとで、理事会からなる家主協会の役員は、セミナーやオリエンテーション、地域におけるリーダーシップ、運営、人間関係、他の技術的なスキルのトレーニングを受けた。

連合団体によるピナトゥボ火山噴火の被災者に対する支援は、フィリピン政府が行った支援に比べるとわずかな貢献と思われるかも知れない。しかし連合団体は、あの廃虚の中から被災者の生活を再建するという大変困難な仕事を行い得たことを名誉に、そして光栄に思っている。

RAPの六年間にわたるプログラムの実施により、連合団体のメンバーは貴重な経験を得た。災害関連のプログラムを実行する上で、連合団体の活動が資源や専門知識をプールするための望ましい戦略となった。同様に、開発の分野でも、NGO、地方自治体、企業部門、外国のドナー間の調整を図ることが、対象コミュニティに効果的な支援を行い得ることが証明された。また、市民社会の活動が国家的な開発事業において重要な役割を果たすであろうというPBSPの信念も証明された。このプログラムから引き出された経験は、この種の事業を再び行う組織にとって素晴らしい情報源並びに教訓となるであろう。私は、この国を打ち砕くようなこのような大災害が二度と起らないことを願う。一つの災害で長年働いて得た財産を失っては、人々の努力が無意味になってしまう。この悲しみと苦しさがいつまで続くのかは、神のみぞ知っているのである。

（本章で述べている見解や意見は筆者の個人的なものであり、必ずしもPBSPのものを表明しているわけではない）

第7章 ピナトゥボ災害に対するアメリカ政府の援助

2万人以上が住むテント村

自然災害についてのとらえ方は、国や社会ごとに異なり、対応においても当然違ってくる。にもかかわらず、それが国際的な援助や協力となると、どの国も他の被災国・地域に対しては一様な行動に出る。国連による「国際防災の一〇年（一九九〇年代）」（ＩＤＮＤＲ：International Decade for Natural Disaster Reduction）宣言、さらにそれを二〇〇〇年以降に継続させた「国際防災戦略」の策定は、自然災害についてのとらえ方や対応に関する共通の認識を確立する目的があった。ＩＤＮＤＲは、受け入れ国における救援活動を復興から開発へとつなげていくことを明確にし、災害を開発のイシューとして位置づける意義があった。

フィリピンのピナトゥボ火山が一九九一年に噴火したとき、多くの国々がさまざまな形での援助の手をフィリピン政府に差し伸べた。長年にわたる対比主要援助国の一つであるアメリカ政府も、被災者に対する独自の援助を実施した。その方法は、噴火によってもたらされた厳しい状態への直接的な対応にとどまるものではなかった。なぜなら、アメリカ政府は「自然災害観」をもち、災害時における行政府（すなわちフィリピン政府）の在り方やフィリピン社会の特徴についての理解を踏まえた対応を図ったからである。

本章は、アメリカ政府がフィリピンに対して一九九一年から一九九六年にかけて行ったピナトゥボ火山噴火災害関連の援助について検証するものである。また、アメリカ政府の政策立案とその実施の過程についても注目する。ここで提起されているのは以下のような問いである。

●どのような種類の援助をアメリカ政府は行ったのか。
●災害救援がいかにパッケージ（相互に有機的な関連のあるひとまとまりのプロジェクトやプロ

グラムの意）として実行されたのか。
- アメリカ政府の援助にはいかなる原則が貫徹していたのか。
- 実施手続きはどうであったのか。
- 援助は誰に恩恵をもたらしたのか。

1 援助の概要

一九九一年のピナトゥボ火山噴火直後には、フィリピン政府は各国政府および国際諸機関に援助を要請した。アメリカ政府の場合、一九九一年から一九九六年までの間に総額五七五五万七五七九ドル（約七〇億円相当）の無償援助を行った。それは、「技術援助（噴火前と噴火後）」「緊急救援」および「長期的復興事業と防災」の三つに分類される。（**表7－1**を参照）。これらは、アメリカ政府の一貫した政策に位置づけられており、アメリカ国際開発庁（ＵＳＡＩＤ）の外国災害援助室（ＯＦＤＡ）作成のマニュアルに基づいて実行された（USAID, 1996a）。

技術援助

ピナトゥボ火山噴火の可能性と危険について諸外国の科学者たちが気付く以前に、アメリカ政府はＵＳＡＩＤマニラ事務所を通してフィリピン政府への援助を開始していた。

表７－１　アメリカ政府によるピナトゥボ山噴火関連災害援助の概要

（1991年から1996年12月分まで。単位はUS$）

種　類	金　額	全体に占める割合
A.　技術援助		
噴火前	1,450,000	2.52
噴火後	1,313,000	2.28
小計	2,763,000	4.80
B.　緊急救援		
1991	2,215,293	3.85
1992	1,724,300	3,00
1993	650,103	1.13
1994	585,000	1.02
1995	125,000	0.22
1996	525,000	0.91
小計	5,524,696	9.60
C.　復興と防災に係る長期プロジェクト	48,969,883	85.08
総　計	57,557,579	100

一九九一年四月二二日、ＵＳＡＩＤマニラ事務所は、フィリピン火山・地震研究所（ＰＨＩＶＯＬＣＳ）の要請にこたえて、アメリカ合衆国地質学研究所（ＵＳＧＳ）からの火山危機管理支援のための科学者チームを招聘していた。それは、フィリピン人科学者と共同してピナトゥボ火山の噴火状況を調査し、駐比アメリカ大使館、駐比アメリカ軍、そしてフィリピン政府に報告し提言することを目的としていた。携行した機材は、ＵＳＧＳと外国災害援助室（ＯＦＤＡ）が世界中の火山活動調査に使っている標準的なもので、地底調査と分析を行うためのも

のであった（BHR/OFDA, 1992）。専門家派遣、機材の供与、ピナトゥボ火山の衛星撮影と分析などの総経費は一四五万ドルであった。噴火予知関係の機材供与は、PHIVOLCSの使っていたものが老朽化したので時宜《じぎ》を得たものであった。同時に、PHIVOLCSの科学者や技術者への訓練も行われた。

ピナトゥボ火山の噴火後も、さまざまな専門家がフィリピン政府およびNGOに派遣された。一人はイギリスのケンブリッジ大学からで、火山灰の呼吸器官への健康上の影響を分析するため、フィリピン政府保健省（DOH）の職員と共同でモニターした。アメリカ農務省からは土壌専門家が派遣され、降灰の土壌に対する中期的ないしは長期的影響と、今後の生産性の予測に関する検討が行われた。また、二人の住宅問題の専門家派遣により、仮設住宅でのプラスチック板の使用について助言をした。サンバレス州およびタルラック州で、社会福祉・開発省（DSWD）、フィリピン赤十字社（PNRC）、多数のNGOの出席する展示会が開催された。

アメリカの民間コンサルタント会社であるルイス・バーガー・インターナショナルは、アメリカ政府からの委託により四人の専門家を派遣し、「第三地域（サンバレス、タルラック、パンパンガなどの各州を含む広域行政地域）」のインフラストラクチャー被害状況の徹底的調査を実施した。その調査結果を踏まえる形で、アメリカ陸軍工兵隊（USACE）からやはり四人の調査団が派遣された。それはフィリピン公共事業・道路省（DPWH）の協力を得て、今後の泥流と洪水の発生に対していかに対応していけるのかを検討した。そして、灌漑システム、道路網、居住地区などインフラへの影響を調査した。これは、復興計画に向けての優先順位策定に役立てるためであった。

専門家の派遣のほか、アメリカ政府は社会科学者や災害危機管理のエキスパートなどへの委託も行った。彼らに、援助の社会的意義の分析や被災者ニーズへの対応性を検証させるためであった。インターテクト（民間のコンサル会社）は、アメリカによる救援活動状況と復興事業の現状と問題点を把握し、改善のための優先政策提言をしていた。ＵＳＡＩＤマニラ事務所は、これらの報告と提言を受けながら、次の段階の被災者対策や復興計画を調整していた。

主要民間企業の支援により運営されている大手のＮＧＯである「社会進歩のためのフィリピン・ビジネス」（ＰＢＳＰ）に対してもアメリカ政府は資金援助し、被災民の避難生活と再定住プログラムに関する意識調査を行った。「ピナトゥボ火山噴火被災者の復興案と新生活への選択」と題される報告書（PBSP, 1993）は、被災者に対する官製の復興プランを補足することを目的として作成された。

もう一つのＮＧＯの「開発行動のための協働」（ＣＤＡ）は、ピナトゥボ火山麓周辺における再定住プログラムの評価を委託された。そして、ＮＧＯならびにフィリピン政府諸機関が取り組んでいる再定住計画の弱点と課題をまとめ、個々の被災民グループごとに最適の復興プランを立案していく枠組みを指摘した（Anderson, 1993）。

以上のようなアメリカ人の派遣を含むさまざまな技術協力に加え、ＵＳＡＩＤマニラ事務所は三人のフィリピン人エキスパートも雇用した。彼らは災害危機管理の専門家で、火口周辺から被災地域や再定住地区までを巡回し、常に最新の（とくに泥流被害拡大の）状況や被災民の生活状態についての情報を収集した。アメリカ政府はその方針として、被災国の人材をこのように活用しているのである。

表7－2　アメリカ政府によって提供された技術援助

（1991年～1996年。単位はUS$）

種　類	金　額
専門家の派遣（医療関係者、土壌学者、住宅問題専門家、基礎自然科学者）	54,000
農業生産振興プロジェクト	100,000
衛星撮影プロジェクト	100,000
ピナトゥボ山インフラ損壊評価（ルイ・バーガー・インターナショナル<コンサルタント>に委託）	102,000
噴火直後の地形等の踏査（米陸軍工兵隊に委託）	40,000
噴火後の状況報告（インターテック<コンサルタント>に委託）アメリカ政府地質学サービスから	25,000
PHILVOCSへの技術援助	250,000
援助の優先的恩恵者に関する調査（PBSPに委託）	50,000
調査・訓練活動（開発アクションのための協労<NGO>）に対する支援	42,000
長期開発行動計画についてのフォローアップとデータ集積	550,000
総　計	1,313,000

出所：USAIDマニラ事務所

緊急救援の援助

ピナトゥボ山の噴火が災害をもたらしたことを駐比アメリカ大使が認識し、フィリピン政府からの要請がなされた直後、大使はその裁量においてフィリピン赤十字社（PNRC）に救援活動を支えるために総額二万五〇〇〇ドルを届けた。一九九一年以降も毎年同様の資金供与がなされた。その対象となったのはNGOないしはフィリピン政府機関であったが、資金供与が長期にわたったのは、被災地域（ルソン島中部）に台風が到来したりして泥流による被害が拡大したからである。また、USAIDマニラ事務所からの要請を受けてOFDAは、水用の容器、食料、仮設住宅の建材、医薬品を購入し、被災したサンバレス、タルラック、パンパンガ各州の人々に提供するため五〇万ドルの無償資金を送った。この資金の管理はPBSPが担当し、実際の配布は四つのNGOによってなされた。

OFDAはさらに、ケア（CARE）に無償資金を供与した。これらの資金は、仮設住宅建材、工具類、テント、泥流撤去のためフィリピン政府に雇用された避難民の日当などに使われた。これらの受益者は、主としてアエタ族であった。被害は年月を経ても拡大していったので、緊急救援事業も参加したNGOの数も増加していった。

ピナトゥボ災害が続く間、アメリカ政府は農業貿易開発援助法（Public Law、第四八〇号第二項）に基づき食糧援助プログラムを三回にわたって実施した。これらは、自然災害、内戦、その他の状況から深刻な食糧不足が発生している人々に対して提供される特別なプログラムである（BHR/OFDA, 1995）。

アメリカ政府の場合、そのUSAIDマニラ事務所を通して、しかもフィリピン政府との調整をへてではあるが、現地および外国（アメリカを含む）のNGOに直接、上記のような緊急の救援援助がなされた。これは特筆に値することである（**表7－3**を参照）。アメリカ政府は、さまざまな救援援助を確実に効率的な方法で提供するため、積極的にいろいろなNGOのサービスと得意とする分野を活用しているのである。およそ六一％の緊急救援援助はNGOへ回った。その半分はPNRCへ、残りのうちの二二・四三％はPBSPに対してであった。つまりPNRCとPBSPへのアメリカ政府の援助が、NGO全体への金額のうち八三・四三％を占めたわけで、実績のあるNGOとの連携を取

表7－3　アメリカ政府による緊急救援援助

（1991年～1996年。単位はUS$）

種　類	金　額
A．1991財政年度の緊急救援	
PNRC（フィリピン赤十字社）への現金贈与	25,000
PBSPへの贈与	500,000
CAREへの贈与	445,000
PNRCへ供与したプラスチックシートおよび毛布	501,427
DSWD（社会福祉・開発省）へ供与したプラスチックシート	294,000
食糧援助（PL480号第11項）	324,866
DH（保健省）へ供与した機材類	125,000
小計	2,215,293
B．1992財政年度の緊急救援	
DSWDへの贈与	25,000
PBSPへの贈与（避難所救援のため）	189,000
ハイメ・オンピン財団への贈与（就業のためのキャッシュ・食料プログラム）	186,000
プラスチックシート（DSWD, およびPBSP 他のNGO諸団体）	547,800
PNRCへの贈与（避難所救援のため）	179,000
食糧援助（PL480号第11項）	597,000
小計	1,724,300
C．1993財政年度の緊急救援	
毛布、追加シートと簡易ベッド（PNRC,DSWD，その他のNGO諸団体）	307,300
プラスチックシートおよび生活用水容器（PNRC,DSWD,その他のNGO諸団体）	172,000
PBSPへの贈与（仮設住宅プロジェクト）	62,162
CNDRへの贈与（仮設住宅プロジェクト）	58,318
PNRCへの贈与（仮設住宅プロジェクト）	42,388
食糧援助（PL480号第11項）	
小計	650,000
D．1994財政年度の緊急救援	
プラスチックシート（PNRC）	60,000
DSWDへの贈与（食料および就業のためのキャッシュ・プロジェクト）	25,000
PNRCへの贈与（仮設住宅プロジェクト）	300,000
CNDRへの贈与（仮設住宅プロジェクト）	200,000
小計	585,000
E．1995財政年度の緊急救援	
DSWDへの贈与（食料および就業のためのキャッシュ・プロジェクト）	25,000
PNRCへの贈与（仮設住宅プロジェクト）	100,000
小計	125,000
F．1996財政年度の緊急救援	
DSWDへの贈与（食料および就業のためのキャッシュ・プロジェクト）	25,000
PNRCへの贈与（救援と衛生プロジェクト）	200,000
PNRCへの贈与（仮設住宅プロジェクト）	300,000
小計	525,000
総　計	5,524,69

表7－4　アメリカ政府による長期的復興および防災にかかわる援助

（1991年～1996年。単位はUS$）

種　類	金　額
アエタ族健康管理プロジェクト（ハイメ・オンピン財団）	740,740
学校および病院の再建・整備	17,000,000
河川敷調査（アメリカ陸軍工兵隊に委託）	6,500,000
ピナトゥボ山周辺の航空地図作成	1,200,000
通信施設整備と地ならし機（PCIS）	12,600,000
長期復興計画（PVO／ECD　Co-Fi）：	
アンドレス・ソリアノⅡ世財団への贈与	262,500
アジア・ラタン製造株式会社への贈与	200,000
フィルアム財団および協同住宅財団への贈与	100,000
JVOFIへの贈与（アエタ族健康管理プロジェクト）	120,000
アンドレス・ソリアノ株式会社への贈与（再定住プロジェクト）	496,643
エンジニアリング・サービス（DPWH）	4,600,000
技術援助（DPWH）	1,000,000
オロンガポ市立病院	3,300,000
アンヘレス市立病院	800,000
総　計	48,969,883

るという政策の表れといえる。PNRCは過去の災害時に活躍してきた経験があり、PBSPはフィリピンのいくつものトップ企業によって支援を受け、その仕事効率の高さと専門性が評価されている。緊急救援援助のうち、フィリピン政府諸機関に回ったのはわずか二六％ほどであった。残りの分は、NGOと政府の共同事業であった。

長期的復興と防災にかかわる援助

アメリカ政府からの長期的復興と防災にかかわる援助は、ピナトゥボ災害関連援助の中で最大の金額を記録している。それは、全体の八五・〇八％を占める。これらの援助は、一九九一年から一九九六年に、学校、病院、再定住用住宅などの重要な社会的インフラ建設事業に活用された。また、道路や通信施設の復興にも向けられた。他にもニーズの高い生計改善、とくにアエタ族を対象とするヘルスケア充実のための援助も供与された。

緊急救援援助のときのように、フィリピンＮＧＯの大規模な参加も見られた。ＵＳＡＩＤは、引き続く複次災害の見通しもあったことから、一九九二年には、ボランティアグループ、ＮＧＯ、民衆組織などの今後の対応をテーマとする会議を主催した。フィリピン政府はもとより、さまざまなＮＧＯや支援団体がこの会議には出席した。会議の成果を踏まえて、ＵＳＡＩＤはピナトゥボ火山噴火被災者がビジネスを再建したり、住宅を建設する際のローンや補助金の原資を提供したり、ならびに短期対応の仮設住宅、仕事を見つけるまでの一時金、食料の供与に集中的に努力を向けることになった。

2　アメリカ政府の災害援助政策

諸外国で、またフィリピンで、アメリカ政府は災害援助に関していかなる指針をもっているのであろうか。ピナトゥボ火山噴火被災者へのアメリカ政府の対応も、この指針に基づくものであった。それは、市民社会や専門家の積極的な参加を促し、救援を開発と意識的に連携させようとするところに明らかに反映されていた。つまり、救援活動以上に、長期的な復興やこれからの防災対策に重点を置いたのである。

アメリカ政府の外国災害援助の指針

アメリカ政府は定義上、洪水、旱魃《かんばつ》、山火事、ハリケーン、地震、火山噴火、疫病などの自然災害から、騒乱、暴力、内戦、爆破などの人災に至るまで、アメリカ合衆国およびその信託統治領の外で発生した災害に対し、状況と必要に応じて、相手国の要請に基づいて緊急救援援助を行っている。それは、明確な対外政策として確立している。

「人災にせよ自然災害にせよ、それによって生じた災難を軽減するために早急なる援助を行うことは、アメリカ国民の人道的な関心事かつ伝統としてアメリカ政府が実施するものである。大統領は、可能なかぎり、必要度のもっとも高い人々に最大限の援助がアメリカ政府により提供されるよう保証すべきである」(OFDA, 1992)

アメリカ政府にとっては、「人道的援助は国益であり、未来への投資と考えられている」(USAID, 1997)。USAIDが、そういった災害援助の実施機関となっている。実は一九八〇年代初頭までは、「人道的援助は主として災害救援と緊急食料援助などに限定されていた」(USAID, 1996)。ところが、冷戦の終結以来、人道的援助の範囲が大きく拡張されることとなった。新たなる社会的、政治的、イデオロギー的挑戦が、ソ連邦の崩壊、湾岸戦争の勃発、アフリカでの相次ぐ混乱、増加した自然災害などによってもたらされたからである。いまや伝統的な救援活動にとどまらず、防災から開発への移行についての活動も含められている(USAID, 1996)。つまり、「生命を救うこと、災難を軽減すること、開発の可能性を強化すること」などが考慮されるのである(USAID, 1997)。

災害と開発との関連性を意識して、USAIDは近年、長期的発展計画に防災、救援、発展への移行を目標にしたプログラムを含めるようになった。この戦略は自然の、ないしは人的な災害からの危険を減らし、持続可能な発展を推進することを狙っている。これは、国内に発生するさまざまな災害や防災に取り組んでいるアメリカ政府連邦危機管理庁（ＦＥＭＡ）を含めての、アメリカ政府の災害に対する一般的な見方を映し出したものである。加えて、人道的援助にはさまざまな政府機関、民間セクター、さらにはそのほかの援助提供国・機関・団体などとの間での、調整と連携が不可欠であるとの認識が存在している（USAID, 1997）。

ＵＳＡＩＤとＯＦＤＡの立場としては、いかなる災害においても被災国政府の責任が第一義的であるので、アメリカ政府は、被災国の国民および同国諸機関が対応できない場合にのみ援助の手を差し伸べる。アメリカ政府は被災国政府を補完し、支援し、それと連携するものである。あくまでも人道的援助が優先であり、その実施にあたっては当該国に派遣されている合衆国大使が責任をもつ。

ＵＳＡＩＤのＯＦＤＡは、その基本的方針として、災害直後の被災者に緊急に救援を行うときにも、それを長期的な開発という文脈に位置づける。災害は、その被災地域が将来の災害に対応するときの脆弱さを軽減する機会を提供していると捉えられているからである。また、復興、再建は、将来の災害に立ち向かう技術を導入し得るからでもある。

フィリピンにおけるアメリカ政府の災害関連援助政策

上記のアメリカ政府の災害関連援助理念は、そのままフィリピンにおいても応用されている。『フィリピンのための災害救援マニュアル（一九九六年版）』は次のように述べている。

「アメリカ合衆国の外交政策との一貫性において、援助は、可能なかぎり最大限、救援と復興をもっとも必要としている人々に提供されなければならない。アメリカ合衆国の援助は、その受け入れ国（フィリピン共和国）の災害対応と防災活動を支援・奨励するものであり、また、同国政府自身による救援活動を代行するのではなく補完するものである。

災害発生時には、アメリカ政府は当該国被災者のニーズに適った救援を行わなくてはならない。個別地域ごとのニーズを把握し、被災民に受け入れられ、かつフィリピン政府の同意の得られるものでなくてはならない。援助は、敏速に実行されなくてはならない」（USAID, 1996）

以上の方針を生かすため、駐比全権大使とＵＳＡＩＤマニラ事務所長はアメリカ政府代表災害救援オフィサー（ＭＤＲＯ）を任命している。前掲書によれば、ＭＤＲＯの権限と役割は次の通りである。「必要に応じて、ＭＤＲＯは通常の承認手続きから外れても独自に決定ができる。災害発生時には、全権委任を受けたオフィサーとして、適宜に自主的な行動を起こすことができる。［中略］大使の指揮下、ＭＤＲＯはアメリカ政府の災害関連諸省庁の活動を監督し、災害の測量、ニーズのアセスメント、対応状況についての評価などを行い、必要とあればＵＳＡＩＤ／ＯＦＤＡワシントン本部に追加のリクエストを行うことができる」

ＵＳＡＩＤマニラ事務所は、災害発生時から災害援助の期間中は、適宜にワシントン本部に状況を報告することが期待されている。ＯＦＤＡと協力して、フィリピン政府、国際諸機関、諸外国政府、ボランティア諸団体などと協力し、重複を避け、しかも基本的ニーズに対応できているかを保証しなければならない。緊急事態発生と災害関連援助の必要性については、最初の段階において、そして最終的に駐比大使がアメリカ政府としての判断を下す。

しかしながら、災害関連援助についての政策は既述のアメリカ外交戦略から一概に決定されるわけではない。援助受け入れ国、つまりここではフィリピンの個別の状況に敏感でもあるのだ。アメリカ政府は、フィリピンが自然災害を被りやすい国であると捉えている。それは地理学的理由ばかりではなく、「貧困、環境条件の低下、適切なる制度的枠組みの欠如などが要因となって社会的、経済的、制度的脆弱さ」がフィリピンには存在するからだ（USAID, 1996）。

加えて、一九九二年のフィリピンからの米軍基地の撤去という事実がある。災害時などにアメリカ政府が直ちに使用ないしは提供可能な設備や資材が減少している。ＵＳＡＩＤからは、フィリピンへの配分予算も人員数も削減された。一方、フィリピンでは国家政府、地方政府、ＮＧＯ、民間セクターの能力が一九九〇年代には上昇していった。そうしたことから、重点が地方政府やＮＧＯなどへの支援へと移ったのである。

もう一つのＵＳＡＩＤのフィリピンでの援助重点領域は、災害の予測性能の向上、備えの充実、防災、災害への対応技術の訓練などの分野である。これについては、国家政府、地方政府、ＮＧＯを問わず援助が継続されており、それぞれが自力で能力を高めていくことができるように目標が定められている。もちろん、ピナトゥボ火山噴火のような主要な災害発生時には、アメリカ政府はいつでも対応する用意ができている。

救援物資の供給についてであるが、アメリカ政府は緊急支援の場合は、迅速さと経済性が最重要であると考えている。当該国内にある食料や資材を調達することはその理にかなっているばかりか、現地で調達可能な物資こそ被災者自身に品質的にも文化的にも親近感のある場合が多いからだ。さらには、現地調達がフィリピン国内での産業活性化にも貢献すると考えられているのも当然のことだ。なお、USAIDは予算の制約上、砂防壁といったインフラストラクチャー建設には援助を行わない方針である。ただし、そういったインフラを含めた社会経済発展計画を策定するための調査や研究には支援を行っている。

3 アメリカにとっての援助の意味とねらい

本章は、アメリカ合衆国のフィリピンに対する災害関連援助、つまり具体的には、ピナトゥボ火山噴火とそれに伴う泥流災害を事例に、国際協力の在り方を検証したものである。アメリカ政府の災害関連援助がいかなる方針と体制で実施されているのか、国内での政策との関連性はあるのか、援助受け入れ国側の条件と状況をどのように把握しているのかなどを見てきた。

援助供与国政府の側では、受け入れ国のニーズにこたえていくプログラムを策定するばかりでなく、供与国の国内での災害対応とその方針に準じて対外援助を行っていることが明らかとなった。また、外国への災害関連援助は、援助国の外交政策全般の中に位置づけられることも確認された。

アメリカ合衆国が、災害関連援助を「アメリカ国民の人道的憂慮と伝統の表現」と認識しているのは確かである。だからこそ、緊急事態への対応がなされるのである。FEMAもUSAIDも同様に、災害を開発との関連において捉えている。アメリカにはNGOないしは市民社会の伝統があり、そのことがピナトゥボ火山の噴火および泥流による災害時に、フィリピンでも実質的なNGO支援がなされたことを説明している。

本章における今一つの問題意識は、援助がなぜ一つのパッケージとして行われたかということであった。アメリカ合衆国は、ピナトゥボ火山関連災害を、インフラストラクチャーの損壊という観点からよりは、社会的な文脈の中で、被災者一人ひとりへのインパクトという視点から捉えていた。それゆえに、医療や教育施設といった社会基盤の復興と、被災者の再定住および生計確保といったプログラムに重点を置く援助がなされた。

それとともに、災害の発生とそれへの緊急の対応を将来の地域発展をもたらす契機と捉え、それに向けての活動や調査や計画立案に支援が向けられた。例えば、アエタ族を対象とするヘルスケア・プロジェクトは、そこに災害が発生する以前にはまったく行われなかったものであった。アメリカ政府は、フィリピンのNGOや地方政府がそれぞれの地域で、長期的に自発的な発展に取り組んでいくための能力を向上させる好機とも捉えていた。アメリカの援助総額の八五％はそういった長期的展望に立った復興と防災に関係するものであった。

アメリカの政策を歴史的に見れば、そこには幾つかのパラダイムの転換があった。政策の内容ばかりでなく、政策を実行するための目標や手段についても大きな変化が見られた。冷戦時代からポスト冷戦時代にかけてとくに根本的な変貌があった。冷戦時代の盛りには、人道的援助という観点はほとんど存在しなかった。外交政策は反共産主義を主眼とし、そのために同盟国を支援するという立場が鮮明であったからだ。災害援助もなされてはいたが、それはあくまでも政治的プロパガンダの一環としてなされていたにすぎない。災害への（一つの危機管理の形態としての）対応を開発ないしは発展とはっきりと関連づけるということは、冷戦終結後に初めて打ち立てられた政策であった。

最後に、本章は災害関連援助が誰を受益者とするのかと問いかけた。全般的にいえば、ピナトゥボ火山関連災害の場合、物理的損壊や社会的損害、文化的制約を考慮すると、アメリカ政府の援助は確かにフィリピン政府に恩恵を与えた。被災者自身も恩恵を被った。しかし、違った観点から見るならば、人道的憂慮を表現するものとして援助がフィリピンで善意として受け取られたことから、アメリカ政府自体を「恩恵者」と呼べるのではなかろうか。諸外国、とくに日本からの援助と比較すると、アメリカ政府の援助は金額においても少額で、カバーした領域においてもかぎられたものであった。にもかかわらず、人道性および災害援助と開発努力をリンクさせる努力をした。それは、「国際防災の一〇年」（IDNDR）宣言に呼応するものでもあり、国際社会でのリーダーシップの発揮ともなった。アメリカ政府は、その「国益」を実現したのである。

第8章

ピナトゥボ災害に見る日本の国際協力の特徴・貢献性・問題性

コミュニティセンターができて喜ぶキャプテン

本章では、各章で展開してきた内容を踏まえて、ピナトゥボ災害に対する日本の協力内容の主要な特徴を抽出、整理し直すとともに、その貢献性や問題性を考えてみたい。

ODAについての主な論点は、以下の四点である。

❶ピナトゥボ災害関連ODAは、形態別では有償資金協力、分野別ではインフラストラクチャー(以下、インフラ)が中心であった。この特徴は、従来とくに、アジアに対して供与されてきたODAの特徴と基本的に共通する。インフラ中心の援助は、従来の国際協力を通して蓄積されてきた技術や実績がピナトゥボ災害でも生かされたことを意味しよう。

❷被災民に対する社会サービスや生計向上プロジェクトに対する援助は相対的に見て少なかった。被災民のニーズについては、青年海外協力隊(JOCV)隊員やプロジェクト形成調査団らによって丹念な調査が行われ優良案件についての提言が行われたが、それらの大半は実現しなかった。

❸日本の災害緊急援助は、アメリカやイギリスなどと比べて、現地のNGOとの関係が希薄である。緊急援助の在り方を考える上で、それらとの関係強化は検討すべき課題といえる。

❹情報公開と国内広報はすべての案件で問われる課題であるが、ピナトゥボ災害では、とくに金額が突出していた商品借款の実態が不透明であり、課題を残している。

官民連携の側面では、ピナトゥボ勉強会、民間援助物資輸送、JOCV隊員とピナトゥボ救援の会との協力関係など、新しくかつユニークな動きがあった。ODAの仕組みと官民連携の在り方を考えていく上で、幾つかの教訓を見いだすことができる。

1　ピナトゥボ関連ODAの特徴

インフラ分野中心の性格

ピナトゥボ災害関連ODAの事業を分野別に見れば、インフラ関連のものが主であったといえる。一般プロジェクト無償援助の四つの案件は、橋梁などの復旧、再定住地における給水と灌漑関連の二件である。これらの援助のフィリピン側の受け入れ実施機関である公共事業・道路省（DPWH）と国家灌漑庁（NIA）は、いずれも一九九一年六月に設置されたピナトゥボ火山災害対策機関であるタスク・フォースの社会基盤施設委員会の構成メンバーであった。

商品借款の「見返り内貨」資金の対象は、社会基盤関係と再定住地関係（再定住地の建設、道路・橋梁・学校の建設）と指定されている。プロジェクト借款事業であるピナトゥボ火山災害緊急復旧事業および同事業（Ⅱ）は、道路の復旧、砂防ダムの増強、河川改修、河道の浚渫、周囲堤（メガダイク）の補強や建設などを行うというものであった。そして、短期長期を含め三〇名を超える専門家が派遣されてきたが、大半は砂防技術にかかわる建設省関係者で、インフラ分野をカバーしている専門家であった。商品借款の「見返り内貨」資金の使途（第3節参照）と専門家派遣の費用に不明な点があることなどにより、正確な金額と実態は特定できないが、ピナトゥボ災害に対するODAの多くがインフラ分野に費やされたこと、およびインフラ分野でも教育・保健などの社会インフラに対するよりは経済インフラ中心に供与されてきたことは明らかである。

一方、避難民センターや再定住地の被災民に対する社会サービスや生計向上プロジェクトに関して、日本のＯＤＡは、災害緊急援助、ＪＯＣＶ隊員の派遣、草の根援助、外務省ＮＧＯ補助事業などを通して協力してきたといえる。しかし、これらの形態で供与された金額はＯＤＡ全体から見れば僅かである。

インフラ分野での日本の協力の方向性や可能性を探る調査は、派遣された専門家や建設省の委嘱を受けた社団法人国際建設技術協会によって行われた（同協会は、ルソン島中部地震崩壊土砂災害対策およびピナトゥボ火山噴火災害対策計画調査を一九九二年三月に行った）。専門家による現地調査の一例としては、フィリピン政府の公共事業・道路省（ＤＰＷＨ）の柴崎誠専門員が行った、避難民センターや再入植地における給水関係の調査がある。この調査は、一九九一年一二月、一九九二年三月および六月に三回行われている。そして、この調査から次の援助需要が確認された。

●多くの深井戸が高地の再入植地に建設されるべき。
●トイレ設備の提供も必要である。
●避難民センターも今後少なくとも五年間は存続すると考えられるので追加の給水設備が必要である。
●避難民、とくにトイレの習慣のないアエタ族に衛生管理についての特別訓練を施す必要がある。

ＤＰＷＨは、こうした調査結果を踏まえて、日本の無償援助による深井戸の援助要請を国家経済・開発庁（ＮＥＤＡ）に申請した。ＪＩＣＡは、ＤＰＷＨの要請を受けて一九九二年一二月より基本設計調査を行い、この一連の過程が最終的にピナトゥボ火山被災民生活用水供給計画の無償資金協力につながった。

ピナトゥボ災害関連ODAがインフラ関連分野を中心に供与されてきたことの背景としては、日本のODA全体が分野別ではインフラ、形態別では借款を中心とする性格をもっており、この傾向はとくに日本のODAの最重要地域であるアジア向けの援助では強いことが関係しよう。

一九八八年と一九九七年の二国間ODAの分野別配分に占める経済インフラと社会インフラの割合を見ると、前者では経済インフラ三九・四%、社会インフラ一六・〇%で合計が五五・四%、後者では経済インフラ四四・七%、社会インフラ二二・八%で合計六七・五%である。また、二国間ODAの地域別配分に占めるアジアの割合は、一九九〇年で五九・三%、その後漸減してきたとはいえ一九九七年でも四六・五%となっている。

日本のODAは、インフラ分野を中心に実績を蓄積してきた。とくに、砂防にかかる専門家が多く派遣された背景としては、日本は古くから土砂の流出防止事業を実施してきており技術の蓄積が大きいこと、多くの技術者がおり、インドネシアをはじめとした諸外国への国際協力の一環として技術移転をしてきた実績をもつこと、ピナトゥボ火山噴火とほぼ同時期に長崎県の雲仙普賢岳におけるハザード・マップの作成を行っていたことが挙げられるであろう。いわば、ピナトゥボ災害に対する日本のODAは、従来のODAにおける実績と防災体制における長年の経験を生かす得意分野を中心に行われた。

付言すれば、「国際防災の一〇年」を契機に、日本は国土庁（現・国土交通省）に国際防災の一〇年推進事業部を設置し、開発途上国への防災体制整備に対する技術移転を中心とする国際協力・国際交流を進めた。

災害緊急援助の国際比較

災害緊急援助は、ピナトゥボ火山噴火直後の一九九一年六月から一九九三年一〇月までに計四回行われている(一九九二年一二月の民間物資輸送援助を含む)。内容は資金援助と物資援助で、国際緊急援助隊は派遣されていない。

一般に、日本の災害緊急援助は迅速性などを中心に相手国政府より高い評価を得てきているが(『国際協力事業団年報』所収の「国際緊急援助体制による国際緊急援助隊派遣及び物資供与実績」参照)、ピナトゥボ災害に対する緊急援助も政府関係者から高い評価が聞かれた。

緊急援助の供与先は社会福祉・開発省(DSWD)や保健省(DOH)などの政府機関で、現地NGOとのつながりは薄い。これに対し、アメリカ、オーストラリア、イギリスの動向を見ると、各国とも日本より緊急援助の場合に現地NGOとの連携を重視しているという特徴がある。

一九九三年一二月七日と八日にマニラで開催された国際会議("Pinatubo" Multi-Sectoral Constitutional Congress)に提出されたペーパー[1]を参照すると、各国の援助実績の目的別・形態別の構成比は、アメリカの場合、アメリカ国際開発庁(USAID)による分類で、長期的復興事業と防災が総額の八七・九%、緊急救援八・一%、技術協力に関するものが三・九%であった。オーストラリアは、オーストラリア国際開発援助局(AIDAB)の分類で、防災三五・六%、緊急救援三四・〇%、復興事業三〇・二％であった。イギリスは、一九九一年と一九九二年の二年間で、約六〇％が緊急救援に関するものであり、そのほかが再定住地や避難民センターの建設と技術協力に関するものであった。

アメリカの場合、緊急救援を担当しているＵＳＡＩＤの外国災害援助室（ＯＦＤＡ）は、アメリカのＮＧＯと同様に被災国のローカルＮＧＯとの連携を重視する方針をとっている。とくに、六ヵ月以上の救援活動が必要な場合にはＵＳＡＩＤ現地事務所と関係が緊密なローカルＮＧＯを積極的に活用する方針をとり、また、現地事務所で二万五〇〇〇ドルまでの支出を即座に決定できる。ＯＦＤＡのピナトゥボ災害に対する援助の実績でも、ＮＧＯ重視の体制がとられた。すなわち、第７章で述べられたように、一九九一年から一九九六年までに供与されたアメリカ政府の緊急救援援助の約六割がＮＧＯに回った。しかも、その大半はローカルＮＧＯに対して供与されたのである。

ピナトゥボ災害のように二次、三次などの複次災害の発生が事前に予測されるような場合には、とくに計画的かつ迅速な緊急救援体制が求められよう。また、災害に対する緊急救援と復興事業に関するＮＧＯの活動については、何よりも被災民のニーズに直接また迅速に対応できる点が、政府機関の補助的なものではない独自の貢献性として評価されている。ローカルＮＧＯとの関係を中心に災害緊急援助の在り方を探ることは、日本のＯＤＡにとってますます重要な課題となるだろう。

（１）以上の数値は、いずれも、"Pinatubo" Multi-Sectoral Constitutional Congress : Towards A Better Natural Disaster Preparedness & Response, Technical Consultation, December 7-8, 1993, Development Bank of the Philippines, Makati, Metro Manila, A Project of the Mount Pinatubo Comission より引用。

ODAのNGO支援

政府のNGO支援策の中心は、指摘したように、ODAの一形態としての外務省のNGO事業補助金や郵政省（現・総務省）の国際ボランティア貯金による助成など、NGOに対する資金援助である。ピナトゥボ災害に対するNGOの諸事業に対しても、毎年、何件かの助成が行われてきた。こうした公的な補助金制度の一般的な在り方については、従来より幾つかの問題点が指摘されてきた。ピナトゥボ災害で助成対象となった団体から公的補助金制度の問題点についての話は聞かれなかったが、二点だけ指摘しておきたい。

従来から指摘されてきた問題点の一つは、一年ごとに精算する単年度制がとられていることに対するもので、数年単位で一つのプロジェクトを行うようなNGOのニーズにそぐわないという点である。ピナトゥボに関しても、多くのNGOが現地との関係を重視しながら、継続的な援助を指向していたことに留意しておきたい。

二つ目は、助成金の使途として人件費が認められていないことである。また、活動資金の中で自己資金よりも公的補助金の占める比重が高くそれへの依存が高い場合、NGOの活動の独自な意義が損なわれるのではないかという問題点もあろう。これらの論点も含めて、NGOの自主性や独自性を維持させながら、NGOの活動の拡大・強化を支援するための公的補助金制度の在り方について、具体的な事例分析を通して多角的に分析していくことを検討課題と位置づけておきたい。

災害緊急援助にかぎらず、官民の協力の重要性は広く認識されるようになってきている。NGOに対するODAの支援として、日本のNGOの海外での開発事業を支援する外務省のNGO事業補助金と、現地で活動するNGOや地方公共団体などを対象とする草の根無償資金協力がある。ピナトゥボ災害では、外務省のNGO事業補助金は、二団体の四件の事業（「二四時間テレビ」チャリティー委員会の三件と（社）アジア協会アジア友の会の一件）に対して総額一三四七・二万円が供与され、草の根無償資金協力は、少数部族救済基金（EFMDI）とフィリピン赤十字社（PNRC）など三つのローカルなNGOに対して総額八八九・一万円が供与された。

ピナトゥボ災害の甚大さを考えると以上のNGO支援は少ないと感じるが、いずれの制度も、一九八九年より開始されたという時期的なことも関係していたのかもしれない。

草の根無償資金協力の一件であるEFMDIのアエタ族リハビリテーション計画に関連して、若干付言しておきたい。EFMDIは、アエタ族の生活向上を目的に活動していたフィリピンのNGOである。一九九一年のピナトゥボ火山噴火の前に、すでにEFMDIには三名の青年海外協力隊員が派遣されていた。EFMDIは一九九三年にアエタ開発協会（ADA）に一本化されるが、噴火後もEFMDI－ADAに三名の協力隊員が派遣されている。JOCV隊員が、現地のローカルなNGOに派遣されることはきわめて異例のことである。この側面も広くいえばODAとNGOの協力・連携に該当するし、ピナトゥボ災害関連ODAのユニークな一側面を構成している。そして、アエタ族リハビリテーション計画は、JOCV隊員による先行援助（農業用トラクター供与）を補完するために供与されたもので、ODAの有機的連関が見られた一例である。

外務省のNGO事業補助金と草の根無償資金協力がともに一九八九年度から開始されたことからも示唆されているように、一九九〇年代、日本のODAがNGOとの連携を強力に推し進めてきたことはよく知られている。NGO事業補助金は、一九九〇年度一億八八〇〇万円であったが、一九九七年度は九億一九〇〇万円、草の根無償資金協力は、一九八九年度は三億円、一九九七年度には五〇億円で、いずれも大きく伸びた。

しかしながら、ODAとNGOの協力・連携は欧米諸国がはるかに長い歴史をもち、ODAに占める割合も高い。たとえばイギリスは、「NGOを災害援助、ボランティア派遣等の面で積極的に支援しており、一九九六／九七年度では二国間援助の一三・〇％の援助をNGO経由で行っている」（『我が国の政府開発援助　ODA白書［上巻］』一九九八年、一二〇ページ）。ちなみに、日本の二国間ODAに占めるNGO事業補助金の割合は〇・一％、草の根無償資金を合わせた割合も〇・七％にとどまっている（一九九七年度）。NGOに対するODA支援の規模は、NGOの歴史や組織基盤、並びにODAの資金供与の手続きや条件などに規定されよう。この点、欧米の動向も視野に入れながら、ODAによるNGO支援の在り方を検討していくことは重要な課題を構成するであろう。

2　ODAの発掘案件と最終案件

ピナトゥボ災害関連では、さまざまな形態での人的派遣が行われたし、噴火前にすでに派遣されていた人たちもさまざまな形態で協力を行った。この中で、青年海外協力隊（JOCV）派遣事業は、現地の住民とともに生活しながら、技術を移転する草の根レベルの援助形態であり、少数部族救済基金（ＥＭＦＤＩ）への派遣および短期緊急派遣、被災地救援のための新規派遣という三つの形態で派遣された。また、援助効率促進事業としてプロジェクト形成調査団が、一九九一年一二月から翌年の一月にかけて派遣された。

これらの派遣された隊員や調査員は、避難民センターや再定住地の状況と被災民のニーズとをもっとも直接的に知り得た人々といえる。ＪＯＣＶ隊員やプロジェクト形成調査団からは、被災民に対する社会サービスや生計向上に関する援助需要も把握され、案件が発掘されている。しかし、すでに見たように、社会サービスや生計分野で採択された案件はわずかであった。緊急援助を別にすると、被災地支援のための協力隊員の新規派遣は二名、草の根援助は二件、外務省のＮＧＯ事業補助金は四件であり、彼らが必要と感じた援助や提言した発掘案件の多くは最終的に案件には結び付かなかった。以下ここでは、生計分野を中心に、ＪＯＣＶ隊員とプロジェクト形成調査団の動向、およびその調査結果や関連する経過を見る。

短期緊急派遣された八名のＪＯＣＶ隊員は、避難民センターで暮らす避難民と再定住地に入植している入植者の生活環境についての実態調査を行った。牛澤泰隊員だけが短い滞在ではあったが、彼は一九八八年から一九九一年初めまでピナトゥボ山から一五キロメートルほどのカリギアンというアエタ族支援団体に派遣されていたため、噴火後の同地域についての情報収集を行った。調査の主な目的は、入植者の生活環境（食料援助、諸々の設備、社会福祉・開発省（ＤＳＷＤ）による社会サービス、各国政府・国連機関による援助の実態など）についての基礎的な情報の収集と、協力隊員の協力が必要かつ可能な領域を把握し、協力隊員の新規派遣の可能性を検討することであった。この入植者の調査結果や隊員個別の報告書、および後述するプロジェクト形成調査団の調査結果報告などを受けて、JICAでは多方面での隊員派遣が構想されたようであるが、実際には被災地支援のための新規派遣隊員は二名にとどまった。また、彼らは調査や情報収集にとどまらず、引き続いて発生する泥流災害に対応するため、警報システムに代わる無線機の切実なる必要を認識し、地域レベルでの設置計画策定まで進めた。しかしそれは、通常の案件要請ルートに乗らず結局実現しなかった。

JOCV隊員はまた、現地で被災民との接触を通して、被災民に対する給食、物資供与、生計向上プロジェクトなどの援助の必要性を強く感じとった。これらは、JOCV隊員に割り当てられている制度上の役割とは別のものであり、実現するには別の案件として成立させる必要がある。しかし、JOCV隊員が切望したこれらのプロジェクトも、ODA案件としては成立しなかった。その理由は、継続的な食料援助や消耗品への援助は認められない、申請から承認までに時間がかかる、現地の自助努力を原則とする、といったODAの政策や仕組みが関係する。

さて、次にプロジェクト形成調査団の派遣であるが、派遣の経緯としては、まず一九九一年九月二七日付の外務省への在比日本大使館の報告があった。そこでの認識は次のようなものであった。

- 人道的、社会的にもっとも深刻な当面の問題は避難民の窮状である。
- 災害の継続により避難民が増加し、しかも再定住がままならない状態がある。
- 日本以外からのドナーからの関心としても、噴火後しばらくは人道的観点からの緊急援助が相次いだが、災害が泥流被害で拡大する中で、本格的な復旧への援助については検討中の段階にとどまっている。

●フィリピン政府の活動も、現時点では避難民救援と主要道路の交通確保、泥流からの堤防防護のごときインフラにかかる応急措置とならざるを得ない状況である。

一九九一年一〇月八日、フィリピン政府はドナー諸国と国際援助機関との会合を召集し、アキノ大統領が短期にとどまらず、中・長期的復興について各ドナーの理解と協力を求めた。これに応えて、日本の後藤利雄大使および在マニラＪＩＣＡ事務所は、被災民とその再定住計画や生計向上に焦点を当てた何らかのソフト・アプローチを考慮する必要があると判断し、フィリピン政府側の対応を把握した上で、今後日本がいかなる協力が必要かを検討するミッションの派遣を同月中に決めたのである。すなわち、本派遣はいわゆる立ち上がりから数ヵ月というスピードで実現した稀なミッションであった。

本調査団の構成は、総括兼再定住計画、生計向上、地域開発（community development）、村落生活基盤（農村インフラ）の四分野を担当した七名であった。先述したように、一九九二年三月には建設省（現・国土交通省）によって委嘱を受けた国際建設技術協会によるインフラ分野関連の事前調査が計画されていたこともあって、本調査団の構成メンバーとしては意識的に「建設省畑」以外の分野をカバーする形となっていた。

団長に選ばれたのが、ＪＩＣＡ国際協力専門員の赤松史朗であった。彼は再定住計画をも担当したのだが、日本の代表的ＮＧＯの一つであるシャプラニールの元事務局長としての豊富な実務歴を兼ね備えていた。他の六名は、それぞれ残りの六つの分野を分担した。外務省経済協力局開発協力課の職員、ＪＩＣＡ企画部職員（うち一人は、フィリピン派遣の元ＪＯＣＶ隊員）などの他、メンバーにはフィリピン国立大学の元留学生でＮＧＯ経験もある女性のＪＩＣＡジュニア専門員も含まれており、多彩かつフットワークのよい構成となっていた。

フィリピン滞在中は、クリスマスおよび新年という時期であったのにもかかわらず、被災地域の踏査、避難民センターや再定住地の視察、大統領府直属ピナトゥボ火山災害対策タスク・フォースはもとより、そのほかの関連政府機関の地域事務所、地方自治体、ドナー諸国、国際援助機関、ＮＧＯなどとの協議、被災民や有識者・専門家などへのインタビューを精力的に続けた。

このような活動を踏まえ、一九九二年一月八日にはマニラの日本国大使館で、帰国後の一月一七日には東京のＪＩＣＡ本部で、この調査のまとめと分析についての検討会が行われている。さらに三月三〇日には、後述のような最終報告をする会合がＪＩＣＡ内で開催された。英文の報告書（Study Mission Report）が同年五月に作成され、フィリピン政府側の各機関に提出された。それら調査報告の要旨を以下に見てみよう。

まず、全体状況としては、フィリピン政府による取り組み（とくに、ピナトゥボ火山災害対策「タスク・フォース」の体制と活動）、政治環境、第二次災害の予測の現状が検討された。それによると、総体として災害の予測と復興計画についてのフィリピン政府の総合的対応策が立ち遅れていること、また各国ドナー、国際機関の動向については、第二次災害の予測が不十分なこともあり、復旧計画に関しては全般的に消極的であることが判明した。

次に、再定住地における全体的課題として、サイトが再定住地として適当か否かの疑問が大きいこと、および一時的居住地としての性格が強く、計画や医療、保健、教育、生計などの実際の支援策が不十分であると認識された。とくに、再定住計画の要である生計の確保が不明確であり、就業・雇用の創出を中心とする生計向上や社会サービスの面での被災民対策が緊急の課題であるとの提起がなされている。

以上のように、この調査報告はフィリピン政府の対策の遅れや不十分性を指摘しているが、それらはピナトゥボ災害という未曾有な規模の災害によって起こされた困難な環境にも起因するとし、フィリピン政府の努力を評価するとともに、可能な支援を積極的に行っていくべきだと提言している。そして、日本政府による具体的支援領域として、以下の九つが挙げられた。

【短期策】

①高地再定住地および被災集落での水資源確保のための資機材援助
②被災農地での生産支援策として、灌漑用携帯ポンプと掘削リグなどの資機材援助
③災害対策用通信器援助（ラジオ無線機の配備）
④被災民のための食料援助（再定住地、避難民センター、その他を問わない）
⑤再定住地被災民、救援センター被災民への協力隊の派遣

【中期策】

⑥被災がもっとも深刻なサンバレス州の農業復興のための開発調査
⑦パラヤン市、農地改革省（ＤＡＲ）入植地（三一〇〇ヘクタール）開発調査

【長期策】

⑧ピナトゥボ火山噴火によってもたらされた災害の予測と包括的復旧計画策定のための調査

（これに伴う専門家の早期派遣を含む）

⑨先の⑧に基づく、長期的な復旧・開発計画のための開発調査（西中部ルソン開発計画）

プロジェクト形成調査団は、以上の支援策に関して一八の個別案件を発掘・提案した。

①被災地域・経済再建基本調査
②地域防災計画策定および体制強化計画
③被災地・基礎情報整備計画
④社会サービス復興計画
⑤制度外教育・職業訓練推進計画
⑥再定住地・地域保健計画
⑦生計向上プロジェクト総合調査
⑧高地再定住地・生計支援計画
⑨被災農民・漁民生計向上計画
⑩ピナトゥボ山系森林復旧・造林計画
⑪再定住地および被災村落給水事業
⑫被災農地復旧事業

⑬被災灌漑地区復旧（小規模水源開発）事業
⑭被災灌漑地区復旧事業（集水取水）事業
⑮国営入植地開発計画
⑯ヌエバ・エシハ州東部農村総合開発計画
⑰火山灰流化被災農地整備計画
⑱サンバレス州農業復旧・振興計画

そして一九九二年三月三〇日に、東京のＪＩＣＡ本部でこれらの発掘案件の検討会が行われた。プロジェクト形成調査団は、日本の国際協力の可能性は生計分野においては見いだすのが困難であったと報告している。その理由として、生計向上プロジェクトの有効性を判断すること、および対象を特定しづらいプロジェクトを支援することの困難さが挙げられている。また、現実的な可能性として地方政府やＮＧＯが行う生計向上プロジェクトへの支援が考えられるが、それらの多くは小規模プロジェクトおよびローン方式であり、日本のＯＤＡの協力形態に馴染まないという問題も指摘されている。

プロジェクト形成調査団は、生計分野における協力の可能性はＪＯＣＶ隊員の派遣による再定住地へのかかわりとそのほかの幾つくかの案件に限られていると述べると同時に、生計分野の支援を行う場合には、制度の改正または新しい制度の創設が必要であると提言している。生計分野に直接該当する発掘案件は先の⑦、⑧、⑨、⑩で、⑦の総合調査では専門家（社会開発）の派遣が、⑧〜⑩ではＪＯＣＶ隊員の多方面での派遣が提案されている。

発掘案件の検討会の議事録によると（一九九二年三月三一日付）、生計向上案件についての検討結果として、生計向上案件は出口が見えず、協力隊事業以外では経験も少なく難しい、技術レベルがどの程度求められているのかが不明で対応しがたい、生計向上分野でＪＯＣＶ隊員を派遣してもどの程度の成果が出るか不確定であるし隊員確保も難しいなど、関連するプロジェクトの経験の少なさや困難さが出されている。付言すれば、協力隊事業では、保健衛生関連が業務内容も分かりやすく隊員確保も容易で実現性があるとまとめられている。

以上の整理から、日本のＯＤＡが生計向上にかかわる分野に消極的だった基本的な背景として、経験や人材不足または協力形態に馴染まないなどの理由があったことが分かる。発掘案件では多方面でのＪＯＣＶ隊員の派遣が提言されているが、生計分野での派遣は実際には一人であった。日本の場合は、インフラ部門がそうであるように、ある国の援助が経験および人材が豊富な領域で行われることは自然でもあるし効果的であることは確かであろう。

しかし、とくに人道的な見地からすれば、被災民のニーズに直接こたえる援助が重要であることも間違いない。われわれも被災地をたびたび訪れたが、いずれの関係者からも雇用機会が不足し生計基盤が不安定であるとの状況を聞かされた。日本のＯＤＡは多額の援助を行ってきたにもかかわらず、生計向上分野へのかかわりはわずかであった。発掘案件に示されたようなあるいはＪＯＣＶ隊員が強く援助需要を把握していたような被災者のニーズにこたえるには、旧来の協力形態や制度および発想の見直しと新たな取り組みが不可欠だったが、その一歩を超えられなかったことも、ピナトゥボ災害関連ＯＤＡのもう一つの現実であった。

3 有償資金協力（商品借款）における透明性の不足

ピナトゥボ災害に関して供与されてきたODAを形態別に見ると、有償資金協力が全体の約九割を占めている。有償資金協力は三件であるが、ピナトゥボ火山災害復旧・再建のための緊急商品借款二五三億八〇〇〇万円、ピナトゥボ火山災害緊急復旧事業六九億一一〇〇万円、同事業（Ⅱ）九〇億一三〇〇万円と、ピナトゥボ災害関連案件の中では一件当たりの金額が突出して大きい。とくに、商品借款の額は大きく、また特定のプロジェクトのために供与されるプロジェクト借款とは違うノン・プロジェクト借款であることもあり、このような巨額な援助がどのように使われたかは誰でも関心のあるところである。

しかしながら、一般に見ることのできる資料では、たとえば、「本借款は、上記災害により影響を受けたフィリピンの国際収支の改善に寄与するとともに、見返り内貨資金を活用することにより、同国が実施するピナツボ（ママ）火山災害復旧・復興事業を支援するものです。借款資金は、両国政府で予め合意した対象商品の輸入決済に充当されます」（『海外経済協力基金年次報告書　一九九三年版』一〇五ページ）といった程度の説明があるのみで、どのような商品が購入されたのか、また「見返り内貨」資金は具体的にはどのように使われたたのかということが一切公表されていない。

ちなみに日本政府は、一九九一年度に、ルソン島中・北部に発生したマグニチュード七・七の大地震（一九九〇年七月一六日）への援助として、地震災害復興緊急商品借款二八二億円を供与していた。

金利は二・七％、返済期間三〇年（うち据え置き一〇年）であった。ピナトゥボ災害の緊急商品借款と比較して金利は〇・三％低く、返済期間と据え置き期間はそれぞれ五年および三年長かった。

商品借款の一般的性格とピナトゥボ災害の緊急商品借款の内容を把握することを主な目的に海外経済協力基金（ＯＥＣＦ）で聞き取りを行った。その内容はおおよそ以下のようにまとめられる。

商品借款は、国際収支の改善と現地政府が国内の開発事業に使う資金（「見返り内貨」資金）を提供することの二つを目的とするものであるが、あくまでも前者が最優先の目的である。したがって、商品借款は、国際収支が著しく悪化している国に対して供与されるのが原則である。ただし、災害によって復旧・復興事業に必要な物資を輸入する必要が高まり、外貨事情が悪化するような場合にも商品借款が行われる場合もある。この場合、災害と外貨事情の悪化の直接的な関連や外貨事情の悪化についての確証がなくとも、災害があってから実際に輸入によって外貨が使われたという事実があれば、また購入された製品が災害復旧・復興事業に貢献することが見込まれていれば、それらが商品借款を供与する必要条件として認められる。つまり、外貨が使われた実績、あるいは外貨が使われるという見込みがあれば、その分の国際収支に対応するものとして商品借款は行われる場合があり、ピナトゥボ災害もこのケースに該当する。

商品借款はあくまでも外貨事情の悪化に対応して国際収支を改善させることが目的なので、「見返り内貨」資金の使途については、実質上は現地政府のフリーハンドにまかせている。ただし、年四回、使途状況については報告を受けることとなっている。「見返り内貨」資金が賄賂として使われてしまったケースもあるが、それはあくまでも現地政府の問題である。

商品借款の対象となる輸入品目リストは契約ごとに決められるもので、ピナトゥボ災害の場合にはポジティブ方式がとられており、借款契約書に一〇〇以上の輸入品目リストが記載されている。ただし、契約書でも、軍事目的のものを除くというような大まかな枠があるのみである。日本の商品借款は、生産財と消費財の両方を対象としている。また、契約書は現在公開していない。相手国政府の同意というような問題もあるため、契約内容については公開しないという方針に準ずるものである。ただし、なぜ公開しないかという理由については明らかにされていない。

実際の購入状況については（どの国の、どのような製品がどのくらい買われたかなど）伝票を見れば分かるが、これも公開してない。また、プロジェクト借款における受注企業に該当するようなものは商品借款では存在しない。プロジェクト借款においては主要受注企業を公開しているが、商品借款についてはその性格上、そういう情報も出しにくいので出していない（一九九四年一〇月二七日聞き取り）。

表8－1は、この商品借款についてのＯＥＣＦの内部資料である。購入対象商品も、「見返り内貨」資金の使途も、大まかな規定しかないことが確認できる。そして、プロジェクト借款などに比べて、商品借款がその性格上情報を出しにくいということは確かであろう。しかしいずれにせよ、商品借款の内容や実態が不透明であるという問題は残る。また、商品借款の「見返り内貨」資金の使途に伴って発生した賄賂を現地政府の責任問題と片付けてしまう姿勢も問題であろう。

さて、交換公文署名から二ヵ月の借款交渉をへて、一九九二年九月三日に、ＯＥＣＦとフィリピン政府財務省（ＤＯＦ）との間で借款契約が交わされた。フィリピンで入手した借款契約書(2)によると、

表8－1　ピナツボ火山災害復旧／商品借款（PH－C19）の概要

案件名	ピナツボ火山被害復旧／商品借款（PH－C19）
借入人	フィリピン共和国政府
E／N締結	1992年7月1日
L／A調印	1992年9月3日
貸付完了日	1992年9月30日
L／A承諾額	25,380,000,000円
目的	本借款は、多大かつ長期化の予想されるピナツボ火山噴火による被害を受けた比国の「ピナツボ火山被害復旧／復興計画」を支援するとともに、悪影響の見込まれる国際収支を支援し、比国経済の安定に寄与するものである一方、見返り資金を回復計画の内貨資金に充当する等から同国の災害復旧及び経済再建に寄与することが期待される。
対象商品	機械、通信機器、トラック、石油等。ただし、軍事目的のものを除く。
見返り資金の使途	「ピナツボ火山復旧／復興計画」のうち、 ・社会基盤関係：火山灰除去、河川浚渫、学校再建等 ・再定住地関係：再定住地建設、道路・橋梁、学校建設等

出典：OECF内部資料

輸入のための「調達可能商品」（ＬＥＣ）として、No.1の動物用食料からNo.106の製薬物のための空のゼラチン・カプセルに至るまで、多種多様な物品がリストアップされている。物品の調達は、フィリピン共和国以外のどの国からでもよいとされている。また、償還スケジュールは、一九九九年九月二〇日までに六億八五九八万円、二〇〇〇年から二〇一七年までは三月二〇日と九月二〇日にそれぞれ六億八五九四・五万円を支払っていくこととされている。

フィリピン政府が得た「見返り内貨」資金（ペソ・カウンターパート・ファンド：ＰＣＦ）の使途としては、同契約書には、ピナトゥボ復旧・復興計画、すなわち社会基盤関係（火山灰除去、河川浚渫、学校再建など）と再定住地関係（再定住地建設、道路・橋梁・学校建設など）に使われるべきものと規定されている。フィリピンの国家経済・開発庁（ＮＥＤＡ）長官シリエト・アビト氏によれば、ＰＣＦは一九九二年一〇月に発足したピナトゥボ火山災害対策本部（ＭＰＣ）管轄の一〇〇億ペソの原資（そのおよそ半分）として実際に充当されたとのことである（一九九四年三月、ラグーナ州ロスバニオス市内の自宅でのインタビューによる）。

ただしこのことは、フィリピン国内ではほとんど広報周知されていないのである。なお、ＰＣＦの使用状況と残高については、四半期ごとにフィリピン政府財務省（ＤＯＦ）から海外経済協力基金（Ｏ

（2）　Loan Agreement No. PH-C 19：LOAN AGREEMENT for Commodity Loan For Mt.Pinatubo Disaster Rehabilitation and Reconstruction, Between THE OVERSEAS ECONOMIC COOPERATION FUND, JAPAN AND THE GOVERNMENT OF THE REPUBLIC OF THE PHILIPPINES, Dated September 3,1992

表8－2 「見返り内貨」資金（PCF）の使途（1993年12月31日現在）

公共事業・道路省―― 本省分	14億7,255万5,790.73ペソ
道路・橋梁	6,915万7,732.32ペソ
洪水・泥流制御	3億1,791万6,319.85ペソ
公共・国家の建築物	2,243万989.60ペソ
学校の建物	188万4,518.13ペソ
各種機材	2億3,878万4,790.25ペソ
再居住ないしは生産センター	8億2,238万1,620. 58ペソ
メインテナンスおよび他の運用	221万8,309.37ペソ
公共事業・道路省――「地域」事務所［ここでいう「地域」とは、Region III, 中部ルソンを指す］	25億4,195万6,319.82ペソ
道路・橋梁	2億1,267万7,935.38ペソ
洪水・泥流制御	21億451万1,367.92ペソ
公共・国家の建築物	7,271万4,403.71ペソ
学校の建物	3,238万834.43ペソ
各種機材	0.00ペソ
再居住ないし生産センター	44万2,176.62ペソ
町村内排水路・道路	1億1,513万6,917.22ペソ
メインテナンス	407万9,511.74ペソ
その他のプロジェクト	8,100.00ペソ
	合　計：40億1,450万6,497.75ペソ

出所：フィリピン政府財務省

ECF）マニラ事務所への報告が義務づけられている。たとえば、一九九二年九月三〇日現在のPCF残高は、五三億一六八三万九一三一ペソであった。一年を経た一九九三年九月三〇日までに、三五億一〇一万四八六三・六一ペソがすでに配分され、同年一二月三一日までには四〇億一四五〇万六四九七・七五ペソが配分されていた（**表8－2**参照）。

一般に商品借款は、緊急性と機動性を兼ね備えるといわれている。ピナトゥボ緊急借款が、通常の円借款と切り離して早期締結されたことや、その見返り資金がフィリピン政府のMPC設立と初期運営の原資に加えられたことを見ると、この借款は緊急性と機動性を大いに発揮したといえるのかもしれない。しかしながら、不透明性がさまざまな問題を生み出す土壌になりやすいことはいうまでもなく、商品借款についての情報公開と実施体制の整備・強化が強く求められていることも確かである。

4　官と民の協力・連携

民間物資援助輸送

ピナトゥボ災害に対し、JICAの輸送ルートを通して民間物資援助輸送が行われたが、これは官民連携の援助体制による国際緊急物資輸送の初めてのケースであった。この制度は、とくに開発途上地域の大規模災害に対する人道的救援活動への国民の関心と参加意識を助長するとともに、民間活力の動員を図りながら、より効果的な災害緊急援助体制を実施することを目的に創設されたものである。

この事業は、一九九二年八月以降のラハールによる被害で約八〇万人が避難民センターで避難生活を余儀なくされている状況下で、フィリピン政府から毛布、タオルケット、石鹸の援助要請を受けて開始されたものである。JICAは、一一月中旬から日本国内の新聞、テレビなどでの紹介も通してこの事業への物資募集を開始したが、反響は大きかったといえる。延べ約一万人から一万九五六枚の毛布、八一五二枚のタオル、一万四八キログラムの石鹸、総量約四〇トンの物資提供があった。なお、ピナトゥボ火山被災者救援募金実行委員会は、この事業に対して荷受け先を「開発のための共同農村組織」（PRODEV）など三つのNGOに指定して募集活動を行い協力している。この結果、集荷された物資は、一二月にJICAの輸送ルートを通じて、フィリピン政府およびピナトゥボ火山被災者救援募金実行委員会から指定のあったNGOに渡された。

この事業は、国際援助への理解の促進と民間活力の動員という点から大きな意義をもつ試みであったといえよう。そして、物資の供与先は原則として政府機関としながらも、参加者がNGOなどの特定の荷受け先を指定することが認められる点で柔軟性も備えており、この点は評価できよう。ただし、フィリピン政府の要請に基づいて集積され輸送された石鹸、毛布、タオルが、被災民のニーズにどの程度までこたえるものであったのかについては疑問の声もあった。援助物資の選定そのものにも「民」が参画できるような態勢を視野に入れて、官民「連携」の在り方を模索していくことが問われていると思われる。

ピナトゥボ救援の会（ピナQ）と青年海外協力隊（JOCV）

ピナトゥボ災害に関して、ODAとNGOとの協力・連携として、JOCV隊員の諸活動に対して、ピナトゥボ救援の会（ピナQ）が資金援助したことが挙げられる。また逆に、ピナQにとって、JOCV隊員はフィリピンと日本のNGOへの橋渡し的な役割を果たした。ODAの活動にNGOが資金援助した関係は、異例のことと思われる。この側面については第4章で詳述されているが、ここでも主なポイントに触れておきたい。

ピナQとJOCV隊員との出会いには、幾つかの基本的な契機があった。もともとJOCV隊員は、噴火以前からアエタ族を支援する少数部族救済基金（EMFDI）に派遣されていた。ピナQはマニラを所在地として活動していた団体であり、JICAのマニラ事務所を介して両者は出会う機会をもった。JOCV隊員からピナQへの最初の資金要請はEMFDIに派遣されていた隊員からのものであるが、そこでは、NGOの自己資金が乏しい状況の中で自分で資金を調達しないと被災者のニーズにこたえる活動ができないという状態があった。

ピナQとかかわりをもったJOCV隊員は、EMFDIに派遣されていた隊員の他、一九九二年一月から一九九二年二月にかけて短期緊急派遣された隊員（避難民センターで暮らす避難民と再定住地に入植している入植者の生活環境に関する実態調査を行っている）、被災地支援のための新規派遣隊員、その他の四つのグループより構成される。これらのかかわりを見て指摘できることは次の二つである。

❶JOCV隊員は、ODA関係者の中では被災民のニーズをもっとも直接知る立場にあった。

❷ＪＯＣＶ隊員は、被災者の直接的なニーズにこたえたいと思いつつも、ＯＤＡの仕組みの中では迅速に対応できない状況に置かれていた。

こうした背景の中で、ピナＱへの資金要請が行われたのである。

ピナトゥボ災害のように被害が継続してきた災害は、繰り返し現地が緊急救援を必要としたという面も含め、ＪＯＣＶ隊員が現地で直面するジレンマを浮き彫りにしたといえよう。このことは、ＪＯＣＶ隊員が現地での滞在や調査活動を通して把握したニーズがＯＤＡのプロジェクトにどのように反映されるのかというＯＤＡの仕組の問題に直結している。一方、ピナＱの側からすれば、ＪＯＣＶ隊員との出会いはＯＤＡ事業の矛盾した側面を直接見る契機となり、同時に、被災者や被災地のさまざまなニーズを知るとともに、日本およびフィリピンの他のＮＧＯとの出会い、協力体制をつくり上げていく契機ともなった。ＯＤＡ事業との直接的な接触を通して見えてきた問題を踏まえ、ＯＤＡとＮＧＯの活動の相互補完的な協力体制の在り方を模索すること、そして、それをアドボカシー（政策提言・代案提示）活動につなげていくことは、ＮＧＯ側に問われている一つの課題といえるかもしれない。

ピナトゥボ勉強会

ピナトゥボ災害に対する日本の協力体制を官民共同で考える場として、ＪＩＣＡマニラ事務所主催のピナトゥボ勉強会がマニラで開かれた。この勉強会は、一九九一年七月から一九九二年までに四回開かれている。主な参加者は、政府関係機関としては、ＪＩＣＡ、ＯＥＣＦ、日本輸出入銀行、ＪＯＣＶなどで、ＮＧＯ関係者としては、アジア・ボランティア・ネットワーク、「二四時間テレビ」チャリティー委員会、ピナトゥボ救援の会、セーブ・ザ・チルドレン・ジャパンなど、そのほか報道関係者から構成されている。各自の専門領域や立場からの報告と意見交換を中心に、日本政府関係者、日本人のＮＧＯやボランティアグループ間の相互理解と連携を図ったものである。

主催したＪＩＣＡ側からの暫定的な総括の中には、「ＪＩＣＡ専門家からの報告および現場に密着している協力活動と調査を行っている協力隊員の活動報告は、ＪＩＣＡで関連プロジェクトを形成していく上で有効と思われる」、「各ＮＧＯのターゲットを絞った活動の報告、現場に根ざした経験談は、より現実に適合した援助を行うための参考とすることができる」などが記されていた。この勉強会での報告や意見交換がＯＤＡのプロジェクトやＮＧＯの事業にどのように生かされたか、またアドボカシーの場としてどの程度機能したかなどについての問題は別にしても、官民連携の一つの在り方として、きわめて貴重な試みであったと評価できる。

最後に、ピナトゥボ災害に対する日本のＯＤＡのかかわりを総体として捉えるとき、そこに日本政府全体としてのどのようなビジョンを見いだすことができるであろうか。第7章でピナトゥボ災害に対するアメリカ政府の援助の方針と実態が述べられているが、アメリカ政府の援助は、社会基盤の復興と被災者の再定住および生計確保のプログラムに重点を置くとともに、内外のＮＧＯとの直接的な連携を重視したことなどの特徴が見いだせる。これらは、市民社会の積極的な参加を促し、災害救援を開発と意識的に連携させようとするアメリカ政府の外国災害援助の理念を反映しているものである。そして、この理念のもとで、比較的有機的な関連のあるひとまとまりのプロジェクトが実施された。これに対し、日本政府全体のビジョンがやや不鮮明であることは否定できないと思われる。案件同士の有機的連関は幾つか見いだされるが、全体的なビジョンとの関連で個々の案件の位置づけを把握することは難しい。

災害緊急援助については、より迅速で効果的な援助実施体制を目指し、外務省と関係省庁によって協議が進められてきている。しかし、ピナトゥボ災害のように大規模かつ継続的な災害で、緊急救援にとどまらず復旧、復興、開発といった一連の過程への対応が問われる場合には、とくに明確なビジョンが問われる。もとより、一国の援助に限界があることは当然である。であるからこそ、各国ドナーと国際機関がそれぞれの役割の相互調整を図りながら共同で協力体制を構築していくためにも政府全体としてのビジョンは不可欠なのである。

援助理念の不在は日本のODAの問題点としてたびたび指摘されてきたが、ピナトゥボ災害の場合にも、基本的に同様な問題が見いだされる。日本のODAが、金額的には突出し多面的な形態での援助を供与しながらも、全体として十分には顔の見えないものになってしまっている。

自然災害は今後も絶えることなく発生し、地球環境に大きな影響を与えるばかりか、しばしば国境を越えて当該地域社会に被害をもたらしていくであろう。その意味において、防災体制の整備、災害への迅速かつ適切な対応、復興などのために、日本の政府はもとより、地球市民としての日本人の一層の国際貢献が期待される。

あとがき

　一九九一年六月にピナトゥボ火山が大噴火を引き起こしてから一〇年が過ぎようとしている。同じころ、日本でも雲仙普賢岳の噴火やそれに基づく火砕流の発生などが起きていた。

　我々（編著者）の目をピナトゥボ火山噴火とそれに伴う災害に向けさせたものは、まず、何よりもこの災害の甚大さと継続性である。一九八〇年代のフィリピン経済は、アジア諸国が全般的に高度経済成長を経験したのに対し、「失われた一〇年」と言われたように停滞状態にあった。ピープル・パワーによって一九八六年二月に誕生したコラソン・アキノ政権は、厳しい経済情勢の中で国家再建に取り組んでいたが、ピナトゥボ災害はこの努力を掻き消すかのように、多くの被災者を生み出すばかりかルソン島中央部の社会・経済基盤に実に大きなダメージを与えたのである。我々は、災害からの復興と人々の生活再建に対して大きな関心を抱かずにおれなかった。

　この未曾有の大災害に対しては、多種多様な援助が供与された。日本のＯＤＡもまたさまざまな形で協力を行ってきた。従来、日本のＯＤＡに関する研究は、特定の案件を取り上げて目標達成度や成果を個別に評価するものが大半であった。そして、ＯＤＡの貢献性あるいは問題性のいずれかを強調するにとどまっているような研究も少なくなかった。我々は、ＯＤＡのいわば善悪論的な解釈や議論ではなく、もう少し違った角度からODAを捉えてみたいという思いを共有していた。

一九九四年初頭に外務省から日本のODAについての「有識者評価」の委嘱を受けたときにピナトゥボ災害に対するODAを取り上げ、その総体としての性格を明らかにするという課題を設定したことは、今述べたような関心と思いが問題意識を形成していたからである。大噴火からほぼ三年が経っていた同年の三月から四月にかけて三週間ほど行った我々にとっての第一回目の現地調査は、ピナトゥボ災害の想像を超えた大きさを改めて認識する場となった。同時に、実に多くの日本の民間団体や日本人がさまざまな形でピナトゥボ災害にかかわっていることを知ることとなった。ODAに対する関心は、民間レベルの活動をも含む日本の国際協力を総体として捉えたいという興味に広がり、ピナトゥボ災害に対して日本および日本人はどのようにかかわってきたのかという現実の理解を通して、日本の国際協力の在り方を追究していくことの必要性をますます強く確信することとなった。

我々はこの共同研究を進める上で、常に共同作業と徹底した討論を心がけてきた。一九九四年から一九九六年にかけてだけでも、十数回の「二人だけの研究合宿」を行い、さまざまなトピックや論点について議論してきた。その中では、狭い研究室に一日一〇時間もこもり続け、資料の整理や議論をしたこともある。もし、この様子を外から眺めている人がいたとしたら、いったい二人は長時間にわたって何を話しているのか非常に不思議に思ったことであろう。ピナトゥボ災害は自然災害に対する日本の国際協力のモデルと問題点を提供したのではないか、日本人がピナトゥボ災害にかかわってきたことの意味はどのように捉えられるのかなど、話は尽きることがなかったのである。

一九九六年から二年間はトヨタ財団の研究助成を受けて、ピナトゥボ災害にかかわってきた人々および強い関心をもつ人々との新たな出会いを通して共同研究を行った。大まかに言えば、共同研究は、ピナトゥボ災害に対する日本の国際協力の在り方をODAとNGOの全体的な動きを視野に入れた総体的な視点から追究するものと日本の民間団体の個別事例を通して追究するものから構成された。また、フィリピンやほかの国の動向を知ることは、日本（人）の活動を相対的な視点で見る上でも重要であるとの立場から、アメリカ政府の援助とフィリピンNGOについての事例検討が加えられた。

今こうして、我々（編著者、執筆者一同）の一応の成果を世に問うことになった。本書の内容は以上の共同研究の成果に基づくものであるが、ODA事業やNGO活動で実際に協力に携わってきた人をはじめ、自然災害への対応、日本と発展途上国との関係、アジアや国際協力の在り方に関心をもつ市民層、大学生や高校生など、幅広い読者を射程において執筆および編集をした。ピナトゥボ災害に対する日本の国際協力の現実理解およびその貢献性や問題性の検討、そしてより一般的な意味で日本の国際協力の在り方を考えていくための問題提起を行うという課題に対して本書がどこまでこたえているか、読者の方々から忌憚のないご意見とご批判をいただきたい。

この世紀の転換期にあって、自然災害はますます脅威を振るっていると言わざるを得ない。カンボジア洪水災害（二〇〇〇年九月）、パキスタン旱魃災害（二〇〇〇年一〇月）、パナマ洪水災害（二〇〇〇年一〇月）、インドネシア洪水・地滑り災害（二〇〇〇年一一月）、エルサルバドル大地震（二〇〇一年一月）、インド西部大地震（二〇〇一年二月）、これだけの数の自然災害が半年足らずの間に発生した。ますます緊密化が進む地球社会において、日本の国際貢献は政府レベルか民間レベルかを問わず防災分野においてこそ大きく求められるであろう。

本書が誕生するまでには実に多くの方々にお世話になった。聞き取り調査や資料などの面でご理解とご協力をいただいた日本政府、フィリピン政府、日本およびフィリピンのＮＧＯとその関係者、さらに再定住地や避難民センターで快くお話をして下さった被災者の方々に心より感謝申し上げたい。

トヨタのプロジェクトに研究協力者として参加していただいた関良貴（当時、京都大学大学院）、Marvic Victoria R.Raquiza（Philippine Rural Reconstruction Movement），Cynthia Banzon Bautista（University of the Philippines），Germelino M.Bautista（Ateneo de Manila University）の各氏には大変お世話になった。また、日本人研究者からはさまざまな貴重なコメントをいただいた。なかでも、現地調査を前にした一九九四年の初めに、博多の地でアエタ族の研究を進めてきた清水展九州大学教授からうかがった話は、刺激的で今でも記憶に新しい。フェリス女学院の横山正樹教授にも、マニラで行った研究会への特別参加を含めいろいろとご助言いただいた。

ＩＫＧＳとピナＱの活動が多くの人に支えられてきたことも言うまでもない。ＩＫＧＳの創設に参画された兵庫県氷上郡山南町の方々、このＮＧＯの役員として運営にかかわってこられた方々、クズ種子の採取に従事された方々、ＩＫＧＳに助成金を下付された団体や個人の方々の熱意が凝縮されて初めてクズによる緑化事業が可能になった。その中でも格別のご尽力をいただいたのは、ＩＫＧＳ理事の瀬川千代子、（株）ＣＤＣインターナショナル専務理事高田孝充、同総務部企画担当田所美幸、同教育事業部永田精子の各氏である。ピナＱの活動に関しては、とくに清水展九州大学教授の名を再度記したい。氏はピナＱの活動の良き理解者であり、ピナトゥボ災害やアエタ族を語るときに欠かせない人物である。そして、ＩＫＧＳとピナＱはいずれも青年海外協力隊員と協力関係にあった。

最後に、本書は株式会社新評論の武市一幸氏との出会いがなければ決して誕生しなかったであろう。現在の困難な出版事情の中で、氏は本書の重要性を評価し採算を度外視して刊行を引き受けてくれた。また、再三の作業の遅れにもかかわらず辛抱強く待っていただいたことには感謝の表しようがない。

私の前任校である名古屋商科大学での最後のゼミ生たちのことも、今改めて甦ってくる。ゼミ全体のテーマとしてピナトゥボを取り上げ、皆で考え議論した。マリオとロロイ（ルイシト・ヘルモの通称）の全面的な協力を得て行った二〇名ほどのフィリピン旅行は、ピナトゥボの問題をリアルに共有する絶好の場となった。彼らは日本の民間団体での聞き取りや資料収集も精力的に行った。彼らとの親交が今でも続いているのは、ピナトゥボを一緒に体験したことが何よりも大きい。

あるNGOの一人は、「援助は始めるときより終わりにするときの方が難しい」と言った。被援助者のニーズにこたえながらも相手の自立を考えようとするときに、多くの関係者が共通に抱いてきた思いかも知れない。ピナトゥボ災害が継続する中で、日本および日本人は今後どのようにかかわっていくのだろうか。本書を刊行することでこれまでのピナトゥボ災害に対する我々のかかわりに一区切りがつこうとしているが、これを契機にやり残していることも含め、ますますピナトゥボに向ける目を、知的関心を、そして行動を、できるだけ持続させていこうとの思いを我々全員は共有している。

二〇〇一年　三月

編著者を代表して　田巻松雄

munication Planning Disaster Management Training Program (DMTP) ,UNDP-DTCP, Metro Manila.

UP Social Action and Research for Development, Inc. (1996) *A Pre-Final Evaluation of the 24 Hour TV Program (Three Year Plan) in the Philippines,* Quezon City : College of Social Work and Community Development, University of the Philippines.

United States Agency for International Development (USAID). (1997). *1996 Agency Performance Report,* Full Report, Washington, D.S. : USAID.

USAID. (1996) *1995 Agency Performance Report, Full Report,* Washington, D.S. : USAID.

USAID. (1996 a) *Mission Disaster Relief Manual for the Philippines.* Manila : USAID.

USAID. (ed.). *USAID Philippines. Financial Management Manual for USAID Disaster Relief,*

United States Army Corps of Engineers (USAGE). (1994) *Mt. Pinatubo Recovery Action Plan Abbreviated Version,* Eight River Basins, Republic of the Philippines, Portland : USAGE.

Yoshida, Masao and Jose D.Donardo. (1994) *The 1991 Mt.Pinatubo Eruption——Problems, Challenges and Opportunities——,* Quezon City : Bureau of Soils and Water Management (in Collaboration with the Japan International Cooperation Agency).

Philippine Business for Social Progress (PBSP). (1993) *In Search of Alternatives : Rehabilitation Options and Alternatives for the Mt. Pinatubo Victims,* Manila : PBSP.

PBSP. (1994) *The Road Ahead : Mt. Pinatubo Resettlement Assistance Program Report,* Manila : PBSP.

PBSP. (1997) *Terminal Report : Mt. Pinatubo Resettlement Assistance Program Report,* submitted to USAID, Manila : PBSP.

PBSP. (1997) *Terminal Report : Buensuceso Resettlement Prorgam, Phase II,* submitted to Les Amis De Soeur Emmanuelle (ASAME), Manila : PBSP.

PBSP. (1997) *Terminal Report : Mt. Pinatubo Amsil Resettlement Program,* submitted to German Development Assistance Association for Social Housing (DESWOS), Manila : PBSP.

Joaquin Cunaman and Co. (ed.) Audit Report on Mt.Pinatubo Funds, Manila : PBSP.

Rodolfo, Kelvin S. (1991) *PINATUBO AND THE POLITICS OF LAHAR : ERUPTION AND AFTERMATH,* Quezon City : University of the Philippines Press.

Shimizu, Hiromu. (1989) *Pinatubo Aytas : Continuity and Change,* Quezon City : Ateneo de Manila University Press.

SYMPOSIUM PROCEEDINGS : DISASTER PLANNING AND MANAGEMENT FOR AGRICULTURE, (1992) (Sponsored by Bureau of Soils and Water Management and Japan International Cooperation Agency) Quezon City : Soil Research & Development Center.

Tsuda, Mamoru and Tamaki, Matsuo. (1996) *Japan's Official Development Assistance to the Republic of the Philippines and Its Evaluation : With a Special Reference to the Mt. Pinatubo Disaster-Related Aid,* Tokyo, Economic Cooperation Bureau, Ministry of Foreign Affairs.

UNCRD (United Nations Center for Regional Development). (1993) *Proceedings Series No. 1. Disaster Management in Metropolitan Areas for the 21st Century,* Proceedings of the INDER Aichi/Nagoya International Conference 1993, 1-4 November 1993, Nagoya, Japan.

UNDP. (1994) *Asia-Pacific Program for Development Training and Com-*

Tokyo : Ministry of Construction.

"Japan donates heavy equipment to RP : For use in the Philippine government's program for the Mt. Pinatubo calamity," (October-November 1992) *JAPAN BULLETIN.* vol.XXII., Nov.10-11.

Japan's Official Development Assistance : Annual Report (Annual editions), Tokyo : Economic Cooperation Bureau, Ministry of Foreign Affairs.

JICA. (1994) *The Second Country Study for Japan's Official Development Assistance to The Republic of the Philippines,* The Committee on the Country Study for Japan's Official Development Assistance to The Republic of the Philippines, Organized by the Japan International Cooperation Agency (JICA), Tokyo.

JICA Contact Mission. (1992) *Needs of the People Affected by the Eruption of Mt. Pinatubo and the Suggested Cooperation Programs,* A Report Submitted by JICA Contact Mission, JICA.

LOAN-AGREEMENT For Commodity Loan For Mt. Pinatubo Disaster Rehabilitation and Reconstruction (PH-C 19). Between THE OVERSEAS ECONOMIC COOPERATION FUND, JAPAN AND THE REPUBLIC OF THE PHILIPPINES. Dated September 3, 1992.

Mt. Pinatubo Commission. (1993) "Pinatubo" Multi-Sectoral Consultative Congress : Towards A Better Natural Disaster Preparedness & Response, (Report of the Technical Consultations), December 7-8, 1993, Social Hall, Development Bank of the Philippines, Makati.

OFDA. *OFDA Field Operation Guide,* Washington D.C. : OFDA

OCD (Office of Civil Defense). (1994) *The Philippine Disaster Management System. Official Position of The National Disaster Coordinating Council presented to the RP-Japan High Level Policy Dialogue on the Economic and Technical Cooperation,* February 20-25, Quezon City : Department of National Defense.

Pante , Filologo Jr. & Romeo Reyes. (1991) "Japanese and US Aid to the Philippines : A Recipient Country Perspective," in *Yen for Development : Japanese Foreign Aid & the Politics of Burden Sharing ,* edited by Sahfiqul Islam. New York : Council of Foreign Relation Press.

pines. A Country Case Study prepared for Twenty-Third International Training Course in Regional Development Planning sponsored by the UNCRD. (Unpublished Paper)

Aguja, Mario Joyo. (1996) *Disasters, Development and Management : The Philippine Experience in Disaster Management : Interfacing Emergency Relief with Development.* Tokyo, Institute of Comparative Culiture, Sophia University.

Aguja, Mario Joyo. "Disasters, Development and Management : The Philippines Experience, 'ADMP PROGRAM 1995-96' Disaster Management : Interfacing Emergency Relief with Development," Sophia Univesity, Institute of Comoarative Culture.

Andersons, Mary. (1993) "Lessons in Rehabilitations/Resettlement Efforts : Implications for the Mt. Pinatubo Assistance," *Philippine Journal of Public Administration* 31.

Annual Evaluation Report o Japan's Economic Cooperaton, Annual editions, Tokyo : Economic Cooperation Bureau, Ministry of Foreign Affairs.

Bautista, Maria Cynthia Rose Banzon (ed.). (1993) *In the Shadow of the Lingering Mt. Pinatubo Disaster,* College of Social Sciences and Philosophy, University of the Philippines and Center for Asian Studies, University of Amsterdam.

Bureau of Humanitarian Relief/Office of Foreign Disaster Assistance (BHR/OFDA). (Annual editions) *OFDA Annual Report,.* Washington,D.C. : USAID.

Castro, Eddee Rh. (1991) "Foreign Relief Assistance," *PINATUBO : THE ERUPTION OF THE CENTURY,* Quezon City : Phoenix Publishing House.

CDRC. (1992) *Disasters : The Philippine Experience,* Quezon City : CDRC.

Economic Coopertion Bureau, Ministry of Foreign Affairs. *Annual Evaluation Report of Japan's Economic Cooperation (Annual editions)*, Tokyo : Economic Cooperation Bureau, Ministry of Foreign Affaires.

International Engineering Consultants Association. (1992) *Preliminary Study Report on Disaster Rehabilitation of Landslide by The Earthquake in the Central Luzon and Debris Flow by the Eruption of Mt. Pinatubo,*

告書』
ピナツボ火山被災者救援募金実行委員会（1992年11月～1993年４月）『金沢発ピナツボ行きニュースレター』第１号～第４号
ピナトゥボ救援の会（1996年）「ニュースレター合冊本 No. 1 ～68」マニラ
ピナトゥボ救援の会「ニュースレター」No.69～89.
ピナトゥボ救援の会（1995年４月～1998年３月）「会議録」
ピナトゥボ救援の会（1998年）『ピナＱ用語集』（再版）（ピナトゥボ救援の会の内部資料）
ピナトゥボ救援の会（2000年４月）『Pinatubo』（ピナトゥボ救援の会の最後の記録）
ピナツボ復興むさしのネット（1992年２月、３月）『アジア出会いの会ニュース』NO. 1 、NO. 2
ピナツボ復興むさしのネット（1993年11月）『災害の中の笑顔－７月、雨期の被災地を訪れて』
ピナツボ復興むさしのネット（1992年６月～1997年７月）『ピナットニュース』創刊号～第27号
ピナツボ復興むさしのネット（1992年６月）『噴火から１年、現地を訪れて－ピナツボ復興まだまだ続く』
ピナツボ復興むさしのネット（1992年12月）『噴火から２年目のピナツボ－「顔の見える関係」にむけて』
ピナツボ復興むさしのネット（1996年３月）『「NKB 養豚プロジェクト支援」報告書』
フィリピンのこどもたちの未来のための運動（1996年９月および1997年６月）『こどもの未来』ニュースレター、第81号および第90号

英文文献・資料

Aguja, Mario Joyo. (1991) Unpublished. Individual and Institutional Response to the July 16, 1990 Philippine Earthquake, University of the Philippines, MA thesis. (Unpublished Paper)
Aguja, Mario Joyo. (1995) Unpublished. Disaster Management in the Philip-

も検討中）NO. 5

芦屋市国際交流協会（1997年）『ACA かわらばん』夏（第１号）、秋（第２号）、冬（第３号）

AMDA『AMDA 活動年表－アジア医師連絡協議会（AMDA）設立までの経過と現在までの活動状況（69年～95年10月）』

岩倉市国際交流協会（1994年12月）『人に会う旅』（Part III）

“The Iwakura-Floridablanca Connection",（1996年12月）*Filipino sa Japan,* Vol. 2，No.11，Dec.1996.

「被災地の３人今月岩倉へ　比・火山噴火の復興援助から５年」（1996年11月14日）『中日新聞』

「人に会う旅（１～７）」（1992年11月14日～21日）『中日新聞』

海外支援協会（1995年３月）『平成７年度事業報告書』

海外支援協会（1996年７月）『国際ボランティア貯金に係る寄付金による援助事業の完了報告書』

国際地域開発センター兵庫（1993年９月）『今世紀最大の火山爆発　ピナトゥボ火山大噴火』

国際地域開発センター兵庫『ICDC』シリーズ１～４

㈶ケア・ジァパン（1994年４月～1995年７月）『ケア　ジャパンニュース』第21号～第26号

㈶ケア・ジァパン（1993年７月～1994年６月）『平成５年度　事業報告書』

㈶ケア・ジァパン（1994年７月～1995年６月）『平成６年度　事業報告書』

時事画報社（1994年10月１日）『フォト』

セーブ・ザ・チルドレン・ジャパン（1991年度～1995年度）　『アニュアルレポート』

セーブ・ザ・チルドレン・ジャパンのニュースレター『SCJ－NEWS』

NICE『国際ワークキャンプ　アエタ ’97　事業企画書』

日本国際飢餓対策機構（1992年３月）『飢餓対策ニュース』第49号

日本国際飢餓対策機構（1995年９月）『飢餓対策ニュース』第69号

ピナツボ・アエタ教育里親プログラム（1994年８月～1996年６月）『AETA 新聞』第２号～第５号

ピナツボ・アエタ教育里親プログラム（1995年10月）『94年度年次報

レクトリー2000』
NGO-ODA関係研究委員会編著（1989年）『提言書：NGOとODAの望ましい関係のあり方について』NGO活動推進センター発行
ACTION（2000年5月）『ACTION NEWS LETTER』（2000年5月）第5号
ACTIONフィリピン事務局（1999年12月）『Pagmimiha　Tamo』第2号
㈳アジア協会アジア友の会（1996年10月）「JAFS NEWS&REPORTS」
㈳アジア協会アジア友の会（1992年2月）『季刊　アジアネット』（特集：ピナツボ火山噴火・その後　山岳少数民族アエタの危機）
㈳アジア協会アジア友の会（1993年10月）『季刊　アジアネット』
㈳アジア協会アジア友の会（1993年1月）『季刊　アジアネット』（フィリピン・ある先住民族の苦悩　清水展）
㈳アジア協会アジア友の会（1997年8月）『フィリピン・竹林造成推進事業（ピナトゥボ被災者入植地域）』
アジア人権基金（1992年6月）『ピナトゥボ大噴火の後でー生存の危機に瀕している先住民族ピナトゥボ・アエタの現状と人権』清水展編
アジア人権基金（1997年）『ピナツボ火山噴火被災民の6年後』
アジア文化交流センター（2000年5月）「実験農場報告」『となりのアジア』第46号
アジア文化交流センター（2000年）「実験農場2000年第一・四半期報告」
アジア文化交流センター（1998年4月20日）「実験農場移転と今後の長期計画」（石川雅国）
"Hope Rises on Lahar：A Story on a Flourishing Farm within Porac's Volcanic Desert ,"（火山灰地に夢を託して：ピナツボ被災地ポラックで農園を開墾する日本人）、Boom,Volume　No. 3 , Issue No. 9
アジア・ボランティア・ネットワーク（AVN）（1992年1月）『ピナツボ火山噴火・避難民緊急医療救援をとうして』NO. 1
アジア・ボランティア・ネットワーク（AVN）（1997年8月）『アジア・ボランティア・ネットワーク・ニュース』（フィリピン現地活動報告　ピナツボ被災者支援に加え、都市部の貧民層への支援

「ピナツボ山・アエタ族のリハビリテーション計画」（nd.［1991年］）

「ピナツボ噴火被災地被災者用再入植地調査報告書」（1991年12月）

［調査参加者　柴崎誠（JICA 専門家　DPWH-PMO　Rural　Water Supply）、須藤晃（三祐コンサルタンツ）ほか］

「フィリピン・火山噴火災害救援緊急援助経費概算」（1991年 6 月17日）

フィリピン共和国青年海外協力隊短期緊急派遣隊員一同（1992年 6 月）「ピナツボ噴火災害に関わる避難民センター及び再定住地調査報告書」

宗像朗（ピナツボ短期緊急派遣隊員）（1992年 5 月31日）「ピナツボ復興計画に対する青年海外協力隊員派遣の全体計画」

宗像朗（ピナツボ関連短期緊急派遣隊員）（1992年 7 月）「ピナツボ関連短期派遣隊員報告書」

宗像朗（1992年10月 8 日）「ピナツボ火山泥流・洪水に関するドナー会合報告」（JICA 勉強会資料）

Yokota, Toshie（1992）Terminal Report. *JOVC Emergency Short Term Mission to Mt. Pinatubo Disaster Area*.

その他の未刊行資料

片平エンジニアリング（1994年 3 月30日）「ピナツボ火山災害復旧機材の現況」片平エンジニアリング。

NGO 関連文献・雑誌・ニュースレター

NGO活動推進センター（JANIC）（1991年11月）『地球社会における NGO の役割』（国際 NGO シンポジウム報告書）

NGO活動推進センター（JANIC）（1996年 3 月）『NGO ダイレクトリー'96』

NGO活動推進センター（JANIC）（1998年 3 月）『NGO ダイレクトリー'98』

NGO活動推進センター（JANIC）（2000年 3 月）『国際協力 NGO ダイ

「フィリピン・ピナツボ噴火に伴う周辺地域被害状況」（1991年１月）『国際開発ジャーナル』No.417
郵政省（1992年～1999年）『「国際ボランティア貯金」NGO 活動状況報告書』（平成３年～10年度）郵政省。

未刊行 JICA マニラ事務所資料：「ピナツボ関連、我が国の対応」ファイルより

飯島正孝（フィリピン事務所長）（平成３年６月17日）「ピナツボ噴火に係わる状況について」（総務部長宛公信）
飯島正孝（フィリピン事務所長）（平成３年７月３日）「西部バリオス溜池灌漑施設整備計画」（無償資金協力業務部長宛公信）
飯島正孝（フィリピン事務所長）（平成３年10月４日）「ピナツボ噴火による被害救援情報の送付について」（医療協力部長宛公信）
飯島正孝（フィリピン事務所長）（平成４年４月６日）「第２回ピナツボ勉強会について」（企画部長宛公信）
飯島正孝（フィリピン事務所長）（平成３年10月）「畑地灌漑技術計画協力期間延長要請関連」（農業開発協力部長宛公信）
大石純夫（JICA 専門家）（平成３年６月28日）「フィリピン・ピナツボ火山の爆発について」
黒川千佳子（JOCV 平成元年度第１次隊　保健婦）（1991年７月11日）「ピナトゥボ火山噴火に係わる救援品について」
柴崎誠（JICA 専門家　DPWH-PMO Rural Water Supply）（平成４年１月31日）「出張報告書」（フィリピン事務所長宛）
萩原良二（JICA 専門家　公共事業道路省）（1991年７月８日）「出張報告」（フィリピン事務所長宛）
「ピナツボ火山災害対策調査団報告－在 MNL 日本大使館、JICA 担当者報告［1992年］１月８日要旨」
「ピナツボ火山災害対策調査団報告、JICA 本部報告会資料」（［1992年］１月17日）
「ピナツボ火山災害対策、プロジェクト形成調査団発掘案件検討会会議議事録」（平成４年３月31日）

国際防災の10年推進本部（1994年５月）『「国際防災の10年」世界会議　ナショナルレポート（概要版）』
国際防災の10年推進本部（1994年５月）『「国際防災の10年」世界会議　ナショナルレポート（詳細版）』
国土庁防災局・㈳海外コンサルティング企業協会（1993年３月）『開発途上国における防災体制の整備促進調査－フィリピンにおける台風災害を対象にして－〈総合とりまとめ報告書〉』
須藤和男（1993年８・９月合併号）「第18次円借款の概要」『フィリピン日本人商工会議所所報』
総務庁行政監察局編（1997年）『ODA の仕組みと問題点　有償資金協力について－総務庁の行政監察結果から』
津田守・田巻松雄（1995年７月）「対比経済協力評価」『経済協力評価報告書』外務省経済協力局
日本技研株式会社（1991年６月）『平成元年度　フィリピン共和国　西部バリオス地域溜池灌漑計画（総合報告書）』
日本国際協力システム（1994年４月）『平成４年度　フィリピン共和国　ピナトゥボ火災被災地灌漑用水復旧計画　総合報告書』
パシフィックコンサルタンツインターナショナル（1997年７月）『平成５／６年度　フィリピン共和国　ピナツボ火山被災民生活用水供給計画　瑕疵検査報告書』
フィリピン共和国青年海外協力隊短期派遣隊員一同（1992年６月）『ピナツボ噴火災害に関わる避難民センター及び再定住地調査報告』
「**ピナツボ災害への支援**」（1992年１月）『国際協力』
「**ピナツボ被災の町から**」（1991年12月）『国際協力』
「**フィリピン・ピナツボで火山対策セミナー**」（1992年８月）『国際協力』
「**民間からの緊急物資を JICA が被災国へ輸送**」（1992年８月）『国際協力』
「**国際緊急援助の新しい試み**」（1992年11月）『国際協力』
「**ピナトゥボに民間援助物資**」（1993年１月）『国際協力』
「**民間援助物資をピナトゥボ火山被災民へ**」（1993年２月）『国際協力』
「**ピナトゥボと砂防技術**」（1993年４月）『国際協力』
「**フィリピン地震　ドキュメント・専門家チームを含め総勢42名が救援活動を展開**」（1990年10月）『JICA JDR NEWS』No. 5

「**緊急援助(物資供与)追跡調査を実施して**」(1996年3月)『JICA JDR NEWS』No.17

建設省・国際建設技術協会(1992年3月)『平成3年度　フィリピン共和国　ルソン島中部地震崩壊土砂災害対策及びピナトゥボ火山噴火災害対策計画調査報告書』

国際協力事業団(各年版)『国際協力事業団年報』国際協力事業団年報

国際協力事業団(1995年3月)『国際協力におけるJICAとNGOの連携に関する基礎研究報告書』国際協力総合研修所

国際協力事業団(1993年3月)『国別経済技術協力事業実績(昭和29年度〜平成3年度)』国際協力事業団

国際協力事業団(編集協力)(1998年)『国際協力用語集(第2版)』国際開発ジャーナル社

国際協力事業団国際緊急援助隊事務局(1992年4月)『平成3年度国際緊急援助隊業務実績』国際協力事業団

国際緊急援助隊事務局(1992年9月)『民間緊急援助物資の輸送について』

国際協力事業団国際緊急援助隊事務局(1994年3月)『平成4年度国際緊急援助隊業務実績(4)JDR救助チーム・リーダー研修会』国際協力事業団

国際協力事業団国際緊急援助隊事務局(1993年4月)『平成4年度国際緊急援助隊業務実績(8)フィリピン集中豪雨災害、国際協力事業団

国際協力事業団国際緊急援助隊事務局『フィリピンに対する我が国の災害緊急援助の実績(昭和59年度〜平成5年度)』

国際協力推進協会(1996年3月)『途上国におけるNGOの開発協力受け入れの現状』

国際協力推進協会(1991年〜1995年)「日本のNGOによる開発援助の実績調査」

国際協力推進協会『フィリピンの経済社会の現状』開発途上国国別経済協力シリーズ　第4版:アジア編　No.5、外務省監修

国際協力推進協会『フィリピン』開発途上国国別経済協力シリーズ第6版:アジア編　No.5、外務省監修

前野休明（1982年）「熱帯の草地」社団法人国際農林業協力協会編『熱帯の草地と牧草』社団法人国際農林業協力協会、東京
和田章男（1998年）『国際緊急援助最前線　国どうしの助け合い災害援助協力』国際協力出版会
グレハム・ハンコック（1992年）『援助貴族は貧困に巣喰う』朝日新聞社
デニス・T・ヤストモ（1989年）『戦略援助と日本外交』同文舘出版
ベルトラン・シュナイダー（1996年）『国際援助の限界――ローマクラブ・リポート』朝日新聞社
マリア・シンチア・ローズ・バンソン－バウティスタ（1994年3月）「ピナトゥボ山の噴火と農民生活――中部ルソンにおける火山泥流と洪水の影響」日本大学農獣医学部国際地域研究所編『東南アジアの自然・技術・農民』龍渓書舎
ロバート・カッセン（1993年）『DOES AID WORK？――援助は役立っているか――』国際協力出版会

政府関連文献・資料

海外経済協力基金（1994～98年）『円借款案件事後評価報告書』海外経済協力基金開発援助研究所。
環境事業団『地球環境基金便り』（各年版）
環境事業団地球環境基金部編『地球環境基金活動報告集』（各年版）
外務省（1994年3月）『対フィリピン無償資金協力（基本方針等）』外務省
外務省（1994年1月）『フィリピン情勢及び日比関係』外務省
外務省経済協力局編（各年版）『我が国の政府開発援助　ODA 白書』上巻および下巻、国際協力推進協会
外務省経済協力局調査計画課（1993～1998年）『我が国の政府開発援助の実施状況に関する年次報告』1992年度～1997年度、外務省経済協力局
「官民連携の緊急援助体制をめざして　日本からピナトゥボへ　民間緊急援助物資輸送」（1993年3月）『JICA JDR NEWS』No.11

主要な文献・資料

一般図書・論文

アーユス「NGOプロジェクト評価法研究会」編（1996年）『小規模社会開発プロジェクト評価』国際開発ジャーナル社。

石渡秋（1997年）『NGO活動　入門ガイド』実務教育出版。

臼井久和・高瀬幹雄（1997年）『民際外交の研究』三嶺書房。

GAP（1997年）（国際公益活動研究会）『アジアのNPO』アルク。

草野厚（1993年）「アエタ族へトラクター」『ODA 1兆2千億円のゆくえ』東洋経済新報社。

草野隆久（1992年9月号）「フィリピン・ピナトゥボ火山噴火と長期化する災害に疲弊する人々」『人と国土』国土庁

小島延夫・諏訪勝共編（1996年）『これでいいのか、ODA！－NGOがみたフィリピン援助』三一書房。

佐藤育代・遠藤康子（1999年）『マニラ発・妻たちのピナトゥボ応援団－手さぐりの救援ボランティア』明石書店。

田巻松雄（1996年10月）「日本の災害関連ODA（政府開発援助）を考える－フィリピン・ピナトゥボ火山噴火災害を通して－」『宇都宮大学国際学部研究論集』第2号。

津田守（1996年9月）「フィリピンの自然災害と外国援助についての検証：ピナトゥボ火山および泥流災害への日本の対応を中心に」文部省科学研究費補助金重点領域研究『総合的地域研究』成果報告書シリーズ：No. 21。

津田守・横山正樹編著（1999年）『開発援助の実像　フィリピンから見た賠償とODA』亜紀書房。

津田守（2001年）「政府開発援助」大野拓司・寺田勇之編『現代フィリピンを知るための60章』明石書店。

樋口貞夫（1987年）『政府開発援助』勁草書房。

ピナトゥボ救援の会（1994年）『Pinatubo』マニラ

⑫ UNDRO（Office of the United Nations Disaster Relief Coordinator）国連災害調整官事務所
⑬ USACE（United States Army Corps of Engineers）アメリカ陸軍工兵隊
⑭ USAID（United States Agency of International Development）アメリカ国際開発庁
⑮ USSG（United States Geological Sevices）アメリカ合衆国地質学研究所

パン地区相互扶助組織

㊲ PNRC（Philippine National Red Cross）フィリピン赤十字社

㊳ PRODEV（Partnership with Rural Organizations For Development）開発のための共同農村組織

㊴ PRRM（Philippine Rural Reconstruction Movement）フィリピン農村再建運動

㊵ TCP（Teacher's Center of the Philippines）フィリピン教師センター

㊶ THMFI（Total Health Mission Foundation Inc.）総合保健使節財団

㊷ TLRC（Technology and Livelihood Resource Center）技術・生計資源センター

㊸ UNCHR（Office of the United Nations High Commissioner for Refugees）国連難民高等弁務官事務所

㊹ ZDRN（Zambales Disaster Response Network）サンバレス災害対策ネットワーク

【その他の国】

① AIDAB（Australian International Development Assistance Bureau）オーストラリア国際開発援助局

② ASAME（Les AMIS de Soeur Emmanuelle）

③ CEC（The Commission of European Communities）欧州委員会

④ CIDA（Canada International Development Agency）カナダ国際開発庁

⑤ FEMA（Federal Emergency Management Agency）アメリカ政府連邦危機管理庁

⑥ DESWOS（German Development Assistance Association for Social Housing）独社会住宅開発援助協会

⑦ HEKS（Horfswerk der Erangelischea Kirchen der Schweiz Zurichi）スイス協会慈善協議会

⑧ MDRO（Mission Disaster Relief Officer）アメリカ政府代表災害救援オフィサー

⑨ OFDA（Office of Foreign Disaster Assistance）外国災害救助室

⑩ UNDHA-GENEVA（United Nations Department of Humanitarian Affairs -Geneve）国連人道事務局

⑪ UNDP（United Nations Development Program）国連開発計画

⑯ DENR（Department of Environment and Nature Resources）環境・天然資源省
⑰ DOF（Department of Finance）財務省
⑱ DOH（Department of Health）保健省
⑲ DPWH（Department of Public Works and Highways）公共事業・道路省
⑳ DSWD（Department of Social Welfare and Development）社会福祉・開発省
㉑ DTI（Department of Trade and Industry）通商・産業省
㉒ EFMDI（Ecumenical Foundation for Minority Development Inc.）少数部族救済基金
㉓ ERC（Enterprise Resource Center）企業資源センター
㉔ IANDR（Inter-Agency Network for Natural Disaster Response）災害復興のための相互媒介ネットワーク
㉕ LUSSA（Luzon Secretariat for Social Action）（カトリック教会）社会的行動のためのルソン事務局
㉖ MPC（Mt. Pinatubo Commission）ピナトゥボ火山災害対策本部
㉗ MRMF（Mother Rosa Memorial Foundation, Inc.）マザー・ロサ・メモリアル財団
㉘ NDCC（National Disaster Coordinating Council）国家災害調整委員会
㉙ NEDA（National Economic and Development Authority）国家・経済開発庁
㉚ NHA（National Housing Authority）国家住宅局
㉛ NIA（National Irrigation Administration）国家灌漑庁
㉜ NMYC（National Manpower and Youth Council）国家労働青年委員会
㉝ ONCC（Office of Northern Cultural Communities）北部ルソン少数民族保護委員会
㉞ PBSP（Philippine Business for Social Progress）社会進歩のためのフィリピン・ビジネス
㉟ PHILVOCS（Philippine Institute of Volcanology and Seismology）フィリピン火山・地震研究所
㊱ PMPCY（Pinatubo Multi-Purpose Cooperative Yapang Arellano）ヤー

略語一覧表

【日本】
① JBIC（Japan Bank for International Cooperation）国際協力銀行
② JICA（Japan International Cooperative Agency）国際協力事業団
③ JOCV（Japan Overseas Cooperation Volunteers）青年海外協力隊
④ OECF（The Overseas Economic Cooperation Fund）海外経済協力基金

【フィリピン】
① ADA（Aeta Development Association）アエタ開発協会
② ADRA（Adventist Development and Relief Agency）
③ ASI（Asian Social Institute）ソーシャルワーカ育成のための大学院
④ ASJRF（Andres Soriano, Jr. Foundations）アンドレス・ソリアーノⅡ世財団
⑤ CARRD（Center for Agrarian Reform and Rural Development）農村開発センター
⑥ CDA（The Collaboration for Development Action, Inc.）開発行動のための協働
⑦ CDRC（Citizens' Disaster Response Center）市民災害復興センター
⑧ CLAA（Central Luzon Aeta Association）中部ルソン・アエタ族協会
⑨ CNDR（Corporate Network for Disaster Response）災害復興のための企業間ネットワーク
⑩ CONCERN（Center Luzon Center for Emergency Aid and Rehabilitation, Inc.）中部ルソン災害対策ネットワーク
⑪ CPD（Center for People Development）民衆開発センター
⑫ DAR（Department of Agrarian Reform）農地改革省
⑬ DBM（Department of Budget and Management）予算・管理省
⑭ DCC（Disaster Coordinating Council）災害調整委員会
⑮ DECS（Department of Education, Culture and Sports）教育・文化・スポーツ省

⑵8　特定非営利活動法人　ワールド・ビジョン・ジャパン
（WVJ : World Vision Japan）
〒169-0073　東京都新宿区百人町 j 1 －17－ 8 － 3 F
Tel　03－3367－7251　Fax　03－3367－7652
ホームページ　http : /www.worldvision.or.jp/

⑵9　㈶盛岡市民福祉バンク
岩手県盛岡市紺屋町 2 － 9
Tel　019－652－0879　Fax　019－652－0958

ホームページ　http : / www.ntv.co.jp/24h/

(21)　日本国際飢餓対策機構（JIFH : Japan International Food for the Hungry）

〒581-0802　大阪府八尾市北本町２－４－10

Tel　0729－95－0123　Fax　0729－94－9100

ホームページ　http : /www.fhi.net/jifh/

(22)　財団法人　日本シルバーボランティアズ（JSV : Japan Silver Volunteers）

〒101-0041　東京都千代田区神田須田町１－24－23　AK ビル５F

Tel　03－3254－5735　Fax　03－3254－5756

(23)　社団法人　日本青年会議所（JC : Japan Junior Chamber, Inc.）

〒102-0093　東京都千代田区平河町２－14－３

Tel　03－3234－5601　Fax　03－3265－2409

ホームページ　http : //www.jaycee.or.jp

(24)　ピナトゥボ・アエタ族教育里親プログラム

（PAFPP : Pinatubo Aeta Foster Parents Program）

〒665-0816　兵庫県宝塚市平井５－６－６松中みどり方

Tel & Fax　0797－89－7953

(25)　ピナトゥボ・友だちの会

〒東京都武蔵野市吉祥寺南町１－19－24

Tel & Fax　0422－46－7614

(26)　ピナツボ復興むさしのネット（ピナット）

（MNPR : Musashi Network for Pinatubo Rehabilitation）

〒181-0014　東京都三鷹市野崎３－22－16アジア出会いの会気付

Tel　0422－34－5498　Fax　0422－32－9372

(27)　フィリピンのこどもたちの未来のための運動

（CFFC : Campaign for Future of Filipino Children）

〒613-0034　京都府久世郡久御山町佐山双栗37－１

Tel　0774－43－8734　Fax　0774－44－3102

ホームページ　http : //www.mediawars.ne.jp/~ji 3 nip/cffc/

ホームページ　http : /www.angel.ne.jp/ p 2 aid

⑭　**財団法人　ケア・ジャパン（CARE Japan）**

〒171-0032　東京都豊島区雑司が丘２－３－２

Tel　03－5950－1335　Fax　03－5950－1375

ホームページ　http : /www.ny.airnet.ne.jp/carejpn/

⒂　**財団法人　国際開発救援財団**

（FIDR : Foundation for International Development/Relief）

〒169-0073　東京都新宿区百人町１－17－８－２F

Tel　03－5386－0541　Fax　03－5386－0542

⒃　**国際葛グリーン作戦山南**

（IKGS : International Kudzu Green Sannan）

〒669-3131　兵庫県氷上郡山南町谷川1110さんなん町民センター内

Tel　0795－77－0310　Fax　0795－77－2825

⒄　**国際ワークキャンプナイス**

（NICE : Never-ending International workCamps Exchange）

〒160-0022　東京都新宿区新宿２－１－１－501

Tel　03－3352－7727　Fax　03－3352－3635

⒅　**国際地域開発センター兵庫**

（ICDC : International Community Development Center/HYOGO）

〒657-0037　神戸市灘区備後町４丁目３－４　六甲道アーバンライフ105号

Tel　078－856－9371　Fax　078－856－9372

⒆　**社団法人　セーブ・ザ・チルドレン・ジャパン**

（SCJ : Save the Children Japan）

〒530-0046　大阪市北区菅原町11－11　大作 AM ビル８F

Tel　06－6361－5695　Fax　06－6361－5698

ホームページ　http : //www.savechildren.or.jp/

⒇　**「24時間テレビ」チャリティー委員会**

〒102-0084　東京都千代田区二番町14日本テレビ内

Tel　03－5275－4260/4261Fax03－3265－3230

⑺　**アジア人権基金**
（FHRA : The Foundation for Human Rights in Asia, Japan）
〒107-0052　東京都港区赤坂２－10－16－６FB
Tel　03－5570－5503　Fax　03－5570－5504
ホームページ　http : //www.jca.apc.org/~fhra

⑻　**アジア文化交流センター**
（ACCE : Asian Center for Cultural Exchange）
〒612-0029　京都府京都市伏見区深草西浦町４－78
村井第１ビル２F７号室
Tel & Fax　075－643－7232
ホームページ　http : //www.page.sannet.ne.jp/acce/

⑼　**財団法人　アジア保健研修財団（AHI : Asia Health Institute）**
〒470-0111　愛知県日進市米野木町南山987－30
Tel　05617－３－1950　Fax　05617－３－1990
ホームページ　http : //www.jca.apc.org/ahi/

⑽　**岩倉市国際交流協会**
（IIES : Iwakura International Exchange Society）
〒482-0021　愛知県岩倉市新柳町３－21－２（内藤和子方）
Tel & Fax　0587－66－7347

⑾　**海外支援協会**
（ODRO : Overseas Disaster Relief Organizations）
〒424-0038静岡県清水市西久保420－12
Tel　0543－64－5160　Fax　0543－65－2125

⑿　**カパティ（KAPATID）**
〒150-0012　東京都渋谷区広尾４－３－１　聖心会本部気付
Tel　03－3407－1831　Fax　03－3400－6451

⒀　**草の根援助運動（P２：People to People Aid）**
〒235-0036　神奈川県横浜市磯子区仲原１－１－28　労働総合センター３F
Tel　045－772－8363　Fax　045－774－8075

ピナトゥボ災害にかかわってきた日本の主な民間団体一覧

(『国際協力 NGO ダイレクトリー2000』および各団体発行のパンフレットなどより)

(1) **アジア医師連絡協議会(AMDA: The Association of Medical Doctors of Asia)**
〒701-1202　岡山県岡山市津310－1
Tel　086－284－7730　Fax　086－284－8959
ホームページ　http : /www.amda.or.jp

(2) **芦屋市国際交流協会(ACA: Ashiya Cosmopolitan Association)**
芦屋市大原町2－6－209　ラ・モール2F
Tel　0797－34－6340　Fax　0797－34－6341

(3) **明石創造クラブ(ACC: Akashi Creative Club)**
〒673-0016　兵庫県明石市松の内2丁目2番地　ホテルキャッスルプラザ1F
Tel & Fax　078－923－9137

(4) **アクション(ACTION: A Child's Trust Is Ours to Nature)**
〒180-0023　東京都武蔵野市境南町2－18－14むさしのハイツ201
Tel & Fax　0422－33－1336
ホームページ　http : //www.sam.hi-ho.ne.jp/action-hajime/index.html

(5) **社団法人　アジア協会・アジア友の会**
(JAFS: The Japan Asian Association & Asian Friendship Society)
〒550-0002　大阪府大阪市西区江戸堀1－2－16大一ビル4F
Tel & Fax　06－6444－0587

(6) **公益信託　アジア・コミュニティ・トラスト**
(ACT: The Asian Community Trust)
〒106-0047東京都港区南麻布4－9－17
Tel　03－3446－7781(代)　Fax　03－3443－7580
ホームページ　http : //www.jcie.or.jp/act/act_intro.html

【ま】

【や】

【ら】

【は】

【た】

【な】

【か】

索　引

【あ】

執筆者・訳者紹介

津田　　守　奥付参照。

田巻　松雄　奥付参照。

西村　まり（にしむら・まり）
1939年生まれ。夫の仕事の関係で1976～79年、1987年～92年にかけてマニラで暮らす。「ピナトゥボ救援の会」初代事務局長、「ピナトゥボ救援の会日本支部」代表を経て、現在「ピナトゥボ・友だちの会」で活動中。

津川　兵衛（つがわ・ひょうえ）
1940年生まれ。神戸大学農学部教授。作物学・植物環境修復論専攻。主要業績：『日本の植生―侵略と撹乱の生態学』（共著、東海大学出版会、1998年）。

サセック，トーマス　W.（Sasek , Thomas W.）1959年生まれ。ルイジアナ大学モンロー校生物学部助教授。植物生態学（光合成）専攻。主要業績：『日本の植生―侵略と撹乱の生態学』（共著、東海大学出版会、1998年）。

ヘルモ，ルイシト（Gelmo, Luisito S.）
1968年生まれ。社会進歩のためのフィリピン・ビジネス（PBSP）元職員。フィリピン全国で数多くのフィールド・ワークの経験を持つ。現在は、社会開発問題に関するフリーのコンサルタントとして、フィリピン、タイ、カンボジアなどで活動している。

アグハ，マリオ　ホヨ（Aguja, Mario Joyo）
1965年生まれ。ミンダナオ国立大学社会学部助教授。開発問題、国際協力論専攻。主要業績："Strategies and Sustainability of Local Economic Development : Issues and Prospects. A Case Study of General Santos City, Philippines, 1997"., Nagoya, Japan : Graduate School of International Development, Nagoya University, 1999.

鈴木　久美（すずき・くみ）
1976年生まれ。宇都宮大学大学院国際学研究科卒業。修士論文は『地域からの国際化：市民によるフェア・トレードの試み』。

肥留川紀子（ひるかわ・のりこ）
1977年生まれ。宇都宮大学大学院国際学研究科２年。ストリート・チルドレンに強い関心を持つ。現在、マニラで現地 NGO 活動にかかわっている。

編著者紹介

津田　守（つだ・まもる）

1948年、東京生まれ。大阪外国語大学教授。フィリピン社会論、国際協力論、司法通訳・翻訳論専攻。主要業績に、『現代フィリピンを知るための60章』（共著、明石書店、2001年）、『開発援助の実像』（共編著、亜紀書房、1999年）、『経済協力評価報告書』（共著、外務省、1995年）、『日本・フィリピン政治経済関係資料集』（共編著、明石書店、1992年）、RP-Japan Relations and ADB, Manila : National Book Store, 1986（共編著）、A Preliminary Study of Japanese-Filipino Joint Ventures, Quezon City : Foundation for Nationalist Studies, 1978（単著）など。

田巻　松雄（たまき・まつお）

1956年、北海道夕張市生まれ。宇都宮大学国際学部助教授。フィリピン政治社会論、日本の都市下層、国際社会論専攻。主要業績に、『アジアの大都市［4］マニラ』（共著、2001年、日本評論社）、“A Study of Homelessness and Social Policy in Contemporary Japan : with a Special Reference to ‘Sasashima’ Problem in Nagoya,” (Journal of International Studies, Utsunomiya University, March 2000)、『場所をあけろ！寄せ場／ホームレスの社会学』(共著、1999年、松籟社)、『被差別世界と社会学』(共著、1996年、明石書店)、『フィリピンの権威主義体制と民主化』(1993年、国際書院)、『20世紀末の諸相—資本・国家・民族と「国際化」』（編著、1993年、八千代出版）など。

自然災害と国際協力

——フィリピン・ピナトゥボ大噴火と日本——　（検印廃止）

2001年5月10日　初版第1刷発行

編著者　津田　守
　　　　田巻松雄

発行者　武市一幸

発行所　株式会社　新評論

〒169-0051
東京都新宿区西早稲田3-16-28
電話　(03)3202-7391
振替・00160-1-113487

落丁・乱丁はお取り替えします。
定価はカバーに表示してあります。

印刷　フォレスト
製本　協栄製本
装丁　山田英春

ISBN4-7948-0520-9 C0036